拓荒者的犁镜

次仁卓嘎◎著

西藏人民出版社

图书在版编目（CIP）数据

拓荒者的犁镜/次仁卓嘎著. —拉萨:
西藏人民出版社，2009.12
ISBN 978-7-223-02796-0

Ⅰ. ①拓…　Ⅱ. ①次…　Ⅲ. ①次仁卓嘎—自传
Ⅳ. ①K827=7

中国版本图书馆 CIP 数据核字（2009）第 233415 号

拓荒者的犁镜

作　　者　次仁卓嘎
责任编辑　吴冬明　杨芳萍
　　　　　　边建强　谷雅丽
装帧设计　赵歆宇
出　　版　西藏人民出版社
社　　址　拉萨市林廓北路 20 号　　　**邮政编码**　850000
　　　　　　北京编辑发行部：北京市东土城路 8 号林达大厦 A 座 13 层
　　　　　　电话：010—64466473
印　　刷　北京博海升彩色印刷有限公司
经　　销　全国新华书店
开　　本　16 开（787×1092）　　　**字　　数**　280 千
印　　张　16.5
版　　次　2009 年 12 月第 1 版第 1 次印刷
标准书号　ISBN 978-7-223-02796-0
定　　价　28.80 元

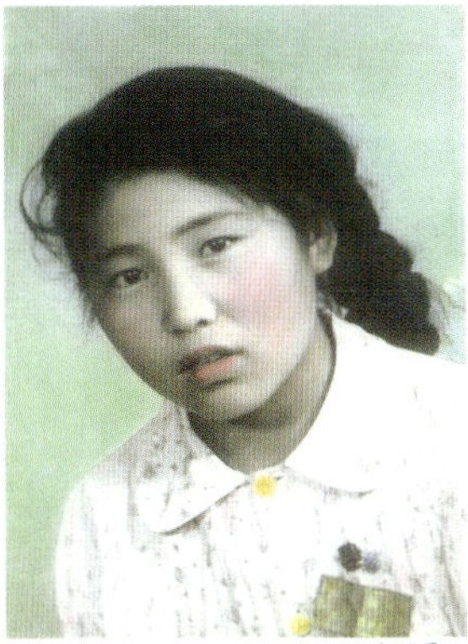

■ 作者的少女时代

■ 作者的父亲

■ 1963 年作者与其大哥、二哥及侄女在拉萨的合影

■ 1969 年参加中央办的毛泽东思想学习班西藏班一连十一班合影（前排右二）

■ 1958 年作者的姐姐与作者的老师古松筠大夫的合影

■ 作者就读于北京医科大学时的留影（1984 年至 1987 年）

■ 1977 年在卫生部中西医结合办公室工作期间接待外宾时的合影（二排右一）

■ 1986 年 7 月作者赴越南考察学习红十字工作（前排左一）

■ 1988 年作者与纽约儿童基金会总部项目负责人合影

■ 北京世妇会期间，在西藏民族帐篷里与各国妇女代表载歌载舞（中为作者）

■ 1999 年，作者在全国第六届少数民族运动会拉萨分赛场主持开幕式

■ 出席全国妇儿工委工作会议期间，与吴仪等领导同志合影（左三）

■ 作者陪同全国人大副委员长阿沛·阿旺晋美视察西藏藏药厂

■ 作者与瑞士红会代表研究在日喀则地区项目考察时的工作合影（左二）

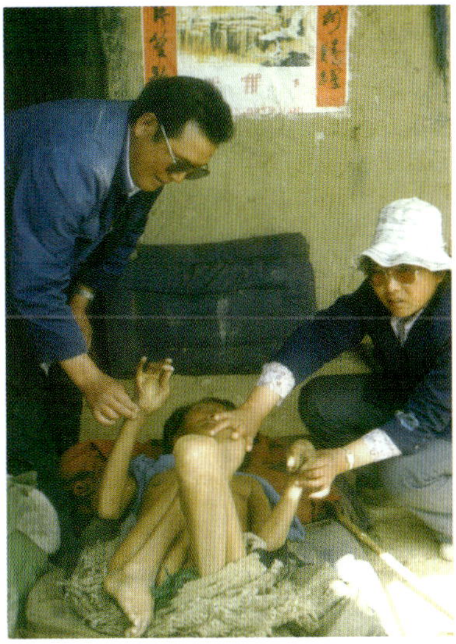

■ 作者看望日喀则谢通县洽嘎村氟中毒病人（右）

证　书

次仁卓嘎 同志在全国生育节育抽样调查工作中被评为国家级先进工作者

■ 证书

荣誉证书

次仁卓嘎 同志在少数民族地区长期从事科技工作，特授予荣誉证书，以资鼓励。

一九八三年七月

■ 证书

■ 1995 年作者作为孔繁森先进事迹报告团团长，在北京受到时任党的总书记江泽民同志的亲切接见

■ 作者在中共西藏自治区委员会宴会厅与第十一世班禅额尔德尼·确吉杰布亲切交谈

■ 作者参加中央党校第22期进修班时，与一支部学员的合影（前排左六）

■ 作者与自治区党政领导陪同时任国务院副总理的李岚清同志，参观拉萨布达拉宫时合影（左二）

■ 作者与原全国妇联副主席巴桑、歌唱家才旦卓玛等参加西藏妇联成立40周年时合影（前排右三）

■ 作者在拉萨参加第29届北京奥运会拉萨圣火传递仪式时的合影（左三）

自序

我于1955年参加工作，2008年元月离休，工作生涯穿越了半个多世纪。我一生下来就失去了妈妈，襁褓中的我是由父亲和姨姨抚育成人的。7岁那年盼到了解放，告别了凄惨的童年。在中国共产党的悉心培养与家乡父老乡亲的关爱下，由一个很不起眼的农奴女孩成长为国家的高级干部，我深深感受到党对民族干部培养可谓无微不至、呕心沥血，家乡父老乡亲无私宽厚的胸怀，以及对儿女们的体贴、鼓励与理解。有人说，在父母与儿女之间，儿女永远都是自私的，我可能也没有例外，但我只想知道，在我履职期间我能如饥似渴地学习、废寝忘食地工作，经常与我的同事跋山涉水深入农牧区问医问药，多次率团奔向异国他乡访问卫生组织或向政府征集资金项目，无时无刻不在挂念农牧民的各种病痛与缺医少药的无奈……我已经做到的这些是否尽了一点乌鸦反哺之孝、披肝沥胆之忠？我时常诘问自己，尤其是离休待在家里的时候。我写回忆录没有摆功自伐的意思，只是想通过检索我每个阶段的工作情况，检讨自己有无辜负党和人民群众的地方。

我不会忘记，在我参加工作初期汉族老师手把手教我学会了汉字和医疗技术。1956年山南兴办藏干校，派我到那里学习，1957年，国家选派大批翻身农奴子女到内地学习，我也是其中之一。1960年我被选派到西北民族学院医疗系学习医学，1963年我毕业后在自治区筹备委员会卫生处工作半年。1964年初自治区筹备委员会从机关选拔思想品质好、有一定工作能力的藏族干部参加西藏自治区社会主义教育一团（日喀则分团）。当时筹备委员会卫生处定的是我，领导找我谈话时说，这是政治任务，也是你在基层工作锻炼的好机会，一定要服从领导。于是我就参加了自治区社教一团。在日喀则一干就是两年，回到原单位，由于文化大革命已分成了两派，我们所在的人委大院也分成两派群众组织。我回单位后不可能不参加群众组织，于是参加了单位的“大联指”。那段时间除了参加学习之外，我很少参加其他活动，总感觉到农牧区基层那么缺医少药，我们卫生部门应该狠抓基层卫生工作，特别抓好农牧区的卫生机构建设，努力改善区、乡、村的卫生设施，提高乡村医生诊治水平，挖掘与发展农牧区的藏医药以解决农牧民群众缺药与防病治病难的实际问题，还需要在农牧区进行宣传与提倡计划生育，提倡少生优生，为保护农牧区妇女和儿童的健康而推广新法接生，这都是卫生局的工作任务。后来我把在日喀则农牧区看到的缺医少药情况向卫生局领导做了汇报，但是卫生局的几位领导刘恩沛、郑伯龄、郑华民、潘修身等同志已身不由己，只是说“现在不好说话”，叫我多抓抓业务工作。从此我很少参加派别活动，把主要精力放在农牧区卫生建设上，乘去北京参加全国卫生会议的机会，找国家民委、卫生部领导反映情况，最终将西藏农牧区的乡医和有培养前途的青年近千人送到中央民院、西南民院举办的医学医语班，主要学习文化，然后选送到山东泰安、河南开封卫校继续深造医学专业，学成后从哪里来回到哪里去。经自治区同意，从我区汉族干部子女中招收100名初中毕业生送到沈阳卫校专修放射专业和药剂专业，毕业后统一分配到地市及部分县医院，现在这部分人已成为我区医疗战线的骨干力量。

狠抓卫生宣传，改变农牧区各种陈规陋习。我们于1975年在山南乃东县坡章区格拉公社召开全区卫生宣教及“两管五改”爱国卫生运动现场会，向全区推广其经验。在江孜县召开全自治区的乡妇幼卫生交流会，向全区推广江孜县实行的新法接生、提高妇女和儿童健康水平的经验，以点带面推动农牧区基层卫生工作。

我于1978年去广西桂林南西山医院参加医学科学管理进修班学习，1984年到中央党校第一批西学班学习，后来又进入北京医科大学开始为期三年的专业脱产学习，1987年赴中央党校22期省部班学习，2007年迈入我国最高军事学府中国人民解放军国防大学参加第31期学习班。与此同时，在日常工作的实践锻炼中得到汉族老同志的言传身教。任荣书记、杨东生书记、天宝书记、阴法唐书记等老领导对我的教育，让我受益匪浅。与我一起工作的老领导刘思沛厅长、李本信书记、潘修身、王鼎琴、王跃坤、马瑞华、郑柏林等副厅长，还有柳兴仁、尹波、刘仲乾、张芝怒等处级干部，他们的思想境界与工作能力都比我强，却把我推荐到厅长位置上，这就充分说明了我们党在培养少数民族干部上所花费的心血，要比培养汉族干部所花的心血多得多。

我亲历了政教合一的封建农奴制度下旧西藏向社会主义新西藏蜕变的艰难历程，参加了从平息叛乱、民主改革到党领导西藏各族人民进行改革开放和社会主义现代化建设的伟大实践，见证了西藏社会的政治、经济、文化等方面发生的巨大变化与取得的辉煌成就。可以说西藏的人民事业是从零开始的，中国共产党人是其群体拓荒者，各族群众是党指挥下的挽犁者，像我这样的卫生战线的业务管理者，扮演着这架耕具上的一个部件——犁镜的角色，起到了将犁铧掘起的泥土打碎、推向一边的作用，我知道这个角色备受重用与厚爱。我不知道我是否有愧于这个体面而重要的角色，我只能说我尽力了。

经过一年多的收集整理，拙作终于与大家见面了。本书追述了我大半生所经历的西藏，我们可爱家乡的历史变迁；旧西藏的一个小农奴的我，翻身做了主人后成长的难忘岁月，我内心充满了对党的无比崇敬与无限热爱。在即将迎来可爱祖国60华诞、西藏民主改革50周年之际完成此书，凭借此书抒发我对欣欣向荣的伟大祖国、日新月异的新西藏的无限情怀。也希望该书能为年轻的朋友们了解西藏现代史，特别是人民卫生事业的开拓与发展史提供一些真实的感性的资料片段。

在整理有关资料的过程中，我翻阅了40多年来的工作笔记和相关的报刊杂志，力求做到回顾有据可查、忠实于历史。医疗卫生方面的工作内容占据了书的大量篇幅，从童年时代我立志从医到当上卫生厅厅长，直到1992年被调离卫生厅工作岗位，这期间30年一直从事医疗卫生管理工作，可以说为我区的医疗卫生事业的繁荣发展倾注了毕生的精力。

从1992年到2007年的15年里，在政府部门工作了10年，分管的工作涉及邮电、交通、文化、文物、科技、旅游、教育、体育、民族宗教、残疾人事业、社科、精神文明、妇儿工委等方面，接手了众多不曾接触的专业性很强的工作，迎接着一个又一个的新挑战。为能尽快地适应、胜任工作，我始终抱着虚心求教、不耻下问的学习态度，并且为此付出了大量的精力和汗水，同时收获了成功和喜悦。随着年岁的增长，2003年我被调整到政协部门工作了5年，虽然工作不及在政府期间那么忙碌，但是我忙碌的习惯却一直被保持着。到了政协所碰到的又是新的课程、新的领域，我应对的法宝依然是学习学习再学习，努力努力再努力，全面熟悉人民政协工作的准则和程序，尽力涉猎相关的专业知识，同时按照“尽职而不越位、帮忙而不添乱”的工作要求，主动下基层广泛开展视察调研，认真书写提案报告。工夫不负有心人，在我所提交的众多提案中有的获得自治区优秀提案奖，有的得到区党委、政府主要领导的批示，为区党委、政府正确决策提供了真实而有价值的相关资料，令我备感欣慰。

2007年西藏政协换届时，我离开了工作岗位，个人可支配的时间比以往任何时候都宽裕了，但是，怎么也闲不住，也不敢懈怠，我认为退职不能退党，不从事行政工作了，党员的义务还要继续履行。况且我区处于分裂与反分裂斗争的前沿，用我亲身经历来做一做亲属和身边同志的思想工作，为维护西藏社会的稳定与发展做点有意义的工作，尽到我有生之年最后的责任。亲爱的读者朋友，您说呢？

目录

第三部 22年自治区卫生厅厅长工作(下)

第四部 10年自治区政府副主席工作

第一部

我的家世与我的青少年时代

凄苦的童年与我的新生

我的故乡，西藏山南地区泽当镇，本是一块美丽而富饶的地方。史载：山南这方开阔而肥沃的土地孕育了藏民族古代文明。生活在这里的原始先民，在漫长的历史岁月里与天灾病魔顽强抗争，农耕牧养，生息繁衍，逐渐形成了“蕃”部落，产生了西藏历史上的第一个藏王，开垦出第一块农田，营造了第一座宫殿，修建了第一处寺庙，写出了第一部经书……杰出首领松赞干布，统一各部，以雅隆河谷为基地，建立起强大的奴隶制政权，与内地的封建王朝唐朝结成了亲密关系，加强了藏汉民族之间政治、经济、文化等方面的联系。所以在内地人们的眼里，西藏是遥远而神奇的布达拉宫，是碧波粼粼的雅鲁藏布江，是巍峨壮观的珠穆朗玛峰，皑皑雪峰之间，蓝天白云下面生活着淳朴厚道的农牧民，奔跑着漫山遍野的牦牛和藏羚羊……似乎是人间一块乐土。殊不知，由于西藏政教合一的封建农奴制长期统治着西藏社会，占总人口 95%的广大劳动人民没有生产资料，没有人身自由，遭受野蛮的奴役和苛重差赋的盘剥，我们的父辈们任凭终日劳作，还是食不果腹、衣不蔽体、瘦骨嶙峋、面呈灰色，祖祖辈辈都在死亡线上挣扎，于是就把自己的命运交付给菩萨或寄托于来世；而农奴和牧奴所创造出来的绝大多数社会财富却为占总人口不足 5%的官家、贵族和寺院上层三大领主所拥有、享用，这是极大的社会不公，因此，劳动人民没有劳动积极性，社会生产方式一直处于原始状态，经济社会发展极度落后。统治阶级“不问苍生问鬼神”，把人民群众创造出来的物质财富不是用于改善民生、解决人民群众的衣食住行问题，解除百姓的各种病苦，而是耗尽人力、物力和财力在现实世界之外构建一个精神世界，这个精神世界事实上控制着藏民族的思想意识。人民群众生活中的现实世界极其原始，充满着贫穷与苦难，而构筑其上的这个精神世界却富丽堂皇，俨然是富足而安乐。尤其是近代西藏社会由于西方列强的不断渗透、染指，内外反动势力共同奴役与压榨着广大的农牧民，西藏社会民不聊生，疾病丛生。大自然的湖光山色与寺院里的雕梁画栋在西藏百万农奴伤痕累累的心灵上和饥饿忧郁的眼里早就变得黯淡无光了。

我同我的家乡一起获得新生是在共产党派来的“金珠玛米”之后，一直处在社会最下层的我们农牧民翻身得解放，从此彻底摆脱了封建农奴制的奴役。1943年我出生在一个被称为“堆穷”的家庭里，听大人们讲，我妈妈生过七个孩子，但自我记事起只有两个哥哥、一个姐姐。听父亲说，前面的三个哥哥和姐姐都被病魔带走了，我的母亲刚生下我，还没有来得及看我一眼、喂我一口奶就因产后大出血离开了人世，我是在我父亲艰辛的养育和姨姨的照料下长大的。后来因我父亲身患炭疽病，家里生活十分困难，吃了上顿就没有下顿，于是托人把我的大哥送到拉萨郊区的乃琼活佛宅里当佣人，二哥也依靠大哥维持其生活，同时我的姐姐也通过亲戚送到拉萨当侍女，我便和父亲相依为命。为了给父亲看病家里借了钱，租了别人3亩地，但租后无力耕种，还不了地租。在我七岁那年，我就去了当地的一个混血儿头领家当佣人，因我人小，干不了重活，就做保姆的活儿，成天背水、带孩子、洗尿布，冬天里洗尿布我的小手被刺骨的寒风冻得红肿麻木，更多的时候双手皲裂了，出血了，还得忍疼干活，而且稍有失误便遭受毒

Tsethang. Photo: Ernst Krause, 1938/39

打。父亲看到我小小年纪吃这般苦，不忍心，自己不顾疾病折磨坚持下地干活，还债交租，维持艰苦的生活。就在生活难以支持的时候，我听大人们说中国人民解放军进军西藏，我的头人对我也好一点了，领主逼债索租也不那么急迫了。1951年的7月、8月间，中国人民解放军先头部队进驻泽当镇。我第一次看到汽车，也第一次看到解放军军医们为当地穷苦人免费看病，而且对病人是那么和蔼可亲。我赶紧跑回家，拉着瘦弱的父亲到解放军军医处看医生。经过一个多月的打针吃药，我父亲的病治好了，当时我就想，如果解放军早来几年我的母亲就有救了。我暗下决心，一定要像他们那样当一名医生。

同其他乡民一样，我和我家人的命运发生了极大的转折。1954年，位于雅鲁藏布江南岸雅隆河谷的小镇泽当，一改往日的愁容与冷漠，透出笑颜与温馨。共产党派来的“金珠玛米”，是祖居泽当的藏族民众从来没见过的部队，纪律严明，步伐整齐、坚定，歌声嘹亮，每一位战士都是和蔼可亲的，我亲眼看到“金珠玛米”大哥哥们帮助老百姓收割、打场，还为生病的老阿妈老阿爸治病，我就暗下决心，我一定要参加革命，要像他们一样穿上军装，像他们一样当一名医生。

1955年秋，我的家乡还来了一大批的地方干部和医生，泽当镇的老百姓手持彩旗、敲锣打鼓，举行了非常热烈的欢迎仪式。压抑不住的喜悦与激动，我竟然第一个冲到前面去，扛着大红的横幅标语迈步走在欢迎队伍的最前面，第一次体验到了什么是幸福，什么是自豪，获得解放原来是这么好啊！不久就听说卫生队招收劳苦大众的藏族青年做学徒，我拉着父亲的手，央求他陪着我去报名，结果如愿地参加了山南医疗队(现在的山南地区人民医院前身)，当上了小护士。医疗队开始是在帐篷里为病人治疗，后来从一个夏鲁的商人那里借了几间房子，布置成临时医院，虽说简陋，但穿梭在其中的我，虽忙得脚不沾地、满头是汗，却踏踏实实地感到自己就是一位医生，一位我梦寐以求的白衣天使了，心中的快乐无以言表……

在医疗队半工半读的几个月时间里，汉族老师手把手地教我学习，我很快学会了简单的汉语日常生活用语和医疗用语，也逐渐掌握了为病人量体温、数脉搏、测血压、打针、换药、给医疗器械消毒等基本的护理操作技术。我经常如饥似渴地向汉族老师请教汉字和汉语文化知识，老师们常夸我热情好学、悟性高。由于工作上进步快、不怕苦不怕累，我很快转为医疗队的正式成员。工作了四个月后，有一天，医疗队的负责人叫我过去，当面又表扬了我，并抓起我的小手塞给我七十块大洋，说我已经参加革命工作了，这是第一个月的工资。当时，我激动地说不出一句话，转身跑回去问老师："我参加革命了吗？"老师含笑点着头说："是。"我高兴得跳了起来，嘴里忙不迭地说："谢谢老师，谢谢老师！"我紧紧地攥着钱袋，满含热泪跑回家，把钱袋一下搡在父亲胸前，看着他疑惑的眼睛喃喃地说："我挣钱了，我挣钱了，这是我挣来的钱……"我父亲难以相信，疑疑惑惑地直看着我。我只好找来跟我一样拿到第一个月工资的曲旦曲珍做证明，父亲方才相信眼前发生的事情，露出欣然的笑容，全家人像庆祝节日似地欢欣鼓舞。

抓住一切可能的机会，积极参加业务培训学习与临床实践。医疗队在扩建成山南人民医院的过程中，一方面在古松林卡建造房子，另一方面从乃东县和扎囊县招收藏族青年，创办医务培训班对他们进行专门培养。我虽然能独立处理护理工作，但是为了多学技术，我迫切要求参加此次学习班，医疗队的领导同意了我的请求。我在培训中系统地学习并掌握了一般的医疗常识以及常见病的治疗与护理，学会了常用药品的使用方法和简单的翻译工作(医用和日常生活用语)。同时，跟着老师下乡给群众治病。1956 年下半年，扎囊县的扎唐河对面一个村庄爆发了麻疹，地区派我们医疗队前往救治。三人组成的医疗队，古松药(现退休在成都)和刘振刚(后调入天津工作)二位老师是医生，我是护士兼翻译。那时没有汽车，我们骑着马日夜兼程，两天后才到病区。村里多数群众欢迎我们为患者看病，我们顾不得喝茶、休息，立刻投入到紧张的抢救工作中去。不少病孩从死亡线上被拉了回来，看到一个一个小病号转危为安，我和二位老师一样露出欣慰的笑容，不知道说什么好。但是，也看到一些富裕家庭的孩子病得很厉害，却不让我们进家，而请来喇嘛念经，结果有两家的孩子被麻疹加上肺病夺去了生命。

■ 作者家乡新貌，摄于 2008 年

这件事情对我思想触动很大，可是我人小力薄啊，怎么奈何？二位老师也感到很惋惜。医疗队完成任务后，回到泽当。

我总感到自己似乎一无所知，老师讲问题讲得深一点就听不懂，所以求学欲望与日俱增。西藏实现和平解放以后，党中央特别重视培养民族干部，毛主席提出“要彻底解决民族问题，完全孤立民族反动派，没有大批少数民族出身的共产主义者，是不可能的。”于是，有关部门在泽当举办藏干校，对山南各县选送的青年藏族干部进行集中培训，内容主要是学习藏文和汉文，我二哥报名参加了培训。我回到医院后就向老师提出去藏干校学习的想法，老师马上向院领导做了汇报，同意我去藏干校学习，我在藏干校进一步学习了汉文和藏文方面的相关知识。1956 年中央决定西藏民主改革推迟 6 年，于 1957 年又决定在西藏选拔大批藏族等少数民族青年干部送往祖国内地集中学习。我获得这个消息后，急忙奔回家，给父亲说了这件事，告诉他参加藏干校学习的大部分是青年人，并表达了我的意愿。父亲先是有些顾虑，后来听说镇上有不少孩子将赴内地学习，便与姐姐商量，结果是不仅支持我去，而且同意我二哥与我一块前往。1957 年 7 月，我和我二哥丹增同其他山南的孩子们一起乘坐汽车，翻过了一道道山谷，又换乘牛皮筏子渡过平缓而宽阔的雅鲁藏布江到了拉萨，在拉萨“冲吉林卡”(现西藏军区大院)内集中了一个多星期，待到拉萨、日喀则两地的学员聚齐后，集体乘车踏上东去的旅程。我们顶风冒雪，迎来又送别一座座雄关险隘，颠簸前行，凝视与遥望一团团雾霭层云聚散变幻，遐思翩翩，不知越过了多少山山水水，也记不清体验过多少险情刺激，不觉到达甘肃省会兰州，进入了与我们雪域高原迥然有别的另一重天地，开始了新的学习生活。

少小离家，相思无限。陕西咸阳的新校落成以后，我们西藏团校于 1957 年底迁入咸阳。我被分在五班，我二哥在三班，学习政治和汉语文等文化课。课间闲暇的时候常常想起离开故乡时看到饱经沧桑的父亲不停地向我们挥手告别的情景，他老人家站立在江边的烈日下佝偻着脊背不住地往后退去，影像越来越模糊，他好像爬上一块岩石，似乎还在频频招手，直至消失在地平线上；也常常回味着我们离家的时候父老乡亲那句句叮咛的话，那祝福与期盼的目光，浓重的乡音哟，甜蜜的乡愁！每每忆起，止不住泪流满面，便长时间眺望远方，仰视西边天际下那蓝天白云的深处……却同时感受到了浑身上下充满了奋发向上的信心和力量，我经常鼓励自己说一定努力学习，学成返乡日，报答三春时。父亲、姐姐和邻居都为我们兄妹感到骄傲，说我们小小年纪就有出息、有志气；我同样为他们感到自豪，他们通情达理，爱家亦爱国！这份人间最珍贵的亲情和友情成为我终生取之不尽用之不竭的精神财富、力量泉源，不停地推动我日后为家乡的医疗卫生事业发展壮大奋斗不息、贡献不止。

我选定了终生从事的职业，做一名合格的医生。1960年当文化课学习结束、分专业时，我跑到班主任那里，要求一定把我分到医疗专业，班主任问“为什么？”我说“我们家乡病人多，回去好为老百姓看病。”同年8月，我的愿望实现了，我们班的十几个同学和公学的几十个同学合班，到甘肃兰州西北民族学院医务系学医，划分了医师班和医师助产班，我毫不犹豫地选择了医师助产班。

从西藏团校基础学习到西北民院专门学医

家乡和平解放后，我与西藏广大的翻身农奴一样取得了受教育的权利和机会，在祖国内地开始了我少年、青年时期紧张而愉快的学习生活，在老师们悉心培育下健康成长。

1951年5月23日，中央人民政府代表与西藏地方代表共同签署了《中央人民政府与西藏地方政府关于和平解放西藏办法的协议》，简称“十七条协议”。中国人民解放军进军西藏，驱逐了帝国主义势力，西藏回到祖国的怀抱，西藏的百万农奴获得解放，当家作了主人。1955年，我的家乡山南泽当迎来了人民解放军和大批的汉族干部，他们招收当地的劳苦大众的子女参加革命，我第一个跑去报了名。1956年初，西藏自治区筹备委员会成立，决定在西藏全区大量吸收、培养藏族干部，为今后的民主改革做准备。1957年6月，经中央同意，陕西咸阳西北工学院改为西藏团校。同时，继续筹建新学校，从西藏各地招收藏族学员来内地接受全面教育。我们山南的学员是山南分工委选送的，共有600多名，与1957年7月在拉萨集中，先后在兰州和陕西省的虢镇参加集中培训。1958年3月9日，我们在虢镇的师生转入咸阳西藏团校。当时团校的教育方针是：“为开展西藏的青年工作、进行西藏民主改革培养具有共产主义觉悟的民族青少年干部”。

咸阳团校给学生安排了多样化的学习内容。除了讲授文化课外，重点进行思想政治教育，启发学员把个人的苦难和阶级的苦难联系起来，把劳动人民的翻身解放和党领导的中国社会主义革命事业联系起来，鼓励学员投身革命斗争，立志为西藏百万农奴的彻底解放和社会主义新西藏的全面建设而发奋学习。学校开设的课程除了时事政治和思想教育外，还有汉语文、数学、常识、藏语文等功课。我们还赶上了“大跃进”运动，学校组织学生到咸阳的渭河里掏沙大炼钢铁。学校教学活动因此转入速成识字为主要内容的学习阶段，形成了教学形象化、辅导多样化和生活汉语化教学模式。

在这三年学习期间，汉族老师把他们全部的智慧和力量都倾注在我们身上，学习和生活上给予了无微不至的关怀，我们学生有什么思想问题，生活上有什么困难都愿意向老师倾诉。由于老师们耐心指导与热情帮助，我们很快通过了咸阳当地的生活关和语言交流关。

1958 年 7 月，全校范围内开展了勤工俭学活动。我们除了参加学校环境美化，植树种草育花以及“除四害”为主要内容的爱国卫生运动外，还要参加市镇建设劳动。学校成立了以班级为单位的理发、修鞋等服务小组，各班还办起了小型工厂和农场，我们团校五班承担了养猪、养羊场的所有工作。我们还轮流到咸阳火车站沿线的水渠边、草地和农田边缘去放羊，晚上回到学校挤羊奶，把奶送给校医院和疗养院的病人喝，帮助他们尽快恢复健康。有的班从事手工造纸、做鞋子、制造肥皂、烧制砖瓦、烧炭、生产墨水、种菜等劳动。勤工俭学强化了学生的劳动观念，让他们懂得了尊重劳动人民和珍惜劳动果实的道理，弘扬了艰苦奋斗的革命传统。

1959 年，西藏上层反动集团撕毁了“十七条协议”，全面发动了武装叛乱，中央政府决定边平叛边推行社会改革。当时藏族干部很少，之前选用的多数人集中在内地学习。有鉴于此，西藏工委决定，让咸阳公校和团校的同学提前返回西藏参加平叛和民主改革。同学们踊跃报名回西藏参加平叛、土改和民改运动。学校从苦难深、年龄较大一点的同学里选派了第一批回藏的青年学生干部，其中有我的哥哥丹增，他是团校三班的学生。我后来得知，山南分工委批准选举我父亲为山南农会主席。由于我和二哥丹增都被派往内地学习，山南的叛匪得知我们的情况后，密谋杀害我父亲，父亲在草棚里躲了三天三夜才免遭毒手。同年 5 月，西藏自治区筹备委员会的领导来学校给全校师生讲述了西藏反动上层策划组织叛乱的情况，号召我们积极参加平叛的斗争，年纪小的学生要努力学习科学文化知识，以便将来适应西藏经济建设和社会发展的需要。因为我当时年龄小，想回西藏参加平叛与改革的申请未被批准，就留校继续学习文化课，于 1960 年开始专业课学习。

通过参加“大跃进”运动和勤工俭学活动，以及各种形式的时政学习，我在各方面的进步很快，特别是阶级觉悟有了很大提高。我后来转入公学二部学习，不仅长身体、长知识，还经受住了来自生活、气候、三年自然灾害等方面各种困难的磨炼与考验，初步确立了无产阶级的世界观和人生观，扬起共产主义的理想风帆。1960 年初，经组织考察合格后，我光荣地加入了中国共产主义青年团，成为组织上的人。

1960 年 8 月，我离开了咸阳西藏团校，转入兰州西北民族学院医疗系学习，开始了三年的学医生活。根据西藏工委关于“在翻身农牧民学生中尽快培养一批急需的专业技术人才”的指示要求，学校开设了邮电、财会、畜牧、医疗等专业，而我们这批学员被分配到各个专业进行专门学习。学校选出了团校的 20 名学生(其中有我)和公学的 60 名学生，一并选送到西北民族学院医疗专业学习。我早就立志当一名医生，坚决要求去西北民族学院学医。我的愿望实现啦！

■ 1962 年摄于西北民院（后排右一为作者）

西北民族学院设有医疗和医士助产两个专业，因为西藏急需卫生专门人才，所以我们这两个班不仅办成速成班，还确定了达到中专水平的教学目标。于是，我们很快投入了紧张的学习。虽然不算大专或本科专业，但“麻雀虽小，五脏俱全”，我们两个班的课程开设齐全，主要包括病理、生理、人体解剖、药理药剂学、微生物学、物理诊断学、临床医学、传染病学、内外科、妇儿科、卫生防疫知识等多门功课。同大学相应的课程比较，只是教学难度高低上的差别。为了达到速成教育的目的，我们的学习进入临床课时，每学完一个单元的专业理论就到校医院或附近的工人医院见习；临床医学课上到一定的时段，我们就被安排到兰州市妇产医院和职工医院实习。教师授课特别讲究理论联系实际，要求学生把医学知识的准确理解与恰当运用很好地结合起来，尤其看重学生在医学理论指导下熟练的操作技能以及独立完成诊治过程的临床工作能力。因此，我们学生既要在课堂上认真听讲、领会老师的授课内容，刻苦进行读背记忆，又十分珍惜临床实践的机会，仔细观察包括实习指导老师在内的别人的诊断动作和处方思路，揣磨其中的道理，做到心中有数，做到知其然又知其所以然。老师强调，听课的时候联想到相关的病例，带着实际问题听课，而在动手诊治患者的时候能回忆起对应的理论知识，想法做法都要有理有据，当然还要结合患者具体症状，灵活处置。所以，课堂上我们多数学生对于老师讲到的每个知识点都非常留心，生怕漏掉什么重要的内容，也敢对不懂或感到疑惑的问题勇敢地提问，要求老师大声一点或重复一下。老师有时候看到学生的学习积极性高、学习兴趣浓，就把两节课的教学内容试着一节课授完，而我们并没有觉得老师在满堂灌我们。内容少了，倒是觉得不够尽兴。记得在一节病理课上，半节课不到任课老师就把该堂课教学内容讲完了，老师站在讲台中央扫视了一下我们仰望的目光，似乎感到了我们意犹未尽，随口说了一句，“这节课先讲这些，大家巩固一下吧。”“继续讲下个专题吧，老师！”“对，老师，把下一节的提上来吧。”几个同学一经提议，引发了很多同学响应。不料，那位老师立刻显出窘迫神情，望着同学们却又一下乐了，自嘲道：“今天没贩够卖的。”“什么，老师说什么，贩什么卖什么？”当时，我们对于老师这句脱口而出的俗语并没有听懂，依据情景判断，好像明白了老师的意思，师生对视了一下都会心笑了。老师含笑着点点头，要同学们随便提问题，他现场给予解答。同学们一下兴奋起来，什么问题都想问，甚至把别的功课上的问题、生活上和思想上的事情拉过来问老师，老师也蛮有兴趣地与我们交流。当时，就感到时间过得快，一节课不知不觉地过去了，窗外下着雨我们都未觉察。那时候，同学们对专业知识的吸收可以称得上如饥似渴了。参加临床抢救危重病人，同学们既觉得新奇，又表现得束手束脚，非常希望指导老师在一旁指点。经过半年多时间的实习，我们很快掌握了基本的医疗技术。有人说学医很苦，但我切身体会到苦中有乐，苦里含甜，只有饱尝辛苦之后才感觉其中的快乐和甘甜别有一番风味，也许它们原本具有同等分量，一方增加而另一方就会相随，也许自然造化特别关爱那些含辛茹苦的人，对他们真诚的付出会加倍给予报偿。比如说，我们经过了太多的周折拯救了一位垂危病人，看到他重新获得正常人所能拥有的一切，或成功接生了一个难产的孩子，母子平安，会体验到一股难以言说的喜悦，甚至成为自己一生的安慰。

另一个令我记忆犹新的是，20 世纪 60 年代初我们国家处在三年自然灾害时期，西北地区成为当时的重灾区，国家在经济困难的情况下保证我们西藏学生每月 28 斤的口粮，为我们身心正常发育和顺利完成学业提供了物质保障。我们切实感受到了祖国大家庭的温暖和特殊的关爱。

1963 年 8 月，我们从西北民院医学系毕业了，满怀信心地踏上归程，而且归心似箭，急切奔赴等待我们大显身手的工作岗位。

无论是在咸阳西藏团校还是在西北民族学院就读，我对母校暂时没做过什么贡献，不免心存一点愧疚，但对母校有太深厚的感情与十二分的留恋。想起教我的老师们，朝夕相处，团结互助，一场场有趣的教学情景，一幕幕慷慨激昂的藏汉双语演讲交流，老师们那循循善诱的教学态度和公正无私的宽广胸怀，以及对我藏族学子表现出来的特殊关爱，道不尽的友情，讲不完的故事，感激之情油然而生，我之所以有今天点点滴滴的进步和成绩，是因为恩师们在我身心的发展过程中倾注得太多太多。我将携带着这些宝贵的人生财富踏上新的人生旅程……

参加社会主义教育工作团

1964 年 4 月 12 日至 1967 年 1 月 26 日，我在自治区“三教”一团工作。自治区筹委会决定，从自治区各厅、局、室中抽调一部分优秀藏汉干部，参加自治区组织的社会主义教育团，计划组织四个“三教”团。所谓“三教”，就是向全体干部群众进行阶段教育、爱国主义教育、社会主义前途教育。当时，三教一团由区党委任明道副书记任团长。自治区文教卫生处选派我进入三教一团工作组，到了日喀则把我分到日喀则市属的东嘎区帕仲乡工作组。

我们这个工作组在帕仲乡完成了预期任务后就转到日喀则市属的夏鲁乡深入开展三教工作。白天同群众一起劳动，下午收工后组织群众学习，同时在田间地头向群众宣讲。夏鲁工作组加强了领导，由自治区党校(扎木易贡党校)校长魏伯禹同志任总领队，党校十几位干部加盟，日喀则各县区也抽调 20 多名干部充实进来，宣传队伍壮大起来。除对夏鲁乡之外，还对夏鲁寺的僧人进行“三个”教育，我们还承担了对夏鲁乡上游两个村(普怒、普夏)的教育任务，我负责给夏鲁乡工作组组长裴汉卿当翻译，业余给群众看病。那时，工作组对当地的农奴主——所谓的“有思想问题的富农”和“思想比较顽固的僧人”进行集训，勒令他们交待问题。现在看来，当时的有些做法“左”了一点，给我们日后的工作留下一些后遗症。我那时思想单纯，很少动脑筋，组长说什么我就记录翻译什么。后来一个农奴主的男性代理人企图自杀，他用小刀把自己的喉咙割断，集训队急迫地派人来叫我，我仓促之间什么也没带就赶过去了。一到那里，杨贵奇医生(党校校医)先到了，他说赶快准备缝合处理。那个人气管断了，血流不止，我和杨医生一起动手先止血，后缝合气管及被割断的软骨等，经过三个多小时的手术处理，第二天病人由工作组派专人护送去了日喀则地区人民医院。听陪同的人回来说，地区人民医院检查了伤处后说，我们缝合得很到位，处理得很及时，于是给了一点消炎药就把病人打发回来了。这个病人康复后非常感激我们救了他一命，特意送来一篮子鸡蛋作答谢。东西我们当然不能收，教育他今后要学法、懂法，配合政府的工作不要做亏心事。这件事对我触动很大，我曾经一再反思出现这种事情的原因是否是我们的工作没有做好。我们救了一个生命，对周围群众的影响很好，工作也好开展了。

从此，我除了做好队里交给我的工作之外，还利用早晚休息时间为病人治病，有时候断了必须的药品，我就自己掏工资买药送给群众。

1966年初，三教一团决定我们工作组撤出夏鲁乡，转入日喀则市属的曲米区曲夏乡，任务是试办人民公社。曲夏乡工作组组长是日喀则地委委员、机关工委书记郝宗学同志(后来内调了)。我们曲夏乡工作组按照团部的要求开展了入股活动，牲畜等生产资料可以用于投股，年底按股分红。我除了负责分给我的两个生产队的工作之外，业余还是给老百姓看病，时刻不忘记学习毛泽东著作“为人民服务”和“纪念白求恩”，同时充分发挥自己的医疗专长为人民服务。

根据我在工作队的表现，队里派我到离曲夏乡最远的半农半牧的安布乡担任工作组组长。安布乡有5个自然村，交通不便，从一个村到另一个村骑马得走半天。开始的时候主要任务是组织生产队试办人民公社，随后是落实“按劳分配”、“按股分配”的个人分配原则。这项任务本身就很重，还要当业余医生，无论我走到哪里始终不离我的药箱，老百姓知道我是医生，找我看病的人越来越多，有时候因给人看病耽误队里的工作。让我苦恼的是，病人时常缺少基本的药品，我因为开不出病人急需的药品而苦恼，山沟里没处买药，有时就用针灸治疗，但很多病症用针灸是无法治愈的，只好要求病人到地区医院看病，这样却加重了病人的负担。为此我就决心将这些情况汇报给卫生厅领导，要求抓好农牧区基层医疗卫生机构建设，为基层培养更多的合格的乡村医生。

鉴于我的工作表现，队里接受了我入党的申请，1966 年 8 月 3 日支部通过，1966 年 11 月 15 日工作队党总支批准我为中共预备党员。预备期满后，我正式成为一名多年梦寐以求的共产党员。此后我更加严格要求自己，树立无产阶级革命人生观，下决心把自己的一切交给党安排，全心全意为人民服务，自觉把这种信念和决心落实在现实的工作中。在安布乡工作的一年多时间里，我和当地老百姓同吃同住，同学习同劳动，几乎没有到过地区的大街，也没有回过家。1966 年 12 月 14 日，一个公社的会计从曲夏乡邮递员那里带来一份我的加急电报，我撕开一看，电文是“父病危，速来看望”，落款是姐姐其梅。看完电报，我眼泪止不住地流，心想父亲的病情肯定很重，否则，姐姐是不会轻易拍发这样的电报的，越想心里就越加着急，坐卧不宁，茶饭不思。我本想请假回去，可那时正值年终结算和分配时节，而我刚刚加入党组织，一个共产党员应以革命工作为重，我只好给家里回了电报，说明工作离不开，请谅解，同时给我在地区人民医院工作的同学发了一份电报，请她帮忙关照父亲。就这样，我继续在安布乡工作到 1967 年 1 月 24 日，完成试办人民公社工作的总结之后，我就到曲夏乡工作队请假。那时工作队很多同志已提前回地区了，说是“文化大革命”开始了，工作队马上要撤走，传言群众将要批斗工作组，就这样，我回到安布乡把工作交接之后离开了社会主义教育工作

■ 作者骑马下乡时的工作照

组。到达拉萨的那天，两派在武斗，我进人委大院(政府大院)，找到我的房子时，别人已经住进去了。我找到我的处长魏永信，他告诉我说“现在全乱套了，先住办公室吧。”我的东西是后来在卫生厅仓库里找到的。那天晚上我就睡在了办公室。次日早上我在魏处长家吃了早饭，他告诉我：“几个卫生厅领导靠边站了，厅里现在没有什么事，你先回家吧。”他答应帮助我找房子和我的东西。

我买了去山南的汽车票，于当天下午就到了山南泽当老家。见到家人，悲喜交集，首先问询、安慰了病危中的父亲，给他捶背、梳头，帮着姐姐为他洗晒衣被，备办可口饭菜……很想努力表现一下，聊尽孝心。见到姐姐倍觉亲切，禁不住拉着她的手有说有笑，甚至好想好想蹦起来、跳起来，说不完的故事，叙不尽的情谊，似乎找到了小女孩见到久别的妈妈时候心里所涌起的那种感觉。

与家人聚了一个月，我就回单位了。回到自治区卫生厅(现政府大院)，魏处长让行政处给我找了间房子，我的箱子和被褥等也从仓库中找了出来。

就这样，我在日喀则基层度过了近 2 年的美好时光，生平第一次有声有色地开展了“三教”活动和试办人民公社工作，有烦恼亦有快乐，有付出亦有收获，有教训亦有经验，与当地群众结下了很深的友情，而自身得到了很好的磨炼。

家庭幸福与人生缺憾

总起来说，我的人生是幸福的，而幸福的感觉又是难以言传的。

1963 年 8 月，我从西北民族学院医疗系毕业后被分配到西藏自治区筹委会卫生处。毕业时我是团干之一，与其他同学一样，坚决要求去西藏最艰苦的地方，从事救死扶伤的崇高职业。我的同学分别去了阿里、日喀则、那曲、山南、林芝、昌都以及自治区筹委会卫生处所属医院和防疫站。我非常羡慕他们都当了医生，能直接治病救人，而我对“卫生管理”脑子里没有概念，在报到时要求当医生，却挨了批，末了思想通了，认识到卫生管理工作的重要性，便在医政处正式上班了。

我拥有一个温暖和睦的小家庭。虽然我们的家庭组合不是按照“郎才女貌”或“门当户对”中国传统婚姻模式运行的，没有经过所谓“父母之命”、“媒妁之言”的严格程序，也没有丰厚彩礼与华贵妆奁，缺少一见钟情与花前月下的浪漫情调，也缺少白头偕老与海枯石烂的生死相约——对于这一切有时觉得有趣，充满好奇与遐想，而具体到自己却没有自觉的意识，不是说完全不感兴趣，而是不具有社会条件或自身的现实条件，这样说来，我们的婚姻和家庭似乎缺少了很多应有的东西，但是我们双方不约而同地把“志同道合”与“夫妻恩爱”视为爱情真谛和家庭基础，都用“十年修得同船渡，百年修得共枕眠”的人生理念看待夫妻情缘。我以身相许、托付终身给罗友，看重的不是别的，只是感觉到他是一个值得信赖的男子，他那宽阔的胸怀是我人生远航永远也驶不出的温馨的港湾，他那厚实的臂膀是我创造生活的过程中可以随时随地赖以休憩的靠背。在我看来，世间的婚姻和家庭该有的我们其实什么都不缺。

那时我们都是穷学生，刚入机关的小干事，没钱没地位，是他的质朴和坦诚吸引着我走近他，他的人格魅力和干练作风就像强大的磁场吸引着我投入他的怀抱。虽然他没有诗情画意的文才，也没有甜言蜜语的柔情，但是他实实在在的表白让我心荡神驰，炯炯有神的目光令我刻骨铭心！我们于 1964 年相识，1967 年缔结百年之好。婚后的小家庭，我们两情相悦，生活和美，与其说是夫唱妇随，相敬如宾，不如说是相互支持，携手前进，彼此为共同的事业牺牲了各种物质享受和精神愉悦。

我算不上那种“相夫教子”的贤妻良母，既不能为丈夫和孩子营造一个窗明几净、花红叶绿的家庭环境，又不能为他们提供香茶美食、热炕温汤的口体之奉，当然，我是非不为也，是不能也，对家庭中的天伦之乐我几乎是无福消受。身为国家干部、人民公仆，报效国家、服务群众，我责无旁贷，也义无反顾。在我大半人生旅程中，我选择的是精忠报国、巾帼不让须眉，毕竟忠孝难以两全。我的母亲早逝了，有更多的母亲需要我去伺候，我的父亲过得好，我必须努力让更多的父亲过得好，我的孩子健康地成长，我不能看到别的孩子忍饥挨饿，赡养父母抚育孩子是每一个做儿女做母亲的天职，也是共产党的民族干部应有的思想觉悟。

我感谢丈夫的理解与配合，决定只生一个孩子。即使是一个孩子，对于他的教养我也是个长期的债户。罗友长期在农牧区基层工作，我因工作很少着家，不是下基层，就是外出开会、学习，根本顾不上孩子，便把儿子送到老家托付我姐姐其梅照管，待到孩子步入学龄阶段才接回身边，就近入学，但从未能像别人家的妈妈那样按时接送过小学生，也极少能同丈夫、儿子一起过团圆生活。我经常把儿子寄养在邻居或卫生厅职工的家中，参加学生家长会也由别人全权代理。所以我常爱感慨，为人妻做人母，我哪一项都不称职。罗友为支持我的工作，可以放弃一切，总在最关键的时候发扬风格，把去内地学习深造的机会让给了我，这使得我感激之余心怀内疚。

我们夫妻角色错位早已正常化了。1984 年—1988 年，我赴北京医科大学深造，丈夫在此几年里既当爹又当娘，我们夫妻常年分居自不待言。而他的工作也很是繁忙，先后担任过自治区党委农牧政治部和贫协副主任、农牧厅副厅长、开发局副书记兼副局长、机关工委副书记、民政厅党组书记、副厅长等职。干好工作之余，他在家里调教孩子，“儿寒乎，欲食乎？”嘘寒问暖，心细如娘；不忘隔三差五打电话问候我，想知道我缺少什么，有什么困难，热情鼓励我这个老学生“好好学习，天天向上”，珍惜不可多得的学习机会，甚至不厌其烦地叮咛要我保重身体，不可损伤了“革命的本钱”，云云。一个爷们儿，一经进入夫妻的领地，立时脱去了大男子主义的外衣，细心体贴，缠缠绵绵。身隔万里，却息息相通，我虽有所缺，但你的音容笑貌一直包裹着我，满足着我的需要。你在别人的眼里也许只是一个平凡的男人，但在我心里你就是我的不平凡的世界，我因为有了你而成为一个“富婆”，有你做后盾我能不顾一切地去不停地开拓新生活，为我们共同的信仰和最高的人生目标奋勇前行。我在学习和工作上的所有收获，毫无争议有你的一半，你可以理直气壮为你的付出而分享着我的成功和我的光荣，因为我们的一切都是紧紧连在一起的。

“人有悲欢离合，月有阴晴圆缺，此事古难全。”这一词句家喻户晓以来，不知劝慰过多少苦闷的心灵。但是，也许我没有词人那种达观的襟怀，对于一些痛彻肝肠的事情总是耿耿于怀，甚至一生都难以释怀，我对姐姐猝然去世就有这样的感受，我没能好好地报答她的抚育之恩，这是我这辈子最大的人生缺憾。

俗话说“长嫂比母”，贤惠的嫂嫂对小叔子小姑子极尽其生母之责，姑嫂、叔嫂之间情深意长。就我的体会而言，何尝不能说，“长姊比母”？我从小没有得到过母爱，是我的姐姐代行了我母亲之责，给我慈母般的关爱和照料，我们姐妹相依为命，小时候睡在一起。我担任卫生厅长、政府副主席期间工作太忙，姐姐就替我们照看孩子，后来又照管孙子，可以说她是我家“三代元老”。我心里早有打算，等到工作稍不忙的时候，一定带姐姐去内地，到首都北京走一走，看一看，一定让她后半生享受一下所谓的“清福”，弥补我对姐姐的亏欠。但是，没有料到姐姐身患轻度脑淤血，经医院治疗稍有好转，还能说话，可以独立进食，医生说没有问题，可以慢慢恢复。当时政府派我去上海参加一个会议，并与上海电影制片厂朱厂长协商《红河谷》电影剧本一事。我把我去上海开会的事给姐姐一说，她劝我去开会，说是公事要紧，不能影响工作。可没想到，在我走之后姐姐病情突然加重，等我从上海办完事赶回来，姐姐已经离开人世，临终没能见上一面，我懊悔难过极了，悲恸之情更向何人倾诉？我总在想，我姐姐苦了一辈子，好日子没过几天，生病的时候我没能服侍她，临终之时我没能听到她一句嘱咐的话……我只希望，如果真的有来世，我就一定在九泉之下双倍报答她。

我自己生来未见过母面，留下终身的遗憾，而这种遗憾在某种意义上说又在我与我的独生子之间进行了延续，用一句话来说，就是在孩子的成长过程中获得的母爱实在太少太少，这是我在孩子身上欠下的感情账。但是，对我来说，这是没有办法的事情，我只是渴望把我在自己孩子身上的欠账能够加倍补偿在别的母亲及其孩子的身上，十分愿意用我家的这种缺憾去换回别人家的相应的缺憾，只要这种缺憾还存在于人间。

我们的儿子已长大成人并走上了工作岗位。我对他总是高标准严要求，希望他坚持看书学习，自觉参加社会实践，平等待人，工作扎实深入，理论联系实

■ 作者与其姨姨白玛、姐姐其梅、表舅、表哥、侄儿、侄女及儿子次仁军节合影

际，逐步树立起正确的世界观、人生观、价值观和民族观，养成良好的公德，以及健全完美的人格，任何情况下都不能忘恩负义，不能辜负党组织的培养与家庭的教育，在建设祖国、服务家乡的伟大实践中做一个有理想、有抱负、有能力、会干事的有用之才。如今，他靠自己的努力走上了处级领导岗位。我们的孙子正上高三，孙女上初二，他们兄妹都在内地西藏班就读，和他们的各族同龄人在祖国大家庭里茁壮成长。他们都是祖国和人民的希望，是社会主义新西藏未来的建设者。

第二部

22年自治区卫生厅厅长工作(上)

民改前夕西藏社会的医疗卫生发展简况

和平解放以前，西藏社会长期处在政教合一的封建农奴制度统治下，农奴、奴隶等广大劳动人民既无药又无医，人民卫生事业一穷二白。“疾病丛生，民不聊生”，这是对旧西藏社会医疗卫生状况的真实写照。

在旧西藏，拉萨只有“门孜康”和“药王山”两所官办医疗机构，另有一家英国人开办、后转让给印度的德吉林卡诊所和一处由国民党创办的“色彩”诊所，以及零星散布的藏医私人诊所。可是，这些医疗点都是为有钱人服务的，而普通百姓根本没有钱看病，一旦遭逢瘟疫肆虐或怪病缠身，穷苦百姓只能祈祷菩萨保佑，或求神拜佛，完全寄命于天，贫穷和迷信使得他们一直在做着自欺欺人的事情，而越是如此，疾病及其所引起的各种人生悲剧越是频频降临在他们的头上，他们不能正视或正确看待这一人生的怪圈，却把一切问题统统归于一个“命”字，因为没有起码的生存权利和发展条件而无力与病魔抗争，就这样，贫穷、无知和病魔引发的各种灾难之间形成了恶性循环。

历史上西藏社会曾经多次爆发瘟疫，贫苦百姓在此过程中每次都面临着灭顶之灾。在过去 150 年间，仅天花就流行了 4 次，其中在 1925 年那次天花流行中，拉萨一地就有 7000 多人丧生；1934 年和 1937 年两次伤寒流行，导致 5000 余人死亡。最令人痛惜的是在传染病流行时期，三大领主唯恐被传染，竟对病人采取火焚、活埋等惨无人道的灭绝措施，或强行将他们赶进深山峡谷，派藏兵把守山口，生生将病人饿死、困死。当时流行一首民谣：“拉萨发生了疫情，青年人送去桑意普，老年人拉着拐棍，绕转八角街。”拉萨之外的情形也不例外，比如林周县唐古人民公社的强白，就曾亲身经历如此遭遇。1959 年的前 30 年，强白所居住的村庄发生天花流行，很多人染上了病，其中有他的弟弟。强白为了照料弟弟，同病人一块被赶进了山沟。他目睹着病人因饥寒交迫和疾病折磨而一个一个地倒毙，他的弟弟也死了。由于强白接触过病人，领主不准他回家，被迫流落他乡。人们大声呼喊着“乃羊木冬巴秀”，意思是人们必须通过烧香拜佛来祈求天灾和疫情再不要这样啦！快结束吧！哪里发生瘟疫，哪里就出现“千村霹雳人遗失，万户萧疏鬼唱歌”的凄惨景象。病魔夺去了无数人的生命，造成西藏社会人口大幅度下降，藏族人口由 1775 年的 200 多万锐减到 1959 年的不足 100 万，在 180 多年里西藏人口不但没增加，反倒下降了 100 多万。

新中国成立以后，西藏随之获得了新生。随着西藏社会制度的巨大变革和经济社会事业的迅速发展，西藏的医疗卫生经历了从无到有、从小到大的发展过程。1950 年，英雄的中国人民解放军踏上了西藏这块神奇美丽而又多灾多难、富饶而又贫穷的土地，他们一边进军，一边筑路，一边宣传和执行党的民主宗教政策，一边为穷人看病防病，用实际行动把党中央和毛主席对百万农奴的深切关怀及时送到翻身农奴的心坎上。

西藏和平解放后，党中央和毛主席非常关心翻身农奴的身心健康，十分重视西藏的医疗卫生事业的发展。那时候，西藏的卫生工作同时被看成一项政治工作，治病、防病、接触患者疾病的折磨、保护老百姓的健康，被视为西藏工作的三大任务(统战、买卖、医疗)之一，通过开展医疗卫生工作来争取群众，巩固新生的人民政权。1950 年初，人民解放军十八军和西北支队进军西藏，1951 年至 1953 年由部队转业的大批医护人员到西藏地方工作。同时，1951 年卫生部从内地组织西南、西北医护人员到西藏工作。1952 年党中央组派中央民族工作卫生大队，到昌都工作；十八军选派司令部卫生队和西北独立支队卫生队共同组建了拉萨人民医院(西藏自治区人民医院的前身)，这件事是那时最受人民群众称道的中国共产党在西藏办的 4 件大好事之一。1953 年 7 月，西藏工委政财部卫生科成立(西藏自治区卫生厅的前身)，从此，西藏有了专门的卫生行政管理机构，统一领导全区的医疗卫生工作。1953 年和 1955 年，卫生部从大中专院校组织了两批卫生大队进藏工作，从中挑选了一部分医疗骨干，派到日喀则和阿里两个地区从事卫生工作。1954 年中央从大专院校毕业生中派来了一大批卫生人员，到山南地区组建医院。1956 年 8 月，山南分工委卫生所正式成立，即现在泽当人民医院的前身。从 1951 年到 1956 年，先后在昌都、拉萨、林芝(塔工)、那曲(黑河)、日喀则、阿里地区成立卫生所或卫生院。到 1959 年，全区已建立医疗卫生机构 62 个，拥有各类卫生技术人员 791 人，铺设病床 480 张。这就为农牧民防病治病提供了便利条件，结束了旧西藏劳动人民无医无药、生死由命的可悲历史。

来自全国各地的医务工作者，不管是年轻的还是年长者，也不管是风华正茂的还是老骥伏枥者，都能把西藏各族群众视为亲人，把为西藏百姓防病治病视为神圣责任，把维护群众的身心健康视为百万农奴翻身解放的具体表现，他们满腔热忱地投入到人民群众的防病治病工作中。他们不畏艰险，不辞劳苦，两人一组，五人一群，肩背药箱，策马深入农牧区的帐篷里，查病问诊、打针抓药，哪里发出“门巴”的呼声，哪里就会现出卫生人员奔跑而至的仆仆身影，一时间“活菩萨”的赞誉在辽阔的雪域高原上口耳相传。军医们用自己的感人行动为人民解放军赢得了“菩萨兵”的美名。西藏人民开始有了自己的医院和医生，破天荒第一次享受到热情周到的卫生医疗服务。

西藏卫生事业的初步发展，对于争取西藏上层爱国人士、团结和影响人民群众，对于顺利进军西藏，建设祖国边疆，巩固我国西部国防都发挥了积极作用。但是，这个时期，由于西藏的旧政权继续存在，三大领主不甘心退出历史舞台，对党在西藏开展的各项工作千方百计地阻挠与破坏，所以西藏的人民卫生事业的发展受到一定限制。加之新中国成立初期的国情和西藏历史条件，1951 年到 1959 年间，西藏人民卫生事业尚处于缓慢发展阶段。

西藏人民医疗卫生事业的发展初具规模

卫生行政组织系统

西藏自治区卫生厅隶属西藏自治区人民政府，是全区卫生系统的行政业务领导机关，下设政治部、办公室、医政处、藏医处、科教处、计划生育妇幼卫生处、防疫处、药政处和计划财务处。中华医学会等 5 个西藏分会也挂靠卫生厅。此外，中共西藏自治区委员会防治地方病领导小组办公室，西藏自治区爱国卫生运动委员会办公室和西藏自治区计划生育领导小组办公室，均设在卫生厅内。上述 3 个机构在各地市设置分支机构。拉萨市和昌都、日喀则、山南、那曲、阿里地区行政公署设市、地卫生局，自治区工业、交通、农垦、建委等厅、委及其他部门设(文教)卫生处(科)，县设卫生科。各级各部门的卫生机构分别由各级党委统一领导，并自治区卫生厅指导、分管所属的医药卫生机构。区设人民医院，农牧区基层人民公社设卫生所(室)。全区卫生系统如下表。

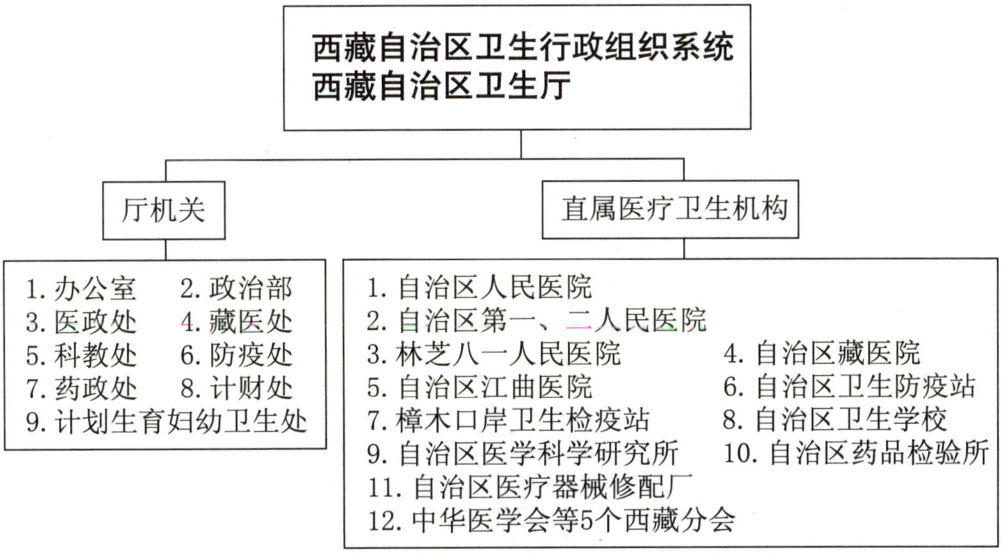

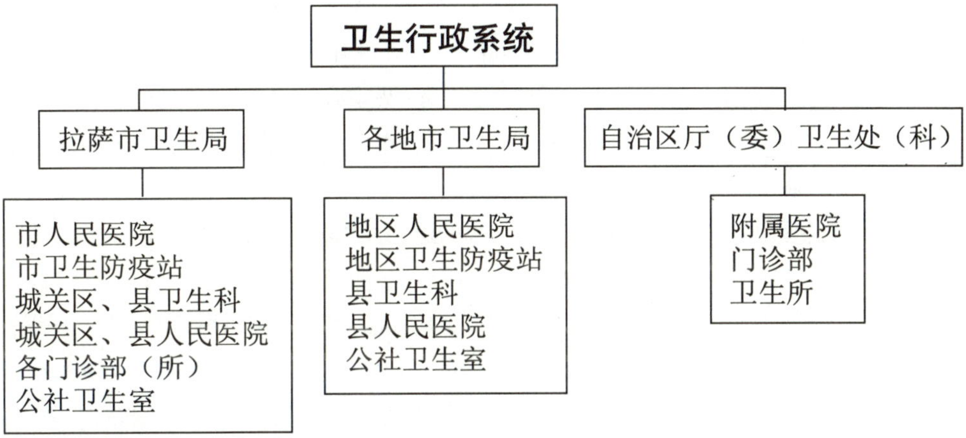

医药卫生实力及分布

随着西藏自治区医药卫生事业的逐步发展，医药卫生的实力不断增强。现用1979年的有关指标与1973年的(随机抽样)作比较，能说明这个问题。1979年全区各类卫生技术人员比1973年增加3245人，病床增加1065张，农村牧区赤脚医生增加784人，卫生事业费增加1073万元。当然，由于人口的增长，西藏人均拥有的卫生人员、床位、经费的增长并不十分显著。

1975年，全区各类卫生技术人员已达到6606人。其中少数民族卫生技术人员为 3485 人，占总数的 52.75%。按类别和职称划分，中医中少数民族占 74.3%，西医师中占 23.21%，医士中占 71.3%。中医中因为藏医较多，所以占比例较大，西医师中则占的比例较小；中级人员中占的比例较大，这是近几年来中等卫生学校培养的人员较多之故。

再将 1959 年、1965 年、1979 年三个年份的机构、人员、床位和经费作一比较(如表)，明显看出四项指标均是逐年增长的，是解放前不能比拟的。

四项指标比较

年份	机构(个)	人员(人)	床位(张)	经费(万元)
1959	62	791	480	106
1965	193	2422	1631	520
1979	819	6606	4295	2274

防疫方面：1979 年全区共有防疫站 17 所，卫生技术人员 191 人，其中自治区卫生防疫站 1 所，设在拉萨市；地市卫生防疫站 6 所；县卫生防疫站 10 所，共有 19 名卫生技术人员。除自治区卫生厅防疫站技术力量及其设备较强、较完备外，地、市级卫生防疫站的力量较弱，设备不齐全，县级卫生防疫站建设刚刚起步。

全区地方病的防治领导与办事机构和防治专业队伍的相关情况：领导机构是中共西藏自治区委员会防治地方病领导小组和各地市委防治地方病领导小组，其办事机构是所设办公室或称地病办(室)，共有 4 支专业防治队伍，即自治区鼠防、布防和那区地区鼠防队、日喀则地区鼠防队，共有专业防治人员 44 人。这个时期，全区地病办室(7 个)共有专职工作人员 25 人。

医疗方面：1979 年全区共有综合与专科医院 95 所，其中包括自治区卫生厅直属综合医院 3 所、专科医院(藏医院、麻风病院)2 所，地市人民医院 6 所，自治区交通厅、农垦厅及其他部门职工医院 8 所，县(包括县级区)办的人民医院 76 所。此外，尚有公社卫生室 433 个。95 所医院有各类卫生技术人员 4213 人，占全区卫生技术人员的 63%；有病床 3722 张，占病床总数的 86%。

我在卫生系统工作了 30 年，深切体会到党和政府高度重视西藏人民的健康事业，截至 1991 年，国家直接用于发展西藏卫生事业的经费达 8.2 亿多元，在西藏实行免费医疗，保障人人享有医疗保健的权利。人民群众的医疗条件得到明显改善，农牧区卫生工作逐步得到加强，全区初步形成了现代医学与传统医学并存，门类比较齐全的医疗卫生体系。1990年底统计，全区现有卫生机构1110个，是1959年的17.9倍；医院床位增加到5015张，为1959年的10.4倍；专业卫生人员达9513人，为1959年的9.5倍，藏族等少数民族专业卫生人员已达7579人。平均每千人口有病床2张，每千人口有专业卫生人员3.4人，每千人口有医师1.37人。1990年底，西藏人口发展到220多万，比1959年翻了一番还多。西藏人口平均期望寿命由和平解放初期的36岁提高到现在的63.86岁，而且人口的综合素质有了很大的提高。

由于我区88%的人口居住在农牧区，所以我们有计划有步骤地大力加强农牧区卫生基础设施建设，争取到自治区有关部门的通力协作，集中力量预防控制或消灭各种流行病和地方病。我清楚地记得，我们在20世纪60年代重点建立县(区)级医疗机构，70年代重点抓乡一级医疗卫生保健机构建设、人员培训以及医疗器械的配备更新等工作。在除害灭病过程中，组建了一支以少数民族干部为主体的卫生防疫专业队伍，建立健全卫生防疫专业机构。为了从制度上保证卫生事业的持续健康发展，我们于1992年6月至10月，相继起草了《西藏卫生事业及医疗制度的现状与改革思路及初步设想》、《西藏自治区卫生改革与加强卫生工作的意见》和《关于完善免费医疗制度的意见》，报经自治区人民政府审定。为了切实解决农牧区缺医少药的困难，卫生厅于1988年、1991年两次召开了全区农牧区卫生工作会议，专门研究加强了农牧区卫生工作的对策，与自治区计经委、财政等部门联合下发了《改革和加强农牧区卫生工作的意见》，从人力、财力、物力等各个方面给予农牧区卫生工作倾斜政策。1992年同1970年相比，全区卫生机构由400个发展到1223个，其中，农牧区卫生机构由262个发展到723个；专业卫生人员由2950人增加到10063人，其中，农牧区卫生技术人员4091人，另外还有乡村医生1830人，乡村卫生员和接生员1707人；医疗床位由2132张增加到5857张。1970年，我卫生厅直属单位的卫生全部固定资产不过2000多万元，到1991年底，国有固定资产已有1.2亿元。医疗手段也由70年代的用小型X光机、听诊器、血压计等小型器材，逐步发展到使用较为先进的大型医疗设备。同时，大规模地开展对疾病的流行病学调查，组织普查普治工作，各种传染和多发病的发病率及发病周期被及时准确地掌握，并有针对性地适时采取预防治疗措施，不少疾病得到有效控制，其发病率大幅度下降。尤其是积极开展了鼠疫防治工作，保障了人民群众的生产和生活秩序。全区普查发现麻风病患者3306

例，经过麻风工作者 40 年的艰苦努力治愈了 2224 人。地方性甲状腺肿及克山病、布氏杆菌病(以下简称布病)等地方病累计治愈了 30 多万人。大骨节、地方性氟中毒等疾病在不同程度上得到了控制。随着计划免疫工作的广泛开展，脊髓灰质炎已有 6 年无病例报告，麻疹、百日咳、白喉等传染病发病率下降更为显著，由计划免疫工作开展前 1985 年的 0.79/ 万下降为零。

另外，我们在环境卫生、劳动卫生、食品卫生、国境卫生检疫、学校卫生、卫生防护、药品监测和监管、卫生宣传教育等方面也做了大量工作，制定和颁发了一系列条例、标准和管理办法，结合具体工作督促相关部门加以落实，一以贯之，持之以恒。

事实上，卫生战线上的广大干部职工在卫生厅直接领导下，在各级党政相关各部门的支持与配合下，用扎实的工作作风和看得见摸得着的工作成果维护了全区族人民的身心健康。

民改至 20 世纪 90 年代初西藏人民卫生事业在发展中

和平解放、尤其是民主改革以后，西藏自治区及其各市地相继建立健全了基本的医疗卫生和医学科研机构；着手对地方病、流行病进行普查与确诊，开展了对高原病学作专项研究及其临床应用，争取外援创建与壮大我们的卫生团队。

1959 年，西藏自治区筹委会决定将“拉萨门孜康”与“药王山利众院”合并，在此基础上建立了拉萨市藏医院(1980 年改名西藏自治区藏医院，直属于自治区卫生厅)，它承担着全区藏医人才培养、疾病诊治、藏医药研发、天文历算研编等任务，其所有的 80 名医生和学徒均被吸收为国家正式职工。60 年代初，地市级人民医院内普设中医、藏医科室。

1963 年在拉萨市菜公堂建立了第一所麻风病收容所，于 1965 年 11 月搬迁到拉萨市曲水县江乡，正式成立了自治区防治麻风病的专科医院——江曲医院。

随着川藏、青藏公路的建成通车，进出藏人员迅速增加，高原病患者便相应地增多，自治区筹备卫生处决定成立了高原疾病调研组，约有 30 名相关医务人员参加。1964 年，自治区人民医院内科主任、主任医师董金增(1976 年内调天津市)老师，首次在全国心血管疾病学术会议上就高原病的分型、临床症状及治疗原则等发表演讲，引起有关专家和同仁的注目，这在加强对高原疾病的认识、防治及其理论研究等方面起到了推动作用。

1978 年，我区第一所医学科研机构——西藏医学科学研究所正式成立，开始涉足高原疾病的研究。我们认真组织了对高原性疾病的调查和人在高原上生存的各种正常值方面的研究，对高原反应、高原昏迷、高原肺水肿、高原性心脏病、红细胞增多症，以及高原血压异常等高原性疾病的治疗、预防工作积累了丰富的经验，并发表了大量的相关论文，提出了高原病分型归类的独到方法。1983 年我区第一部医学专著《实用高原医学》出版，随后的《高原人体生理参考值》、《高原医学常识》、《高原 X 线诊断》、《高原临床外科学》等系列医学著作相继问世；我本人撰写了《高原医学科研的组织管理与课题论文设计》，对该次开展高原医学研究工作作出阶段性总结。

我区地处高原，寒冷缺氧、低气压、太阳紫外线辐射强度大等独特气候条件，使得我区非传染性疾病——高原病发病率高，严重损害着区内干部群众和来藏客人的身心健康。因此，开展高原医学研究是我们西藏卫生工作最重要的任务之一，也是我们西藏医疗卫生工作者对祖国乃至人类医学事业发展所能做出的可贵贡献，我们一定会持之以恒把该项调查与研究课题做强做大。同时，我们及时抓住历史机遇，打破我区医疗卫生工作封闭的格局，积极与国内外相关机构建立横向联系，利用我区得天独厚的高原自然条件和临床经验，与国内外医学科研机构开展了高原医学研究合作项目，努力拓展研究领域，力争在某些方面有重大突破。在自治区政府的关心支持下，先进的医疗设备的引用，方便了相关的研究工作。1980 年至 1990 年间，全区卫生系统获奖成果共计 116 项，其中卫生厅级 30 项，自治区级 85 项，卫生部级 1 项。随着全区卫生事业的发展，医学科研工作改变了旧西藏医学科研一张白纸的落后状况。防病治病要依靠科学的医学理论创新和医疗技术进步，而医学研究要为防治疾病服务，理论研究与临床实践紧密结合起来，这是我们发展医学科研工作遵循的原则。医学科研的开展，促进了临床医学的发展。

1964 年，我们组织防疫人员分赴藏北牧区对流行病进行调研，发现那曲地区不仅有布鲁氏菌病，而且存在着人畜共患的布鲁氏病(以阳性为主)，并有针对性地提出了预防措施。同时，第一次确诊了西藏存在的克山病。

1965 年 9 月，西藏自治区成立了，作为其下属职能机构的自治区卫生厅被设置，西藏的卫生管理工作步入正轨。但时过不久文化大革命开始了，大批医疗技术带头人和管理骨干受到冲击。卫生厅的领导权被“造反派”夺去，卫生行政管理工作一度陷入瘫痪。1968 年 9 月，西藏自治区革命委员会成立，把卫生工作划归自治区革命委员会生产指挥组管理，叫生产指挥组卫生组，组长为军代表周志宪同志(西藏军区总医院院长)，副组长是刘恩沛同志，成员有我和马瑞华、陆长宏、柳兴仁三位同志。1971 年 3 月，成立自治区革命委员会卫生局，正式任命了地方人选和军代表，共同组成局领导班子，我被任命为卫生局副局长，分管业务工作。卫生行政管理职能开始得到初步发挥。

全区上下群策群力，倾力打造一支合格而有稳定的医疗卫生队伍。文化大革命期间，内地各省市向西藏分配医药院校毕业生的工作被迫中断，加之原有的医疗技术骨干大批内调，西藏医疗卫生队伍面临后继无人的严峻局面，缺医少药的现象更加突出。为了积极应对这种不利形势，我们一方面在区内就地办班授课，充分挖掘现有师资潜力，广泛选拔有一定基础的相关人员参加集中学习，尽其所能创造出必要的教学条件，以期多出人才、快出人才；另一方面多方争取国家有关部门给予支援，要求他们审批内地有关医学院校为我区定向培养急需的专门人才，学成归来的这部分人员现在均成为西藏各大医院及其他卫生领域的骨干。

内地医疗队分批进藏工作，开了对口援藏之先河。1973 年，我去北京参加了全国卫生厅(局)长会议，在周恩来总理接见我们与会代表时，我向他反映了西藏各族群众缺医少药的实情，要求从全国选调医疗队赴藏援助。周总理听了很受触动，在他的关怀与过问下，卫生部于同年 6 月 16 日电话通知我们，所选调的医疗队的服务地点，上海的到自治区直属医疗单位，江苏的到公交系统，湖北的到生建师系统，湖南的到拉萨市，河南的到山南，山东的到日喀则，辽宁的到那曲。上海队行动最快，来电说上海医疗队 25 名队员拟于纪念毛主席的“6•26 指示”这一天从上海出发，率先响应周总理和卫生部的援藏号召。

卫生部责成辽宁、山东、江苏、上海、湖北、湖南、河南、四川八省市组派医疗队进藏工作。第一批医疗队共有 445 人，每二年轮换一批，坚持了十多年。这些医疗队员在西藏工作期间采取“传、帮、带”的方式对当地医疗卫生人员“传经授宝，面授机宜”，在当时的确解决了很大问题。

从事卫生行政领导工作以来，我能够始终坚持社会主义卫生工作的正确方向，以维护人民群众健康和为社会提供良好的卫生服务为最高原则，认真落实党和国家卫生事业的方针政策，在深入调研和反复论证的基础上主持制定西藏卫生事业发展的“六五”、“七五”、“八五”和“九五”计划，提出了“2000 年人人享有卫生保健”的规划设想，并身体力行地狠抓落实。

尽管工作中有不尽人意之处，但我已经做到了问心无愧，虽然全区卫生事业发展状况还远不能有效地满足人民群众的实际需要，但我们的事业在发展中，而且发展得越来越好、越来越快。

开展学校爱国卫生运动 确保中小学生健康成长

根据国务院六部委下发的《关于中国学生体育、健康状况调查研究结果和加强学校体育卫生工作的意见》的文件精神，我们于 1991 年 4 月组织专业人员在拉萨对 7～18 岁的藏族青少年儿童健康情况进行检测的同时，对 7～18 岁的青少年儿童各种疾病的发病率展开调研。

本次受测学生共计 4663 人，总发病率为 61.03%，男生发病率 27.99%，女生发病率 33.05%。按统计学处理：疾病发病率 = 某种疾病例数 / 受检人数×100%；学生发病率 = 发病例数 / 调查人数×100%

附表：1991 年拉萨男女生 7~18 岁发病率调查

年龄	男生	发病率%	女生	发病率%
7	115	8.81	111	7.20
8	89	6.82	155	10.06
9	123	9.43	160	10.38
10	127	9.73	145	9.40
11	139	10.65	127	8.24
12	85	6.51	102	6.62
13	82	6.28	120	7.79
14	112	8.58	144	9.34
15	106	8.12	120	7.79
16	96	7.36	161	10.45
17	146	11.19	118	7.66
18	85	6.51	78	5.06
合计	1305	27.99	1541	33.05

此次调研结果呈现下列特点：

1. 女生发病率高于男生。

2. 年龄越小发病种类越多。女生在 8 岁、9 岁、16 岁三个年龄组发病率最高；男生在 11 岁、17 岁时发病率高于其他年龄组。

3. 上呼吸道感染占首位，消化道疾病位于第二位，鸡胸、漏斗胸第三位，营养不良第四位，蛔虫症第五位，外伤第六位，串珠肋第七位，蜩虫第八位，肝炎第九位，菌痢第十位。

另外，我们提取 33 种常见疾病作为调研对象范围，按发病率高低排出位于前十位的疾病，将我区与格尔木地区作相关项目的比较，可以发现：处在第一位的格尔木以关节炎为主，而我区上呼吸道感染排在第一位，肠炎第二位，营养不良疾病和寄生虫分列第四、第五位，等等。这是值得重视并深入研究的医学现象，因为这些疾病与我区的自然环境有直接关系，带有我区的地域和气候特点。比如，带有普遍性的一个现象是母亲孕期因高原缺氧和营养不良所致的鸡胸、漏斗胸、串珠肋以及传染性疾病，其发病率居前十位，生理性早搏、生理性杂音的发病率也不低，特别是受高原气候影响，慢性咽炎、口唇干燥、鼻出血、低血压等症状也较为多见。这些疾病深刻影响着我区青少年儿童正常发育与健康成长。

调研认为：我区中小学生的卫生保健工作十分重要，有必要进一步加强。同时给出四点建议：第一，应该开设上好卫生常识课，切实让中小学生了解各种常见病的病理及其防护措施，增强自我保护的意识与行为能力，在各种生活和学习环境下养成良好的卫生饮食习惯。第二，相关部门相互协调配合，定期给中小学生进行预防接种，防止传染病爆发与流行。第三，青少年儿童的身心健康与幸福成长于国于家都息息相关，国家、家庭和社会都有责任有义务为孩子们提供生活、学习和安全等方面的保障。第四，卫生厅应当高瞻远瞩，带着十二分的情感来看待妇幼儿童卫生和健康教育工作，逐步加大学校卫生教育工作力度，宏观做好长远规划协调，微观上落实好具体项目。

当然，我们要看到目前的工作成就，我区青少年生长发育状况较 20 年前有了明显的改善，同内地平原地区相较，平均值差距在缩小。

全民积极动员起来　塑造人民城市新貌

讲究卫生，减少疾病，植树种花，美化环境。在驻地人民解放军的推动与帮助下，拉萨市等城镇居民积极行动起来，对市容市貌进行集中整饬，清除陈年垃圾，疏浚月久阴沟，填埋腐臭污水坑，拉沙运土修补残缺坎坷街道路面，修建卫生方便的公共厕所，在需要之处设置垃圾箱、痰盂，种草育花，设置花坛……旧西藏的老城、破城一旦回到人民手里，立刻旧貌换新颜，让人耳目一新。

建章立制，促使群众形成保持公共卫生的习惯。西藏和平解放以后，城镇卫生、市面美化开始受到重视，门面上和重要地段的卫生逐渐由专人负责。20 世纪 60～70 年代城镇卫生主要是结合城郊农民收拾秋肥活动，建立了周末卫生日、节假日前大扫除制度。1978 年自治区爱卫会正式成立，下设办公室(设在卫生厅)，我担任副主任，卫生厅副厅长陆长宏同志兼任办公室主任。那时，每年的 4 月 15 日至 5 月 15 日定为“爱国卫生突击月”，在群众中开展了“破除迷信、除四害”活动。1979 年 8 月 29 日，我以自治区爱卫会副主任名义主持召开了全体成员会议，颁发了《关于进一步加强爱国卫生运动宣传动员工作的通知》。1980 年以来，“元旦”、“五一”、“十一”等各大节日到来的前一周固定为市民卫生突击周。1982 年卫生厅起草、经自治区政府审读后，自治区政府以文件形式下发了《关于恢复和健全周末卫生日制度的通知》。1983 年 7 月，自治区人大常委会审议通过了《拉萨市环境卫生管理条例》(试行)、《城市绿化管理条例》(试行)，并以地方法规的形式颁布实施。爱卫会于同年在全区发起了“全民文明礼貌月”活动，同时成立了自治区“五讲四美三热爱”活动委员会，组织一系列卫生扫除、环境维护、绿化美化等社会公益活动。无论是家庭还是街道，无论是单位还是公共场所，初步营造出了整洁、优雅和舒适的工作、生活和学习环境。

在我区开展爱国卫生运动工作难度很大，这是不言而喻的。70 年代西藏大部分地区村民的卫生意识十分淡薄，随地大小便现象随处可见，尤其是在衣、食、住、行等方面依旧延续着传统生活习惯与行为方式，自我保健能力较差。要在短期内改变农牧民群众不良的卫生习惯与生活习俗是十分艰难的，也是不现实的，原因在于他们这种不良的卫生习惯与生活习俗是由主客观多种原因造成的，有历史文化因素，更有现实的生产形式和生活方式，而这些都不是一朝一夕能够触动其根基的。但是，不去改变也是不行的，因为农牧民群众实现当家作主的一个起码的条件，就是能拥有一个安全整洁的生活环境，保持身体健康与心情愉快。

我们从 1985 年开始狠抓公共卫生基础建设与卫生宣传教育工作。自治区政府拨 80 万元改造了龙王潭公园的园林，清理部分臭水沟和垃圾场。1985 年以后，各地市相继成立了爱卫会，认真落实以市(区)容市貌为主要内容的环境卫生治理工作，动员全社会的力量，投入了大量人力、物力和财力，清除垃圾，保洁公厕，除害灭病。在农牧区开展以改水改厕“两管五改”为主要内容的爱国卫生运动，90年代拉萨、山南等市地积极争取外援，在部分乡村着手改水、改厕。如山南乃东县颇章区格拉乡翻身农奴次仁顿珠家，率先进行改厕、改灶和改水，是第一个修起人畜隔离、签订家庭卫生公约的家庭。这个家庭带动了全县的“两管五改”工作。区卫生厅及爱卫会在山南乃东县颇章区格拉乡召开了“两管五改”现场会，后来把格拉乡的经验推广到全区的农牧区。为实现国家提出的“人人享有安全卫生水”的生活目标及世界卫生组织倡导的“人人享有卫生保健”的全球性目标打下了基础。与此同时，大张旗鼓地开展全民卫生宣传教育活动，在自治区卫生防疫站设立了卫生健康教育所，使之承担起制作、采购宣传品，发放卫生科普知识材料，宣传卫生法律法规和卫生常识等舆论工作，以及编印藏汉两种文字的宣传画，举办卫生宣教培训班以及编写健康教育信息手册等任务。该项工作成效十分明显。

在我区妥善处置城市垃圾，消除公害显得十分重要。随着我国城市经济的发展和人民生活水平的提高，城市的垃圾问题日益凸显，市郊农村环境和农田污染日趋严重，若不及早予以解决，势必会造成社会公害。西藏的情况也不例外。为此，国务院当时批转了城乡建设环境保护部和中央爱卫会共同起草的《关于处理城市垃圾改善环境卫生面貌的报告》，要求各地切实贯彻执行。这充分体现了国家对城市垃圾问题的高度重视。妥善解决城市中的垃圾问题，是实现城市功能正常运行、保护人民基本生活环境的基本条件。建设社会主义精神文明要有个突破口，这个突破口就是清洁卫生。这几年来，我们在这个方面做了大量工作，城市面貌的改观也是明显的、有目共睹的，人民群众在付出辛勤劳动的时候，也在共享着城镇健康有序的发展所带来的便利。反之，如果对垃圾问题解决得不好，就不可能从根本上改善城市环境卫生状况，甚至还会诱发各种疾病的滋生与蔓延，各种想象不到的风险现象可能会接踵而至。西方资本主义国家在城市化过程中出现的一些教训可以成为我们今天的前车之鉴。

发达资本主义国家中的一些社会学家、绿色运动团体以及环保人士一再呼吁，人类始终面临着垃圾问题的挑战。在这一社会公害面前除了积极应对以外人们别无选择，实践证明，最为科学的应对方式是“化害为利、变废为宝”。世界上本没有绝对的废物，只有放错了位置的资源。因此，各国政府及其有关部门从各自实际情况出发，把治理垃圾纳入城市建设总体规划之中，将“吸收”与“消化”各种类型的垃圾作为城市建设的重要环节来处理，并且试图从根本上遏制垃圾的源头，大规模地调整产业结构，发展循环经济，降耗排污，走资源节约型、环境友好型和质量效益型工业化道路。另外，做好废旧物资的回收利用工作，增加废品回收网点，加强垃圾无害化处理的科学研究，等等。

西藏人文景点众多，拉萨市被欧洲游客评为最佳旅游去处，为了充分发挥我区的旅游资源优势，发展我区的特色经济，我们就应该加倍努力，让我们的原本就充满魅力的城镇以及雄奇壮美的广大乡村以崭新的面貌呈现在中外客人面前。

结核病防治工作一刻都不能放松

1979年结核病流行调查表明，我区肺结核病患病率为1261/10万，名列全国第二位，1990年患病率下降到1203/10万，平均年下降率0.44%。由于我区人口在逐年增长，目前肺结核病人绝对数量非但没有减少，反而比1979年增加了15.12%，肺结核病患病率就由原来全国第二位上升到第一位，比全国平均患病率高出三倍多，而且局部地区呈现暴发流行的趋势。

1990年，我们组织专业人员专门对“一江两河”区域的经济社会发展状况、肺结核病情及其二者之间的关系做了一个项目调查，相关指标以及彼此间的关系简析列举在此。该工程涉及日喀则地区、山南地区和拉萨市所属的18个县，总劳动力74.84万人，地面9976.82万亩，全区约78.35%的耕地，约62.16%的粮食产量，约49.82%的蔬菜产量，约33.36%的农业产值，约38.94%的工业产值。由此可见，工程区既是西藏的主要农业区，也是工业比较集中的地区。肺结核病感染率(%)，拉萨市1.05，日喀则地区0.84，山南地区0.82，仍位居全区各地的前2、3、4名(林芝地区最高1.13)；肺结核患病率(1/10万)，拉萨市2005.55，日喀则986.01，山南地区2117.86，分居全区各地前1、2、4名；涂阳患病率(1/10万)，拉萨市308.55，日喀则地区26.65，山南地区184.16，拉萨市和山南地区位居全区各地的前1、2名。另外，人口年龄结构与结核病发病率之间的关系表现为，20岁以上至60岁以下的结核病患者人数占全年龄结核病患者的50.43%。有关推算表明：“一江两河”沿线18个县工程区域因结核病而丧失劳动力约7660个，占工程区劳动力总量的1.02%。众所周知，“一江两河”流域的开发，除了必备的技术和资金外，需要投入大量的劳动力，劳动力本来就

■ 作者1992年11月20日在日本外务省洽谈结核病援助项目，与项目官员合影（前排右二）

是社会生产力最重要的因素，特别是现代社会，具有相关知识和一定技术熟练程度的劳动者已经成为经济社会发展的主导因素。这一点已经成为了常识。从这个意义上说，结核病情对于经济社会发展消极影响甚大，而且两者相互关系比较复杂。所以，结核病成为我区众多疾病中的顽疾，严重威胁着人民群众的健康。

积极争取相关的援助项目，建成较为先进的结核病防治专门机构。结核病危害的案例着实让人惊心。有一次，我在山南地区检查结防工作时了解到，乃东县有叫查果的一家八口人，其中有四人患肺结核病，查果的丈夫及其一个三岁的男孩因病相继去世，查果和她的一个女儿因病而丧失了劳动能力。作为卫生厅厅长，我感到十分不安。一方面积极筹建自治区结核病防治中心，落实人员编制和建设投资；另一方面通过国家外经贸部与日本协力集团等的交涉，经过多方的不懈努力，于1992年6月8日中日两国政府在东京达成协议，我区结核病防治项目被定为1994年日本政府无偿援助中国政府的执行项目，其援助资金落实了7亿日元，为我区各市、地卫生防疫站结防工作配备了先进设备、药品、交通工具等，投资300多万元新建成结防中心大楼。从此，西藏有了结核病治疗及预防的专科医疗机构，内设门诊、检查、放射、物理诊断教学等四大科室，建筑面积达

2000多平方米。

随着经济社会的持续快速发展，西藏卫生事业的业务范围在逐步扩大，增设结防所、卫生检疫所及食品卫生监督检验所被提到议事日程上来。

西藏卫生厅于1991年1月24日，以藏卫字(1991)73号文件上报了关于区防疫站增设结防检验楼、结防综合办公楼的计划任务书，同时，经过与自治区计委相关部门多次协商，自治区计委以计经综字(1992)71号文件形式同意在自治区防疫站大院内修建结防所。自治区安排了150万元的投资。它的建成使用在我区结核病的防治和全区性的结核病调研，以及培养全区结防专业人员等方面发挥了十分重要的作用。

卫生防疫工作成绩突出

随着我区卫生防疫工作深入开展，人民群众长期以来遭受传染病威胁的状况

■ 前排左一为作者

开始好转。但是这项工作还需要继续加强。我们把预防保健工作当作全区卫生工作的重中之重来抓，增加投入，强化管理，利用外援。到 1991 年，全区地(市)、县建起了卫生防疫站，专业防疫人员达到 800 多人；各级卫生防疫部门认真贯彻《传染病防治法》，切实加强了对传染病防治的工作管理，聘任了 200 多名传染病监督管理人员；积极争取到国家和联合国儿童基金会的援助项目，为每个地、县提供计划免疫冷链设备和交通工具。

自 1986 年全区推广计划免疫以来，1988 年完成了自治区为单位的计划免疫第一个 85%的目标，儿童四苗全程接种合格率为 89.75%。1989 年我们制订了实现第二个 85%的目标计划，采取倾斜政策，把第二个 85%工作的重点放在了阿里、那曲两个地区和全国唯一不通公路的墨脱县，以保证全区计划免疫工作的顺利开展。在各级党政部门的支持与配合下，经过全区卫生防疫人员的共同努力，1990 年又如期实现了以县为单位的第二个 85%的目标，其中，卡介苗接种率为 100%，脊灰糖丸 98.57%，“百、白、破”三联菌苗 98.10%，麻疹疫苗 96.43%，四苗全种接种率 95%。据统计，1990 年全区 14 种传染病发病率为 686.53/10 万，死亡率 5.24/10 万，于 1989 年相应指标相比分别下降了 61.37%和 74.42%，其中，麻疹、百日咳减少 6633 例，白喉、破伤风已连续 6 年无病例报告，1988 年以来，未发生一例脊灰病例，流行性传染病基本得到了控制。

带着激情来抓妇女、儿童保健工作

我区妇女、儿童约占全区人口的 2/3，因此，搞好妇女、儿童保健工作对提高我区人口素质具有重要意义。

充分利用现有的社会资源，依法维护好妇女、儿童的健康权与发展权。旧西藏，劳动妇女及其子女的身心健康没有保障，孕产妇和儿童死亡率都很高。和平解放后，党和政府高度重视妇女儿童的保健工作，国家在宪法、婚姻法、农业发展纲要和劳动保护条例中，均对保护妇女、儿童的合法权利和加强妇幼工作作了明确规定，为做好妇女儿童的相关工作提供了法律保障。1986 年我们通过国家卫生部妇幼司和项目办，多次与联合国儿童基金会驻北京办主任卡尔·泰勒博士等项目官员联系、商洽，积极争取妇幼卫生项目援助。自治区政府和各项目县保证了项目的配套资金，我区卫生部门承诺的妇幼卫生机构、保健人员、医疗设

■ 联合国儿童基金会妇幼卫生项目官员和卫生部妇幼司领导在拉萨考察(前排右三为作者)

备、交通工具等医疗卫生工作所需的硬件落实得较为顺利。综合医院普遍设立了妇产科、儿科，目前全区共有28所妇幼保健院，开设床位300多张，妇幼保健人员466人，其中藏族等少数民族占91%。

我们在妇幼卫生工作中贯彻“预防为主、防治结合”的方针，在全区推广新法接生。卫生厅为全区每个乡配备一名会接生的女赤脚医生，配发了新法接生包。倡导妇女“五期”保健，落实“产前检查、产后访视”等保证母子平安的措施。我们在部分地、市开展了围产期保健工作，对孕产妇实行了系统管理与监护。新法接生普及率得到不断提高。产妇死亡率从1959年的500/万下降到71.58/万。1986年以来，我们对农牧民妇女子宫脱坠和尿瘘等妇女常见病、多发病进行了普查普治，深受广大妇女同志的欢迎。在各地、市、县级医院设立了小儿科，对全区小儿缺陷作了监测，自治区设立遗传基因研究室，实行计划免疫，对全区儿童建立了预防保健卡片，在项目工作的推动下，也对儿童常见病、多发病进行了普查普治，严重危害儿童生命健康的几种传染病得到了遏制。新生儿破伤风在我区已基本消灭，产褥热也得到了有效控制。

优生优育和妇幼保健工作越来越得到社会各界的关注与重视。妇女解放程度是一个民族文明的重要标志，在一个文明的时代，妇女权利被尊重与维护的状况直接反映着一个政党、一个政府的性质及其治国理政的水平，保护与增进妇女健康是尊重与维护妇女权利的基本要求。尊重妇女就是尊重人权，尊重妇女就是尊重母亲。不只说那些直接或间接地歧视妇女、践踏妇女权利的行为，是一种野蛮的不人道的行为，就是维护妇女权利的措施不力，也是一种渎职和怠慢行为。与之密切相连的我们也可以说，能否确保儿童的健康成长，关系着未来的人口素质高低，是当前能否顺利地开展计划生育、做好婚前检查、有效提供优生优育咨询门诊和遗传知识咨询服务等工作的关键。

1988 年 7 月，国家为了掌握全国的生育、节育情况，在全国范围内对生育、节育进行抽样调查，我承担了我区数个调查组的领导工作。在全区范围内大规模地开展生育、节育抽样调研在西藏历史上尚属首次，卫生厅及计生办全力以赴，保质保量地完成了任务，积累了大量的可靠的相关数据。所取得的数据，为后来我区制定中、长期经济社会发展规划，预测人口增长因素，采取相应措施完善计划生育政策，进一步改进妇幼卫生保健工作，提供了科学依据。我本人因此于 1989 年 3 月获得了“全国计划生育抽样调查工作国家级先进工作者奖”。

我区地方病防治任重而道远

自古以来，西藏高原这块纯粹而又原始的高寒缺氧之地，向来给其土著民众造成不可思议的生息艰难，却为各种莫名其妙的疾病繁衍与流行大开方便之门。从某种意义上说，生活在这貌似“世外桃源”的社会中，人们的悲欢离合、家道的兴衰遭际，似乎完全听命各路病魔的操纵。若论这里的疾病病种之齐全、威力之凶猛，怕是为西藏再添世界之最了。这块高耸入云的冰雪之地难道是一张孕育各种怪病的神秘温床吗？病魔给劳动人民带来的苦难，以及民间流传的降服病魔的神话，早已成为古老民族记忆中的悲剧。这场不知何时开始上演的悲剧，到了西藏和平解放以后才算开始慢慢落幕……

彻底降服病魔、解除百姓的病苦在西藏是一项历史性的任务。相关普查表明：我区除了伤寒、痢疾、白喉、百日咳、水痘、流脑、炭疽、麻疹、结核、麻风等各种急慢性传染病之外，还有碘缺乏病、布鲁氏菌病、大骨节病、克山病、氟中毒、鼠疫等危害严重的地方性疾病。地方病患者倘若得不到及时有效的治疗，就会因病致残、丧失劳动力，其本人及其家庭生活就会十分困难，既直接影响西藏人口素质和健康，又会增加国家和社会的负担。同时，我区幅员辽阔，人口分布稀疏，交通不便，地方病分布广；专业技术人员少，防治技术水平低，防治工作起步晚。所以，坚持不懈地抓好地方病防治工作成为我区卫生行政管理者及广大医务工作人员神圣而艰巨的历史任务。

西藏地方病防治领导小组成立，其专业技术力量在逐步加强。1983年3月，我同卫生厅防疫处和防疫站的部分同志参加了在沈阳召开的中共地方病防治领导小组扩大会议，会上接纳西藏为中共中央北方地方病领导小组成员。随后，自治区党委成立了地方病防治领导小组，办公室设在卫生厅，起初任命我为地方病防治领导小组副组长兼办公室主任。卫生厅为其配备了相关的工作人员。从此，西藏有了专人负责地方病防治工作。自治区防疫站内设立了自治区地方病防治研究所，县级建制。此外，还建立了七支地方病防治队(鼠防队)，日喀则、那曲两个地区组建了布病防治队。我们还把麻风病防治纳入到地方病工作序列中。除自治区防治麻风病的专科医院以外，昌都地区成立了一所综合性的麻风病防治队。

我区的各种传染病发病率均高于全国，尤其是地方病分布广、危害大，因此，防治地方病是西藏防病治病工作的重点。国家已经认定的13种地方病，西藏拥有其中的10种。另外的血吸虫病、丝虫病和黑热病三种，目前在我区尚未发现。我区被初步划为鼠疫自然疫源地的有7个县，曾发生人间鼠疫的地方有仲巴(1966年)、那曲(1975年)、比如(1980年)、昌都(1983年)、察雅(1985年)5个县。人畜共患的布氏杆菌病在西藏流行范围较广，几乎波及全自治区近90%的县份。碘缺乏性疾病(IDD)已在57个县被确认，克山病病区仍仅限于堆龙德庆县古荣乡和尼木县安岗乡，大骨节病已有15县被确定为病区县，地方性氟中毒仅发生在谢通门县恰嘎区恰嘎村和昌都左贡县下林卡区绕金乡，包囊虫病在城镇综合医院中可以见到，它来自牧区的零星病例。

对地方病防治工作进行阶段性总结，由我主持草拟了《西藏自治区防治地方病规划(1986—1990)》和《西藏自治区麻风病防治规划(1987—1992)》，经自治区政府审读先后出台，其中的各项任务指标如期完成。至1992年，我区防治6种主要地方病的简况如下。

应对麻风病。麻风病在西藏的历史可谓悠久，在我国南北朝即西藏藏王仲年德如时期，就有了麻风病(当时称龙疫病即“龙耐”或“责耐”)例，距今已有1400多年。民主改革之后，经过30年调查与防治，确定全区56个县(占全区总县数75.67%)为病区，确诊患者3306名，已治愈2224名，1990年剩有患者860

■ 左图为作者看望麻风病人，右图为麻风病人的症状

名，分布于39个县，平均患病率为0.39%。按患病率指标要求，到1980年有5个县达到了基本控制指标，6个县达到了控制指标。

应对鼠疫。我们精心组织了鼠疫防治知识的宣传活动，让群众掌握预防知识，并化为他们的实际行动，鼠疫疫情得到一定程度的控制。通过广泛地宣讲，农牧民群众懂得了鼠防知识，不仅不再捕猎旱獭，而且能够主动报告相关疫情。这是减少以至杜绝人间鼠疫发生的一项至关重要工作。据史料记载，我区人间鼠疫至少有77年历史，曾相继发生79起人间疫情，患者共计800多人，死亡654人。其中，解放前的37年中发生72起，死亡623人；从解放后到1987年的37年中又发生了7起，死亡35人。1966年以来，鼠疫细菌学证实喜玛拉雅旱獭鼠疫自然资源地有11个县，22个疫点(地、乡)，面积达32万余公顷。最近的一次人间鼠疫发生于1989年8月，疫区(疫点)的普兰县霍尔区一乡江达岭永措牧场，发病7人、死亡3人。

应对布鲁氏菌病。西藏布鲁氏菌病历史可追溯到1200年以前，1953年发现首例病人，经过多方面的努力，已多年未见其急性病例，慢性活动型病人偶见。到1990年共报告该病患者374例。但是，西藏是全国五大牧区之一，拥有2300多万头(只/匹)家畜，畜间布病分布甚广。

应对碘缺乏病。碘缺乏病是新概念，包括地方性甲状腺，地方性克订病，亚临床克订病等。其中，地方性甲状腺最常见、病情最轻微。我区曾有57个县属于该病区，人口约165万人。经补碘后，剩有病区县40个(占全区总县数54.05%)，病区人口1185583人(占全区总人口的54.89%)，现有患者248821人。其中，昌都地区患者为21万人，以下按序排列，林芝、山南、拉萨、日喀则三个地、市已接近控制指标，那曲地区病人较少，阿里地区则是无病区。相关调查显示，山南地区隆子县1个乡，林芝地区朗县、米林县、林芝县各1个乡，地方性克订病患者相对较多。对林芝地区和昌都地区部分小学生智力测定的结果表明，智商偏低人数占被调查者的1/3，提示着亚临床克订病在此两个地区内存在。

应对大骨节病。我区曾于20世纪70年代组织过对大骨节病调查。先后确定15个县为病区，被调查者163917人，确诊大骨病患者10779人，平均患病率为6.57%。1989年尼木县卫生局选定其辖区的续普、续迈、林岗3个乡进行访查，结果发现大骨节病人715人，总患病率为24%。自从堆龙德庆县和尼木县两个病区服用亚硒酸纳以来，未再出现急性克山病患者，儿童中亦无大骨节病新发病人。

应对地方性氟中毒。1979年10月，经调查证实昌都地区左贡县下林卡区全境和日喀则地区谢通门县恰嘎区(恰嘎温泉附近)为病区，确诊氟骨症患者共计527人。现在虽然病情有所控制，但是问题依然突出。

至于克山病，1956年在我区发现，1974年11月被确认，病区只限于堆龙德庆县古荣乡和尼木县安岗乡，当年2个乡共确诊57名患者。目前，仍有少数潜伏型病人。

几十年来，在同西藏地方病作殊死斗争中，我既当指挥员又当战斗员，始终身临前线，沉着应战，对局部性战果感到分外高兴，但对于尽早彻底打赢这场恶仗我感到任务异常繁重。动物间鼠疫每年都有不同程度地发生，随时可能波及人间；人畜共患的布鲁氏菌病，只要有病畜存在，人被感染就难以避免，现在仍有不少慢性活动型病人；地方性甲状腺病人目前最多达24万余人，其中不少是克订病人和亚临床克订病人，几乎成了残疾人。克山病、大骨节病、地方性氟中毒患者虽然人数不多，但对个人、家庭和社会危害严重。我们曾经组织地方病专家对克山病、大骨节病、甲状腺肿与克订病、氟中毒等多种地方性疾病，以及汞、镉、铊等多种元素或化学品与人体健康的关系等重大课题开展了环境病因的研究，对病区的岩石、土壤、粮食、蔬菜、牧草、树木等自然因素对人和动物的毛发、脏器的影响进行了多元素分析测定，初步掌握了我区低硒、低钼等自然环境的地带性分布特点，发现了我区存在的低硒现象，这就为病因提供有力的环境依据。但是，这项工作有待进一步深化、明晰，其理论成果的推广应用还有漫长的路要走。

流行病与地方病的防治不仅仅是卫生部门的工作，而且是我们经济社会总体工作中有机的一部分；解除我区各族群众的病苦，维护劳动人民的身心健康，西藏卫生部门的医务工作者责无旁贷，自然要尽心尽责，而全社会也应当为此献计献策，通力协作。我们深知，西藏要发展、要进步，就必须大力发展社会经济和民族文化，及早摆脱贫穷、彻底根治疾病。而贫穷和疾病是一双孪生兄弟、一对矛盾，总是互为因果、各不相让。人往往越穷越病，而越病越穷。欲断穷根，就必须拔掉病根；反之亦然。鉴于西藏地方病和流行病的发病率、患病率都比较高的实际情况，无论是防治还是达标的任务显得十分艰巨。如此说来，西藏地方病防治是一项系统工程、长期工作，我们对此应有充分的思想准备。

我期待着今后历届的业务主管领导，乃至自治区主要领导都能高度重视这项造福子孙后代的千秋大业。

看护我区国境卫生检疫局 22 年

1972 年遵照国务院关于我国口岸国境卫生检疫出入境人员管理规定、进口食品卫生监督检验条例、防止传染病入境办法的通知精神，我区在辖境樟木口岸筹建了国境卫生检疫所，直属于卫生厅，作为其一个派出机构。

樟木口岸检疫所正式建制及初步发展。这个国境卫生检疫所虽然揭牌了，但是，由于各方面的条件差，履行其日常职能困难重重。当时，该所面临的主要问题是，设备简陋，技术力量不够。我进京专程向检疫总所反映了这一实际情况，结果给出的应急办法是，由上海卫生检疫局派出 9 名专业人员，帮助检疫所开展正常工作。1977 年 3 月 15 日，经国务院批准正式成立樟木检疫所，罗启学担任所长，随后，王永川、达娃次仁、本加先后担任所长、副所长。需要办理对外检疫业务，但是口岸没有医疗机构。我们要求检疫所同时承担医疗任务，扮演综合医院的主要角色，准许其一班人马挂两块牌子，期望他们除了做好分内的对出入境人员卫生检疫工作之外，要担负起在樟木镇当地检测居民的疾病、预防接种、为当地干部群众防病治病的重任。到 1980 年检疫所工作人员达到 16 人。1991 年拉萨卫生检疫局成立后，樟木口岸国境卫生检疫所由拉萨局管辖。

拉萨卫生检疫所应时成立，上海给予宝贵的援助。1986 年拉萨至尼泊尔首都加德满都的国际航线开通。为了认真执行《中华人民共和国国境卫生检疫法》，需要及时有效开展拉萨国际航空卫生检疫工作。为此，卫生厅提前向自治区人民政府和卫生部做了专题汇报，并以藏卫字(1987)79 号专题请示，就解决人员编制、设备购置以及业务经费等具体问题提出建议。当时任务紧急，卫生厅为了适应对外开放的形势需要，积极筹建拉萨卫生检疫局，并就此向自治区人民政府申请，要求落实卫检、食检的业务用房和人员编制等机构建设项目。经协调，初定从自治区卫生防疫站食品卫生科抽调若干业务人员，考虑其人员和业务性质，卫生检疫所暂时挂靠自治区卫生防疫站。后来经国务院口岸领导小组和自治区人民政府批准，中华人民共和国拉萨国境卫生检疫局于 1988 年仓促成立，仍然隶属自治区卫生防疫站。没有办公地点和工作场所，只好借用卫生防疫站 4 间房子，勉强开展一些必要的工作。1991 年底，根据卫生部和国务院口岸领导小组关于全国口岸卫生检疫所划归中华人民共和国卫生检疫总所统一领导的决定，我们把拉萨卫生检疫所和樟木口岸卫生检疫所一并上划，上划工作结束后，它们由上海卫生检疫所具体管理与指导。1992 年 2 月，上海卫生检疫局的领导和专家来我区考察相关工作，他们认为拉萨卫生检疫所目前的工作条件，既不适应拉萨对外开放的新形势，也不符合拉萨航空港卫生检疫工作的客观要求，建议我自治区单独设立拉萨卫生检疫所，全权负责全区其他口岸卫生检疫所的管理任务，其建设投资由国家总所和地方政府共同承担，并且用沪卫检字(1992)第 30 号文件作了批复，确定了基建总规模为 9000 平方米，总投资为 700 万元，其中地方政府承担 1/4，约 175 万元。

卫生厅领导“四面出击”，全力扶持拉萨卫生检疫所。出面协调拉萨市政府帮助落实建设用地，争取到拉萨海关隔壁的 8000 多平方米建筑用地；同时协调了自治区计委，全额落实了 175 万元原定地方承担的配套资金。卫生厅除了负责解决土地征用费之外，拨给了 1 辆丰田越野车、1 台复印机等办公用品，还专程奔赴国家卫检总所，要求落实基建投资、设备配置和技术人员的待遇等问题。

总之，卫生检疫局(所)的建成及其职能有效发挥，在国境卫生检疫、进口食品卫生监督检验、防止传染病传入传出、当好国门卫士等方面发挥了一定的作用，为把好卫生检疫关和后来的国境卫生检验检疫局的发展奠定了一定的基础。作为卫生厅长，我履职 22 年，恰在我区卫生防疫机构建立健全期间，我跟我的同事们为此付出了极大的努力，自然对其所生成的越来越大的社会效益感到激情满怀。

编外医护人员入编问题基本解决

我在卫生厅工作的 30 多年中，每年下基层 3～5 次，每次都要面对一个难题、一桩让我揪心的事情，就是编外卫生人员入编及其待遇落实问题。

编外卫生技术人员劳苦功高，劳动报酬低廉。他们多数人长期工作在基层，担负着医疗、卫生防疫、计划免疫实施、地方病防治、妇幼保健、新法接生推广、计划生育技术指导、农村“两管五改”为主要内容的爱国卫生运动等多项工作，关联着千家万户，工作环境艰苦，工作量大。但是，他们的工资微薄，福利待遇低得可怜。这些人中有的从事卫生技术工作已有 20 多年，是县乡(镇)卫生部门技术和行政管理骨干(工作基本上脱产)，每月工资补贴只有 30～75 元，最高也只有 110 元。有的家在农村却无地可种，有的虽有责任田却无暇耕种。有的乡医已经人到中年，上有父母、下有子女，生活负担沉重。他们工作的艰辛、生活的困苦，我都不敢去想象。显然，如果他们的编制问题和福利待遇问题长期得不到解决，农牧区卫生队伍难以稳定，基层卫生医疗工作会呈现什么局面，实在让我担心，却束手无策。

然而，完全解决他们的入编问题难度的确很大。自治区卫生厅曾为此打过许多次报告，一连反映了好几年还是没有眉目。我们委托全国人大代表、全国政协委员向国家劳动人事部请求增加西藏 1000 名劳动指标，但此举仍未奏效。

编外卫生技术人员的由来

从 20 世纪 60～80 年代初，为了加快发展我区的医药卫生事业，及早解决农牧民缺医少药问题，经县及县以上医疗单位批准，基层卫生部门先后在社会上招收了一批具有一定文化程度的临时人员，对他们进行一定的专业培训后，把他们分配到农牧区各医疗站点从事卫生技术工作，当时给他们的生活补贴每月 25～30 元。到 1989 年这支队伍发展到 7000 余人(包括卫生员、接生员、防疫员)。后来我们对这支队伍进行了调整，精简与淘汰了约 3000 余人。通过参加“双考”有 3000 余人获得了乡村医生(卫生员)证书，卫生厅协调县乡政府部门，经自治区政府同意，给获得证书的乡村医生增加工资补贴每月 75～80 元，个别的调到每月 110 元。他们就完全脱产，主要分布在区、乡卫生所(室)，从事农牧区防病治病、新法接生、妇幼卫生保健、计划生育及发放节育药品等工作。其中，一批业务技术较好、进步较快的人员被选拔到区卫生所和县卫生机构中工作。这些人每月从卫生单位领取一定数额的工资，享受国家干部福利待遇，却不属于国家编制内的职工，习惯上被称为编外卫生技术人员。后来自治区其他部门，如农牧区基层的兽防人员、供销合作社人员、民办教师、邮递员、信用社员、基层干部等八个部门效仿了卫生部门的这一做法。自治区把他们统称为“八大员”。这支队伍十分庞大。

编外卫生技术人员转正问题的妥善解决

八大员的问题统一起来集中解决就很困难，但不解决又不行。就我区基层卫生工作来说，情况越来越不好了。自农牧区经济体制改革以来，已有部分卫生人员另谋出路，而我区农牧区卫生机构本来就不健全，专业人员数量严重不足，质量又差，现存的技术人员在流失，而流失的往往又是有一定文化、技术水平较高的人员。国家分配来的大学生原本就少，即便大学生分到西藏，有的也下不去。

在这样的情况下，我们下决心从卫生部门自身的编制计划内找出路。我区卫生机构编制人员应该为10278人，而当时卫生机构实有7532人，与编制相差2700余人。为了稳定农牧区卫生技术队伍，我们决定动用编制余额，组织班子对全区编外人员进行一次彻底摸底调查，还会同自治区经济委、人事局组织两个联合工作组，分别对日喀则、那曲进行调查，并征得自治区党委、政府同意，把在调查中获得的相关情况上报国家劳动人事部。那时我区编外卫生技术人员共计1011人，其中拥有城镇户籍的有838人，取得了大中专文凭的187人，经过一年以上专业培训的占80%以上。从工作年限看，从事卫生技术工作20年以上的有232人，11～19年的579人，6～10年的有124人；从职称看，获得或具有主治医师资格的有63人，医师一类资格的305人，医士类资格的446人，卫生员197人；从分布情况看，673名在区一级卫生机构中工作，311人在县级卫生机构中工作，他们既是业务骨干，又承担着业务管理任务，成为我区卫生技术队伍中的中坚力量。可见，在卫生机构的编制余额中首先解决他们的待遇问题是值得的。随后就积极与自治区人事局、财政厅、劳动局多次协商相应的选拔、使用、管理和待遇问题，如政治标准，业务技术考核、聘用、工资计算办法，以及审批手续、审批程序，等等。经自治区人事局、卫生厅、财政厅、公安厅、劳动局等单位审核会签后报自治区人民政府审批。最后的结果是：962名编外卫生技术人员转为国家正式职工(其中山南有74名、日喀则233名、昌都224名、拉萨108名、自治区藏医院6名、林芝73名)。

工夫不负有心人，经过5年多的努力，终于解决了多年来想解决而未能解决的难题，有力地稳住并有效改善了农牧区卫生技术队伍，大大缓解了农牧民缺医少药和农牧区卫生技术人员不足的严峻形势；也了却了我一桩多年的心愿，我感觉到了莫大的宽慰。

高原医学科研的组织管理与课题、论文设计

1982年，我参加了卫生部在广西桂林南西山医院举办的科研管理学习班，现将所学理论知识结合我区医学科研管理、科研课题、论文设计等情况，提出我个人的一些认识，希望这些认识于我区广大医药卫生人员进行高原医学研究、高原(高山)病研究有所帮助。

高原地区随着海拔的升高，那里的大气压和氧分压就会相应降低。高原有独特的生态环境，在近代医学领域各学科科研中，缺氧成为人们关注的重要环节，国内外学者都十分重视高原生理和高原(高山)病的研究，这成为现代医学发展中的一个重要课题。

高原地区地广人稀、交通不便，人员和设备原有作用发挥受限。专业科研人员中资历深者年龄偏大，其身心适应高原上高寒风雪与长途跋涉会有困难；而年轻人体力好，但其专业水平受限。在平原地区一次可以完成的科研项目，在高原上则因有海拔高度、藏族与汉族、世居与移居以及移居年限等因素影响，就需要进行多次同样的观测，而在观测中由于自动化程度较高的精密仪器不能用汽车运载，实验条件不容易统一，季节气候条件的统一往往也得花费几年的时间才能完成，从而大大延长了研究项目的周期，因此在高原上搞科研耗力大、费时多、出成果慢。由于增加了海拔、种族、移居年限等大系列的研究因素，每增加其中一个系列的研究因素，其统计分析就要按几何级数增加其工作量，有的必须用微机才能完成其庞大的多元回归计算。特别是要解决带有规律性的研究课题，如对不同海拔高度生理参数的测定，就要求方案设计上必须十分严谨、检测上相当精确、计算上准确可靠。

鉴于我区的人才、设备、交通等研究条件与研究任务和研究对象之间存在着不易克服的矛盾，我们在开展高原医学科研的时候就必须进行科学的组织管理，不断总结经验教训，要在回顾性研究的基础上开展前瞻性研究，提出较切实的研究大纲与较合理的论文设计，这是一个十分重要的现实课题。根据我个人二十多年从事卫生行政管理方面的实践经验，就如何在我区开展高原医学科研的组织管理与课题、论文设计等方面的工作提出几点粗浅认识，仅供我区医药卫生科研人员参考。

第一，明确方向，统一协调。高原生理与高原病的研究决不能离开“高原”这个大前提，高原上其他疾病的研究也要尽量突出“高原”这一特色。否则，就丧失了地理上的优势。在高原生理和高原病研究方面，我区广大医务人员在各自的工作岗位上做出过许多努力，取得了宝贵的经验和丰硕的成果。但是，由于缺乏强有力的研究机构与组织领导，以至于所做的这些科研工作系统性不够强、科学依据不够充分，所以我区这些年来在高原病的研究方面一直未能总结出带有规律的结论，事倍功半。

由此可见，明确当下在高原医学研究方面的主攻方向是非常重要的，同时要注重专题项目的选择，充分协商，严谨构思，并根据我区的实际情况协调各方面的科研力量，量力而行，有所侧重，充分发挥高资历科技人员和年轻科技人员各自的优势。

科研方面的设计是科研项目中关键的一环，有计划地举办训练班，统一规划，统一实验方法、仪器和判定标准，以保证科研项目的顺利实施及圆满完成。在方案设计时，我们习惯上取不同的海拔高度作为不同的研究组别，如3000米、3500米、4000米、4500米、5000米，等等。但是不同的海拔高度在气候上有一定的差异性，例如，藏北七八月份的气候与昌都南部的五六月份或九十月份的相似。因此我们必须按照不同地区的气候情况，统一协调各地的研究日期，并根据统一的气候条件先后开始研究工作，以消除因同一时间不同海拔高度的不同气候对研究结果所造成的误差。

统一协调的另一主要优点是突出重点专题、缩短周期、实现高效率。一个单一专题的科研小分队，在地广人稀、交通不便的情况下搞一个规定海拔高度的研究课题，需要5年左右的时间才能完成，而通过统一协调、多方协作只要一年多时间即可完成。这就要求专题负责单位，既要有合理的规划和恰当的指导，又要有积极的态度和处事的公心，能在经费分配、论文评价和成果共享方面做到公平、公正、公开。不然，就难以进行统一协调，更谈不上与兄弟单位或其他地区进行长期协作或再协作了。

第二，研究方式的探索与运用。做高原医学科研究竟采取哪种方式才算恰当，或通常有哪些有效方式可供采用？这本身就是一个值得探讨的方法论问题，它不是一个抽象的形式方面问题，而是一个包含了落实在具体内容里的思考问题的路径、处理信息的方法、步骤等多重因素综合体。我的体会是在特定情境下、依据具体内容来思考、讨论以及选择它才有意义，也才会有效果。

局部性小规模的回顾性研究：临床医生们习惯上沿用的疗效总结、临床分析、病例讨论、个案报导等都属于这个范畴。在临床医学研究中，主要是个项医学研究在其中起到了积极作用，对高原临床医学的进展也起到了推动作用。但是，这种研究方法对于群体医学、高原生理和高原病在不同海拔和种族关系的回顾性调查研究，特别是前瞻性的研究中，就显得相形见绌了。因为，这种方法由于其局限性及样本往往偏小而失去了可比性。

同一群多项观测的前瞻性研究：在单一海拔高度对同一人群进行多学科观测的方法，在局部环境下是可取的。例如，谢成范等同志曾在 3200 米海拔高度处对藏族(世居)和汉族(移居)正常成人各 100 例进行了心电图、心动图、X 线心脏各径值和心脏正面积进行测量，完成了一个海拔高度的环境下对心脏的综合观测，为今后用同一方法在其他海拔进行类似的研究提供了数据，以利于总结出在不同海拔高度上的心脏观测结果。但是，它远不如经过全区性协作在同一年度内对不同海拔高度进行共同观测所取得的结果佳。

概括性的综合，探索粗浅的规律：为不丧失有用的信息，在未能统一协调进行大规模的前瞻性调查研究以前，将我区二十多年总结出的成果概括起来找出其中的规律，分离出一个近似的常值，以备参考。例如，高原不同海拔地区都有血液中红细胞、血红蛋白、红细胞压积的统计报告，尽管实验方法及其条件颇有不同，但这数以千、万例的调查研究资料是极其珍贵的。我们曾对此加以总结，找出高原地区血液三红的大致标准，供临床医生参考使用，以利在不同海拔地区对高原红细胞增多症和贫血做出初步的诊断。

又如，高原不同海拔处各种类型心脏病的发病情况是国内外所密切关注的。我们以协作性的方式，对此进行了回顾性的统计分析，找出了各类心脏病在高原地区分布的特点，其中发现高血压性心脏病的患病情况居各类心脏病之首。这一特点与国内平原省份不同，而与西欧和北美有着相似之处。

有计划地在我区统一协调进行高原医学前瞻性调查研究：该方法有助于开展重点专题项目的研究，其周期短而收效快，有广阔的发展前景与可靠的保证。就某种意义来说，它是高原医学科研的必由之路。

统一协调方式的优点是取长补短、计划周密、方法统一，可以一次有效地完成不同海拔高度多项目的科学研究。同时，在运用这种方法的过程中可以为我区各地培养出一批科研人才，为今后的科研活动打下良好的基础。这一方式的缺点是地点分散、多人参加，往往容易受到个人技术熟练程度、个人习惯等方面的影响。尽管如此，此方式仍属目前最佳科研方式之一。

第三，高原医学科研中应注意的几个问题。高原低氧对人体的整体和内在环境都有一定程度的影响，低氧不仅影响到生理学、病理生理学、生物化学、病理解剖学，而且还影响疾病的发生、发展与临床病程，尤其是可以诱发高原反应和高原病。上述影响的有无、快慢、轻重除与海拔高度呈正相关外，还与进入高原的速度和方式有关，如乘飞机、汽车、骑马或步行。突然升高者易致重症高原反应或高原病，随着时间推移而逐步增高者常可获得适应过程。

移居时间的影响：无论是移居的汉族从平原到高原，还是世居藏族进入更高海拔之地都有一个适应的问题，表现在呼吸、脉搏跳动的增速和红细胞生成素在9小时即开始增高，14天达高峰；而脱离高海拔区，到达低海拔区或平原时，常在14天内仍保持原高海拔区的生理特征。因此，在进行科学研究时要掌握这种因素的影响，对移居者在高原的居留年限应详加留意。现以血压为例，初入高原时常有高血压出现，继之恢复正常；久居高原时，特别是在4500米以上的高海拔区，无论是藏族、汉族还是世居、移居，又常呈低血压和低脉压。当然，现已发现有一进入高原即呈低血压者。

小环境的影响：在高原，虽然有些地区海拔高度相同，但由于局部环境和植物的不同，气候方面可以有极大的差异。如在有森林、湖泊、向阳少风、群山环抱的局部山村，可以是向阳春来早，人们进入之后，颇感爽适宜人；而在同一海拔的另一地区，因秃山石岭、植物缺失，风烈尘大，那就是另一番景象了。这两者的小环境对人体的生理和健康状态的影响是有很大差异的。因此，科研中选取同一海拔高度，特别是对照样本时必须十分留意其小环境的情况。

季节的影响：高原上一年四季的划分并不截然分明，但一天内的气温变化却十分显著，而且一座高山可同时有四季的景象存在。除冬寒夏暖之分外，每年十一月份左右开始，由于气压、温度、湿度的变化，高原反应与高原病的发生随之增多或加重；至翌年五月以后，高原反应与高原病又随之减少或减轻。所以，季节的变化也是科研观测中的影响因素之一。

其他：如年龄和性别的差异、体质的强弱等都是不可忽略的影响因素。高原上移居妇女往往较少发生高原反应和高原病就是其中的特征之一。

以上影响因素在高原医学科研以及制定研究大纲和论文设计中，都是应予严密留意的问题。否则，就会影响论文的质量，甚至步入迷惘而啼笑皆非。这些对在高原进行较大系列的研究专题来说是尤为重要的。由于高原条件艰苦，研究课题周期长、投资大，动员人力多，如果研究结果因有大量上述肯定性的因素掺杂其中而失败，那对任何研究者来说都是无法忍受的悲哀。

目前，国外高原（高山）医学的科研多在人工模拟条件下获得单一海拔高度上完成，其时间短暂、范围窄小，其结论的局限性不可避免地存在，往往不能反映高原上的实际情况。相比之下，我区拥有世界上最大的高原和近万余名医务工作者，可谓占尽天时地利。只要我们组织得法、重点突出，我们不仅可以赶上而且也可以超过国外研究高原(高山)医学的水平。

(参考文献从略)

1982 年 5 月于拉萨

探讨人才成长规律 多渠道培养卫生人才

人才是在社会大环境里成长起来的，又是在社会大舞台上发挥其人力资源潜能的。人才的成长及其才能的施展都同时需要主客观二重条件。客观条件通常有父母遗传和家庭熏陶，学校教育和师生交际，以及社会为每个成员在其不同年龄段所提供的成长条件和发展机遇；主观条件主要是个人的立志和勤奋，自我设计与社会需求相统一，具有团队精神与善于同他人团结协作，找准自己的特长领域，并能把专攻与博学恰当结合起来。常言说，机会总是为那些有准备的大脑提供的。自觉的个人修养碰上适合的社会条件，个人就会在社会进步的同时取得自己人生的成功。卫生人才的成长规律也是这样。

经验告诉我们，我区各级各类卫生人才的健康成长与事业有成，有其共同点。一是注重实践。社会实践是每个有志者百炼成钢的根本途径，这对医学人才的成长尤其重要，因为科学的医学理论必须通过临床实践才能发挥其指导作用，临床实践的质量如何影响着科学理论的威力，临床实践因不断积累新鲜经验在丰富、发展现有理论的同时，也在锤炼着卫生人员的实际操作技能，培养着他们的职业敏感；没有这样的医学实践普通人要成长为合格的医生是不可能的，治病救人就会流为一句空话，纸上谈兵就是缺乏社会实践的表现。二是社会制度的保证。从某种意义上说，社会环境是人才成长的摇篮，为每个生命个体的茁壮成长提供土壤、空气和水分，人是社会的动物，人才因为社会的需要而诞生；作为一种至关重要社会因素的社会制度，可能以政策或措施的形式保障着人才成长与发展所需要的某些必要的社会条件。三是组织上给卫生人才成长创造机会。除了给予先进的思想教育、培养科学的理念外，适时对其进行智力投资，以利于更新知识，吸收先进的技术成果，不断提高医疗技术水平。四是强化对在职医护人员的培训。中级职称技术人员晋升高级职称需要进修提高，初级人员晋升中级人员更需要学习提高。

和平解放后，党和政府非常重视我区的卫生技术人才培养，殷切期望少数民族卫生干部能够脱颖而出。自 1951 年开始，随军进藏的军医和中央民族卫生大队的医务人员采用“传、帮、带”的方式，或者培训班的形式，为西藏人民卫生事业培养了第一批藏族医护人员和卫生部门的管理干部。从 1958 年到 1963 年，西藏先后在北京卫校、四川雅安卫校、兰州西北民院等院校培养了 300 多名中专医士、助产医士。但是，由于西藏受主客观条件的限制，尚没有能力大规模培养当地所需要的卫生专门人才，卫生人才缺口依然比较大，“求医难”的问题在广大农牧区普遍存在。尤其是在 1967 年至 1975 年间，我国正处于“文化大革命”的非常时期，各级卫生部门的工作基本上处于瘫痪半瘫痪状态。那时候国家给西藏计划内安排的招生计划和招工计划都完成不了，致使当时西藏农牧区医务人员，特别是基层卫生员(赤脚医生)显得十分缺乏。

从长计议，统筹规划，编制全区卫生人才培养计划，为那些如我当初立志当一名医生、把个人的一切贡献于救死扶伤崇高事业的社会公民提供实现其人生理想的客观条件，进而满足各族群众对卫生医疗服务的基本需求，被提到卫生厅的议事日程上来。经自治区党委、政府同意，从西藏的区情出发，我们制订我区卫生人才培养计划，探索一条符合西藏卫生事业发展特点的人才培养的路子。

事功始于筹划。只有拿出科学合理的卫生人才培养计划，才能造就出一支合格、足量的卫生人才队伍。计划中既需要明确这支卫生队伍在结构类型、数量和质量(素质)等方面的具体要求，又需要预见这些因素的变化趋势。

对医护人员的业务培训，卫生部门制订了中、长期计划，并且采取切实可行的措施加以落实，把这类的业务培训搞成一个各级各类卫生人员相聚一堂切磋技艺、共同提高的学习机会，作为督促学员们不断进行自我充电、倡导终生学习的鞭策手段，从而推动其他教育形式、自学形式的广泛开展。肯定了藏医藏药文化传承过程中“师带徒”的方式是可行的人才培养模式，它不仅能把老藏医的技术、经验继承下来，还是抢救藏医药的一种重要途径，应当在完善中继续加以推行，当然需要妥善解决其中的一些问题。

认真实施既定计划，多方委托区外相关办学单位为我区培养卫生人才。我首先协调了自治区有关部门落实招生指标，并报请自治区领导批准，借参加全国卫生厅(局)长会议的机会，到教育部、国家民委反映情况，请求在中央民族学院、西南民族学院举办医语班，每年从西藏农牧区招收 200 名乡医进行培养，重点提高他们的综合文化水平。开班几年，1000 余名学生先后接受系统的文化课学习。待他们通过了 3 年的文化课学习后，我则通过卫生部，协调相关省卫校把他们送往山东泰安卫校、河南开封卫校和湖南省衡阳卫校，参加分期分批的专门培训，结业时达到中专水平。其次，征得自治区主要领导同意，从区内汉族干部子女中招录了 100 名初中或高中毕业生，派往沈阳卫校学习，为西藏培养当时短缺的放射专业和药剂专业的技术人才。再次，从西藏在职干部和部队转业卫生员中招录了 40 多名青年人，选送到哈尔滨医科大学主修卫生防疫专业。另外，从 1971 年到 1989 年，我们先后在沈阳、开封、泰安、衡阳、咸阳、重庆等卫生学校相继培养了 1200 多名各科专业人才。我们还委托四川省卫干院培训我区地市级卫生干部，提高现有卫生行政管理干部的科学管理能力。

挖掘与利用西藏区内卫生教育资源，兴办卫生学校和培训机构，培养了大批适合农牧区就医需要的中级卫生技术人才。1972 年在 8 省、市医疗队的支援下，经自治区有关部门批准，我们在 7 个地区先后开办了中专卫生学校、自治区藏医学校和自治区卫生学校。因为“文化大革命”后期我区招生计划有余，所以我们扩大了以上学校的招生计划，并纳入自治区人事指标，统一招生，统一分配。地市卫校的毕业生面向地市就业。1979 年自治区卫生学校正式成立，我兼任第一任校长。当时因为新校址尚未确定，首届医士班(主要是培养护士)暂借哲蚌寺僧舍办班。1982 年 5 月，决定成立西藏自治区综合卫生学校，将林芝医学院与隶属自治区人民医院的自治区护校合并，把原林芝医学院校址作为新校本部，原护校的房舍作为新校的临床部，拉萨设分校。经自治区政府批准，每年招收一个班，40 人到 50 人，学制三年，以护理专业、医士专业为主。林芝校舍建成后，拉萨的学生于 1983 年搬迁到林芝校区。1990 年以后，鉴于基层中级卫生人员饱和的现状，我们扩大西藏医学院和藏医学院的大学招生计划，相应地，各地市卫校缩减了中专招生数额，除了保留自治区藏医学校，自治区卫生学校改为综合卫生学校，还保留了日喀则卫生学校(重点培养护士，全区统一分配)，其余卫校不再招生，改为卫生干部在职培训基地。藏医学院是在藏医学校的基础上建立的，西藏医学院(后转为西藏大学医学院)是在自治区综合卫校的基础上建立的。西藏民族学院医学系为西藏培养了高、中级医护人员。随着医学高等专业的设置，我区医护人员的专业素质必定得到大幅提升。

自治区综合卫校还承担了对在职卫生专业人员的培训工作。从 1980 年起，我们从专业需求出发，狠抓了在职人员的业务培训。除了把有培养前途的年轻医生选送到内地进修深造外，我们在区内举办各种脱产进修提高班，旨在对现有医务人员的业务技能进行训练。比如举办了在职护士长进修班、本科妇产科医师进修班、学制一年的医学基础理论课研修班、学制半年的护士轮训班。学员均来自我区的地、县、区三级医疗机构的卫生人员。自1983年开始，卫生厅从内地聘请专业老师，每年举办诸如检验、病理学、药剂学、放射学、鼠防等地方流行病学、妇产科免疫学、卫生防疫、麻风病防治、口腔矫型、高原性心脏病诊断治疗等短缺专业培训。卫生厅还从区内各大医院选择各科有培养前途的少数民族技术骨干50名，送往北京、上海等大城市医学院校深造，这批人员被称为“国内留学生”，均成为我区卫生系统的技术骨干

看到卫生人才队伍不断发展壮大的新形势，全区上下备受鼓舞。这表明卫生人才培养计划本身的合理性，被执行的功效性，祖国对西藏卫生事业给予的特殊关爱，以及全区各界在其中的默契配合与宝贵贡献，它为后来我区卫生事业的持续、快速发展奠定了人才基础。

继承发展藏医藏药遗产 积极抢救藏医名著

藏医藏药发展简况及其历史地位

藏医藏药是藏民族的医药科学，若从公元3世纪初西藏产生了第一名藏医算起，迄今有1800年的历史。公元6世纪从祖国内地传来了中医的脉法和星算，从印度传入一些临床知识，在641—710年间，唐朝文成公主、金城公主先后入藏，从祖国内地带来了医疗书籍。有人将其中一部分医学著作译成藏文，即有《门合钦术》、《索玛拉扎》、《月王药诊》。以后又从内地和国外请来医生，让他们设教讲学，著书立说。比如结合西藏民间医生的实践经验编写了《敏杰村卡》(共七卷)，并培养了一批学徒。从此，藏医藏药既有了理论又有了继承人。公元8世纪前30年间，学徒中涌现了许多名医，他们把各自的经验进行总结，汇编成《血多医术》。在实践中经过不断修补、完善，集成医学大书——《居悉》，即《四部医典》。

藏医学理论也有“阴阳”、“五行”、“四时”、“五脏”之说，诊断病情也用“望、闻、问、切”之法，尤其是藏医学特别重视验尿，治疗方法兼用药物、针灸、放血。药品多制成丸剂和散剂，方便病人服用。

旧西藏，藏医藏药被封建农奴主阶级所垄断与操纵，主要为这些阶级服务，

因此也蒙上了一层封建迷信色彩，沦为愚弄和剥削劳动人民的一种工具，其发展缓慢、遭到一定程度的扭曲，农奴和奴隶祖祖辈辈很难享受到藏医藏药发展的成果。

西藏和平解放和民主改革后，在党的正确领导下，藏医藏药获得了新生，回到了人民的怀抱。人民政府将门孜康和药王山两所医药机构合并、整编到藏医院，成立了拉萨藏医院，当时仅有的60名藏医和学徒全部被接收到藏医院工作，党对藏医藏药工作贯彻“努力继承、大力发展”的方针。自党的十一届三中全会以后，我国进入社会主义建设的新时期以来，在自治区党委、政府及卫生部的正确领导与大力支持下，全区藏医藏药的传人齐心协力、呕心沥血，藏医藏药事业发展迅速，自治区藏医院已初具规模，成为我区集医疗、教育、科研为一体的医学中心，在国内外享有一定的声誉。

藏医藏药学是祖国医学的宝贵遗产，是藏族人民长期与疾病作斗争的智慧结晶，为藏民族的繁衍和健康做出了积极贡献。它具有独特的理论和丰富的临床经验，有着浩瀚的医学文献，是我区传统的灿烂文化中保留得最完整的学科，不仅在藏族人民中享有较高的信誉，在国内外也有很大影响。在区内，自治区藏医院在1986年接诊量就达26万多人次，平均日门诊量为700余人次，最高达1300人次，在我区各医院中属门诊量最多的医院。除了与接壤的印度和尼泊尔等国建立民间联系外，西藏接受欧洲和美洲一些国家学者的请求，热情接待他们来西藏学习藏医药及参观旅行。此后藏医藏药在国际上倍受关注。以1986年为例，自治区藏医院1～9月就接待了美、英、德、意、日、加拿大等15个国家和地区的外宾1730人次(1985年为613人次)来访，不少外宾对藏医的独特医疗技术和治疗方法发生了浓厚的兴趣，给予极高赞誉。由此看出，藏医藏药有着广阔的医疗需求市场，深受区内外乃至国际病学家的欢迎。藏医藏药是我区医疗卫生工作中的一大优势，它不仅在理论上有很大的研究价值，而且从科学技术、社会效益和经济效益上说具有光明的发展前景，同时也有政治上的现实意义。所以进一步发展振兴藏医藏药事业势在必行，这是开创我区卫生事业新局面的重要方面。

落实知识分子待遇，不拘一格提拔重用专业人才

卫生厅雷厉风行地落实党的知识分子政策，实事求是地为真才实学的人正名并破格启用。

当初，自治区筹委会卫生处(卫生厅前身)，着眼于全区藏医藏药的人才培养、理论研究及其医疗中心创建，报请政府同意，于1980年9月把拉萨藏医院建制为自治区卫生厅管辖的自治区藏医院。那时的拉萨藏医院全院职工195名，

其中卫生技术人员 129 名，简易病床 30 张，分临床、门诊、辅助科室、行政办公室、医务处，还设有非常简陋的天文历算和藏医研究室，附设一个规模很小的藏药厂和藏医培训班，整个医院只有 4 名主任医师和 1 名主任药师，不少的著名老藏医既没有学历又没有技术职称。比如院里的名医强巴赤列，在该院附设的藏医培训班任教，作为卫生厅厅长的我经常听取他的意见。

有一次，我去强巴赤列任教的藏医培训班时，一眼看到他正在蜡纸上刻医学讲议，与他聊谈中才得知，他的党籍没有恢复，还戴着“反动学者”的帽子。卫生厅从此着手调研，集中一段时间对现有医务人员进行审评、排队，重点对藏医院和药王山医院 50 年代学徒毕业的 10 多位知名老藏医(包括强巴赤列、贡嘎平措、土登次仁、康珠央嘎、曲扎、旦增平措等)就思想政治表现与业务水平慎重作出鉴定。经过评定，他们中 10 人具有了主任医师和副主任医师的高技职称，54 人被评为主治医师(药师)的中级职称。这项工作极大调动了这部分同志的工作积极性。与此同时，经组织上的调查核实，恢复了强巴赤列同志的党籍，把他从藏医培训班调出来充实到藏医院，委任他为副院长。他于 1984 年担任院长，1985 年担任卫生厅副厅长，1987 年被卫生厅党组申报为享受国务院特殊津贴的国家级专家，1989 年被申报为全国民族医院优秀院长，1991 年被推荐为西藏十大新闻人物之一。

卫生厅落实知识分子政策的态度与举措，在强巴赤列同志身上充分得以体现。

藏医藏药理论的整理、研究与临床运用

党和政府历来重视、鼓励对藏医藏药文化遗产的发掘、整理与继承工作，关心藏医藏药工作人员的生活、工作与福利待遇问题，支持并采取积极措施作好理论成果向物质产品的转化工作，切实满足人民群众对藏医藏药的迫切需要。

藏医理论的整理与出版。藏医巨著《四部医典》的校本被付梓铅印；自治区藏医院还整理出 14 种藏医古籍，使用木刻版、蜡纸复印版加以复制；并对世界上第一套古代藏医彩色挂图(80 幅)进行临摹、出版。此外，相关部门编写出版了数十种藏医教材和著作，丰富了藏医学宝库。

为了明晰梳理与准确阐释藏医理论、科学总结其传统临床经验，1980 年自治区藏医研究所正式成立，并充实加强了力量，嘎玛群培主任医师相继担任了副所长、所长。一批知名老藏医不仅对藏医藏药理论具有很深的造诣，而且他们在长期的行医生涯中积累了丰富的诊疗经验，成为了推动藏医藏药理论研究、改进

临床操作技术最可宝贵的人才资源。当代老藏医总结前辈藏医的从医经验，形成蜡纸复印版的藏医药古籍就约有20种，装订成8500多册。卫生厅拨下专款责成藏医处组织藏医及画唐卡的艺人，对整套的藏医彩色挂图进行了临摹复制，同时组织了知名老藏医编写《中国医学百科全书·藏医分卷》。

为了保证“藏医分卷”书稿质量，卫生厅在全区广招相关学科的藏医专家学者。在此期间我们寻访到2位特别的名医，一位是措加·才朗老师，他医术精湛兼有高深的医学理论素养，是一位罕见的博学通才，但那时他仍在扎木监狱服劳役。另一位是十四世达赖母亲的保健医生，他也在服劳役，被囚禁于拉萨监狱中。我专程到各监狱了解其政治表现，把有关情况如实向领导作了汇报。经组织研究决定，请时任公安厅厅长的白玛多吉(已故)同志出面协调借调，要求他们同藏医院的老医生通力协作，倾力为之。他们不辱使命，苦心孤诣，历时2年多完成了《中国医学百科全书·藏医分卷》的编写任务。后来措加·才朗教授就留在自治区藏医院当医生，还破格晋升为主任医师职称，于1993年西藏自治区藏医学院成立时，被任命为学院专职教授、副院长、院长。他还编写、出版了藏医《生理学》、《病理学》、《药理学》、《饮食学》、《新编藏医学》等十多种藏医教材和专著。

特别值得一提的是，国家级专家、藏医学院院长兼自治区藏医学院院长强巴赤列同卫生部科技司的王雷同志合作的《藏医彩色系列挂图》，用藏、汉、英文出版发行，深受国内外学者的欢迎。这部书于1990年获中国医药博览会的“神龙杯”银奖和自治区科技成果一等奖。

依据现有技术条件和生产能力，将某些重要的藏医研究成果创造性地应用于临床，转化为实用的药品或诊疗方法。一些知名老藏医加快对藏医学理论临床应用的研究工作，采用藏西医结合的方法诊治慢性萎缩性胃炎、风湿性关节炎、神经性疾病取得了很好的效果。还组织力量对藏药代替抗菌素和红景天防缺氧进行研究。自治区藏药厂在杭州医药公司及其所属胡庆余堂和杭州制药二厂的帮助下，大胆地对藏药生产工艺和藏药药剂进行了改革，提高了藏药生产的数量和质量。目前，藏药年产量由和平解放时期的1500千克增加到10多万千克，增长了66.7倍；藏药由170种增加到350多种。各地、县藏医院(科)建立了小型藏药厂，不仅满足了区内的需要，还能向区外提供部分藏药。特别是自治区藏药厂生产的名贵藏药“然纳桑培”获国家优质产品银质奖并获国家专利，而“常觉”则获得金奖。

自治区藏医院为满足国内外患者的需求，开展了信诊邮药业务，为国内20多个省、市、区和10多个国家与地区患者开展了邮寄“送医送药”服务，深受患者的信赖与欢迎。

藏医医疗机构及其专业人才队伍的壮大。在自治区藏医院的基础上，于1982年建立了四所地区藏医院、一个县级藏医院、一所藏医研究所、三个藏药制药厂，并在70个县开设了藏医科。自治区人民政府投资为自治区藏医院扩建了住院部，病床增加到200张。1982年国家下达了70名劳动指标，吸收全区70名老藏医为国家正式干部。1990年我区有5位藏医主任医师出席了全国拜师大会。同时自治区人民政府为10多名老藏医配备了助手或徒弟。近年又为80%以上的藏医药工作者评定了技术职称，激发了他们的工作热情。到1990年全区藏药机构发展到66个，70多个县开设了藏医门诊部或藏医科，病床396张，藏医药技术人员1503人，其中国家在编的850余人，以国家级专家强巴赤列为首的主任医师(含副高)42人，主治医(药)师113人，医(药)士、护士等初级藏医药人员613人。

藏医教育的发展促进了藏医院管理与服务水平的提升。从1984年建立了自治区藏医学校以来，卫生部中医药管理局、自治区人民政府共投资700多万元，与1986年10月经自治区政府批准，在原西藏大学藏医系和自治区藏医学校的基础上合并成立了西藏藏医学院，1989年经教育部批准挂牌成立，每年为全区培养百余名高、中级藏医药人才。同时在部分地市卫校和干部进修学校开设了藏医培训班。自治区藏医院一直坚持举办藏医进修班，积极为区内外(青海、四川、甘肃藏区)培养藏医专业人才。自治区人民政府投资在日喀则、山南、那曲、昌都、阿里五个地区创建了藏医院，这些藏医院承担了当地藏医药专业人才的培训任务。

40年来，我们始终强调藏医教育必须德、能并举，在藏医院和综合医院的藏医门诊中狠抓了医风医德建设及以藏医为主的专科建设，要求部门领导和管理干部要率先垂范，全体医务人员在各自岗位上恪尽职守，珍惜继续教育或专业培训的机会，不断提高自身的业务素质，在日常工作中忠实践行生命贵于千金、责任重于泰山的职业道德，敬重名医、争做名医，厌恶庸医、不做庸医，一点一滴都要讲究规范，一举一动都要体现文明，工整清晰地书写病历，不折不扣地落实护理常规，现在各藏医院的病历书写与护理工作都坚持用藏医术语，不但突出藏医工作的特色，而且符合患者的语言习惯，使之产生某种程度的亲切感。我们在认真总结出丰富的实践经验基础上，组织制订了《全国藏医院工作条例》、《藏医病历书写规范》、《藏医护理操作规程》，进一步推动藏医各项工作步入正规化、科学化的运行轨道。

天文历算工作取得进展

藏医和天文历算在传统藏文化中本是一家，藏历星算工作随着藏医药事业的发展而得以加强。1980 年卫生厅批准成立西藏天文历算研究所，并配备了人员和必要的仪器，每年除完成 8 万多册的藏历编写任务外，还开展了藏历天文历算理论研究工作。现在除自治区藏医院有藏历历算研究所外，部分地区的藏医院还成立了藏历研究室。给农牧区提供较为准确的天气预报，为促进我区农牧业生产立了大功，深受广大农牧民群众的欢迎。

30 年来，党和政府关于藏医藏药工作的方针政策得到了认真落实，我区藏医藏药事业发生了前所未有的变化，取得了一批独具特色的重要成果。我在卫生厅厅长的位置上，不仅自己高度重视藏医药事业的发展，亲自撰写《加强科学管理是振兴藏医药事业的关键》等文章，为藏医藏药在我区整个卫生工作中最大限度发挥作用，我同班子集体用心策划、广泛征求意见、四处奔走抓落实……

我区的藏医藏药事业做强做大了，藏药已走出了藏区，它以独特的疗效，逐渐被国内外患者所接受。据不完全统计，全国各省会城市都有藏药生产企业办事机构，现有 800 多家医疗机构使用藏药，每年有近 30 多个国家的患者通过信诊接受藏药治疗。到 2001 年底，有 24 种藏成药被纳入《国家基本药品目录》，有 22 种藏成药被载入《社会劳动保障基本用药目录》，有 16 种藏成药进入了《非处方用药目录》。

1985 年《中华人民共和国药品管理法》实行后，按照卫生部下发的《新药审批办法》，西藏在藏药研究与开发的规范化方面做了大量工作。自治区成立了药品审评委员会。1996 年 5 月，经国家药品监督管理部门批准，西藏藏药生产企业又取得 20 多个藏药药品生产批准文号。到 2001 年，西藏藏药生产企业共有 98 个藏药品种，157 个生产批准文号。在国家有关部门支持下，1995 年由国家卫生部第一次颁布实施的《藏药标准》，收载藏药 202 种、藏药材 136 种。1995 年版《国家药典》开始收载藏药，现行的 2000 年版《国家药典》收载藏药 14 种、藏药材 5 种。

1998 年国家药品监督管理局成立后，修订颁布了《药品生产质量管理规范》(GMP)，明确规定药品生产企业在限期内必须通过 GMP 认证。西藏藏药生产企业按照 GMP 的有关要求进行严格管理，2001 年全区有 3 个生产企业 7 个剂型首批通过了国家药品认证中心的验收，取得了国家药品监督管理局 GMP 认证证书。

藏药的研究开发能力逐渐增强。改革开放以来，培养了一大批藏医药科研人员，形成了一支科研队伍，藏药的学科建设初具规模。据统计，到 2001 年底全区有藏医院14所，县医院藏医科60多个，藏医学院1所，藏医药科研机构5所和3个藏药新产品开发机构。近几年，在国家和有关部委的大力支持下，西藏自治区藏药厂、诺迪康药业有限责任公司、西藏藏药股份有限公司、奇正林芝藏药厂等企业的仪器设备、生产条件有了较大改善，逐步形成了藏药科研、开发、生产相互结合的体系。藏药剂型由原来的丸、散、膏发展到胶囊、颗粒、片剂等种类。

兼职西藏红十字会会长

西藏自治区红十字会是在十世班禅大师的亲自倡导与外交影响下，国家卫生部、中国红十字总会和自治区人民政府的外交努力与高度重视下，经自治区人民政府批准于1986年7月4日在拉萨成立的。我兼管红会的工作达17年。

西藏红十字会是在西藏人民政府与瑞士红十字会落实援建项目过程中催生出来的

1986年4月，十世班禅大师通过驻瑞士的两位藏胞朗扎赫、截塞与瑞士红

■ 在北京西山班禅副委员长听取崔月犁部长一行的工作汇报（右二为作者）

十字会取得联系，表达了西藏寻求援建项目的愿望。瑞士红十字会官员表示支持，拟在西藏日喀则建一所“现代化医院”。十世班禅大师把这个项目的洽谈事宜委托给即将出席瑞士日内瓦世界卫生大会的卫生部崔月犁部长，且捎书信给瑞士红十字会。崔月犁部长在瑞士参加世界卫生大会期间，于5月17日晚在我驻瑞士使馆会见并宴请了瑞士红十字会会长博利格先生和该会救济部主任温格尔先生，转交了十世班禅副委员长的信函，转达了班禅副委员长对他们的问候；就瑞士红十字会在西藏日喀则地区援建医院的事项进行了友好交谈。瑞方同意帮助中国在日喀则建立医院，但是对于建什么样的医院、其规模多大、怎么援建，瑞方对中国西藏了解不多，表示愿意与中国红十字总会及西藏分会的代表组成联合考察组，到日喀则实地考察后，由中、瑞双方商定合作方案。

西藏红十字会正式成立。1986年6月9日上午，班禅副委员长在北京西山听取了崔月犁部长一行的工作汇报。汇报会上，卫生部外事局局长刘锡荣同志首先汇报了崔月犁部长在瑞士参加世界卫生大会之际就日喀则援建医院问题同瑞方的商谈情况。班禅大师做了重要讲话，崔部长和时任西藏自治区党委书记的伍精华同志相继做了发言。自治区政府副主席图道多吉和我出席了汇报会。会上形成了三点意见：一是明确了西藏医疗卫生工作已取得了很大成绩，人民群众的卫生健康水平有了明显提高，但与全国相比差距仍然很大，为了加快西藏医药卫生事业的建设步伐，同意接受瑞士红十字会的援建项目，并同意瑞方进藏考察；二是联合考察组由中国红十字总会、西藏自治区政府和日喀则市有关领导组成，那两位驻瑞的藏胞也应邀参加；三是为了搞好项目交接，要求自治区尽快成立西藏红十字组织，并责成我以卫生厅的名义提出具体意见，报自治区政府批准成立西藏红十字会。

我因在北京学习，就在当天下午打电话给卫生厅在家主持工作的坚村同志和阿登同志，通报了北京汇报会的精神，要求他们尽快起草成立西藏自治区红十字会的报告。卫生厅于1986年6月26日将草拟的报告报给自治区政府，政府作了特事特办的决定，于7月4日批准成立自治区红十字会。为了适应对内对外工作的需要，一并批准拉萨市和日喀则地区成立红十字会。第一届西藏自治区红十字会设名誉会长一位，请阿沛•才旦卓嘎(时任全国妇联副主席)担任，会长由自治区副主席吉普•平措次登先生兼任，常务副会长由我兼任，副会长兼秘书长由阿登副厅长兼任，还设常务理事5人，理事22人，从卫生厅调一名副县级干部担任专职副秘书长，主持日常工作，另设专职常务副秘书长一位，由次仁旺堆同志担任。

后来，瑞士红十字会援建项目发生了变通。当时我们按照班禅副委员长的指示精神编制了规划，决定建成一所容纳250张床位的综合性现代化医院，捎带着充实、更新日喀则19个县级医院医疗设备。

由中国红十字总会常务副会长和卫生部计财司何鸿明司长等参加的项目考察组来藏实地考察，重新写了一份调查报告。瑞士红十字会救济部主任温格尔先生为组长的瑞方考察组在日喀则地、县实地考察后认为，日喀则地区所在地有人民医院和地区藏医院，有陆军第八医院，日喀则市妇幼保健院病床共有530张；而当时日喀则地区最需要的是专业卫生技术人才，特别是县、乡级的农牧区乡卫生院医疗技术水平甚低，医疗设备太缺乏。因此，瑞方决定不建医院，拟派医疗队，组织对现有医护人员进行专业培训，师资从国际、国内(区内)聘请。援助项目实施了10多年，总计给日喀则地区、县、乡培训乡医700余人；投资为日喀则边雄和山南琼结县举办了两期学制6年的藏医培训班，为日喀则农牧区共培养了200多名藏医人才，一定程度上缓解了农牧区医务人员短缺的困难局面。西藏红十字会在此过程中成立，并且初步履行了自己的职能。

依据国际红十字会的原则、精神积极开展相关工作　充分发挥其作用

17年来，我始终坚持定期不定期的到红会上班，经常听取红会工作汇报，与机关里的同志一起研究、解决红会面临的困难与问题。红会工作需要我时，我能做到随叫随到。先后在我区7个地市及其11个县成立了红十字会，发展了60多个红十字团体会员单位，会员达到15000多人。在中国红十字总会的支持与协调下，我区红十字会主动与瑞士、荷兰、挪威等国家和国内红十字会组织之间开展合作，争取资金共计2500多万元，先后投资210万元建设了自治区抗灾救灾中心及自治区红十字会培训教学楼和办公楼；配合瑞士红十字会项目官员为日喀则地区18个县培训乡村卫生技术人才，并为其配备了必要的医疗器材。

我曾两次随中国红十字总会的领导出访土耳其、泰国、越南等国，不仅增进了相互间的传统友谊，而且对国际红十字组织有了进一步的了解与认识。国际红十字会，1863年在欧洲诞生，迄今其分会已遍布世界179个国家。红十字运动起源于战场救护，红十字国际运动的创始人亨利•杜南，瑞士人，生于1828年5月8日，为红十字事业奋斗了一生。鉴于他为红十字国际运动献身的精神，1948年国际红十字协会，将他的5月8日生日确定为国际红十字日。世界各国红十字会于每年5月8日根据各自的国情举行纪念活动。

中国红十字总会于1904年3月10日在上海创立。新中国成立后，中国红十字会是中华人民共和国统一的红十字组织，是从事人道主义工作的社会救助团体。中国红十字会以发扬人道主义精神、保护人的生命和健康、促进人类和平事业为宗旨，协助政府独立自主地开展与自己职责有关的工作。中国红十字的各级组织遍布全国，全国31个省、自治区、直辖市都建立了独立的分会。目前，已有1900多万会员和7万多个基层组织，是世界上会员最多的红十字会，在国内外人道主义救援工作中发挥着重要作用。

我国红十字会的工作方针是遵守宪法和法律，遵循国际红十字和红新月会运动确立的“人道、公正、中立、独立、志愿、普遍、统一”的七项基本原则，依照日内瓦公约(中国是日内瓦公约缔约国)、中华人民共和国红十字会法和中国红十字会章程，独立自主地开展工作。中国红十字事业是我国社会主义事业的一个组成部分，发挥红十字人道主义的优势，为国民造福，为建设有中国特色社会主义伟大事业服务，这是国家的需要，人民的需要，也是时代的需要。《红十字会法》赋予红十字会的职能与卫生工作的职责基本相同，红十字组织作为政府实行革命的人道主义的助手，在我区发生灾情或疫情的时候都能发挥救死扶伤、扶危济困的求助作用，弘扬“人道、博爱、奉献”红十字精神。因此，红十字工作也能够成为卫生工作的一个重要帮手。

1987年日喀则地区8个县发生雪灾，我们向灾区群众捐款10660元，捐粮617千克；10多名外国游客和登山队员被大雪围困，我们红会迅速组织救援。

■ 作者担任中国红十字总会理事的照片

1993年日喀则昂仁、拉孜两县发生了地震，我红会积极争取瑞士红十字会70万人民币，为两县受灾群众重建民房390间，卫生室4所。

1994年那曲地区遭受特大雪灾，我们红会立即向社会呼吁，组织捐款275万元，捐粮485万千克，另有茶叶、衣被等救灾物资17卡车。

类似大小灾情年年都有，西藏红十字会成立以来共募捐物资折合人民币7067735.18元，捐集衣被等价值142.58万元，募集药品价值210多万元。我区7个地市和25个县、19920户、79600余人受益。

在自治区有关部门的积极配合下，红十字会还举办了68期机动车驾驶员人身救护培训班，参加人员共有2600余人；争取国内外红十字组织的无偿援助，先后在32个县实施了白内障复明手术，共使3816个白内障患者重见光明；为8200多名眼病患者进行了检查治疗。与此同时，当地65名乡村医生得到了相关的技术指导。

恰当运用大众媒体组织宣传活动，为红会有效开展相关工作营造适宜的社会氛围。克服困难创办了西藏红十字会通信，印发会员手册，将与红十字有关的法律、法规、条例等译成藏文，分发全区基层红十字会，开设藏语“红十字之声”广播栏目，于每年的“5•8”国际红十字纪念日互动之际，还采用举行记者招待会、联谊会等形式，有计划、有目地向社会各界介绍红十字的宗旨、精神及其他相关知识，让越来越多的民众家喻户晓，逐步在日常工作与生活中付诸实践，自觉遵循国际红十字运动确立的基本原则，尊重爱护鳏寡孤独和残疾人，积极配合有关部门和组织做好特困家庭等弱势群体的人道主义救助工作。

总之，西藏红十字会成立以来，在中国红十字总会的业务指导和自治区党委、政府的重视支持下，我们不断拓展业务范围，尽心尽力维护灾区人民的生命安全，改善我区农牧民群众的医疗卫生和教育条件，并协助政府在人道主义领域做了一些工作。通过十几年领导、组织与亲自参加红会一系列工作，耳闻目睹这些辛勤劳动换来的社会成果，尤其看到人民群众从中得到的种种实惠与收益，我深感红十字会事业是关系人民群众切身利益的神圣事业，而要想红十字事业深入人心，在我区扎根、开花、结果，给我区经济社会发展产生更大的积极影响就必须加强自身建设，只有使之有为，才会使之有位。人民群众看中的是它带来的实实在在的好处。

在与国际红十字会某些成员组织的交流与互访中，我们开阔了眼界，长了见识，学到一些他人之长，及时用于改进我们自己的工作。比如应土耳其红新月会邀请，经外交部批准，我于1992年9月3～10日随中国红十字总会赴土耳其访问。土耳其红新月会在其国内自然灾害的救济工作中曾发挥过出色的作用。因此，这次出访的主旨就是学习他们的救灾工作经验，交流红十字救灾方面的有效做法。双双坦率真诚的沟通，也让对方了解了我国红十字会有关情况。这次及后来到泰国和越南红十字会的出访学习，对我启发与影响最深的就是救灾库的建设以及救灾备灾物资筹备工作的经验，它对后来西藏红十字(拉萨和日喀则)救灾物资筹备库的建设起到了借鉴作用。

西藏自治区红十字会自成立以来，我先后担任了副会长、常务副会长、会长，历任中国红十字总会第三、四、五届理事。兼职红十字会工作17年来，我始终坚持以人道主义为宗旨，以救死扶伤、扶危济困、敬老助残、助人为乐为己任，在组织发展、国际交往、抗灾救灾、卫生救护训练等人道主义服务中，同红会机关的同志们一道协助政府作了大量工作，赢得了良好的社会声誉，得到各级政府的高度评价。

发展人口与计划生育工作

西藏的区情特殊，无论是发展人口还是计划生育，首先需要澄清模糊认识，统一思想，当然也需要一点忧患意识与责任意识。当初，西藏区内对计划生育认识不清，意见分歧较大，开展计划生育的阻力很大。

■ 前排右二为作者

藏族受佛教文化影响较深，对于生儿育女采取自然态度，男女结婚以后家庭情况往往是，头一个孩子还没长大，第二个孩子又降生了，甚至马上又怀上了第三个，间隔时间短，父母忙于生产生活，养育孩子有困难，于是老大照看老二，老二照看老三，波浪式推进。这一点与内地没实行计划生育前的情形类似。但是，孩子稠密，一般人家的家境不好，卫生保健条件差，母亲孩子的健康、甚至生命没有保障，接受学校教育更是无从谈起。日子越过越穷，越穷越要生孩子。所以就流传一句俗话，叫做“洼地生蛤蟆，穷人生娃娃”。这种情况西藏比内地要来得严重。另外，藏族群众认为实行计划生育，打掉孩子就是杀生，是不仁义、不道德的行为。显然，我们的观念与西方社会的迥然不同，由此造成社会发展水平悬殊甚大。

在西藏，有人认为西藏地广人稀，拥有丰富的自然资源，不是人多了，而是人少了，与内地根本不同，没有必要搞什么计划生育；也有人认为计划生育事关千家万户的切身利益，抓计划生育工作最容易得罪人，往往会出力不讨好，自己会陷入被动；还有人认为计划生育是一项十分复杂的系统工程，涉及方方面面的相关服务工作，加上交通不便，居民分散，短时间内干不出什么成绩，等等。这些认识里面存在着不同程度的误解。看问题想事情不仅缺少点辩证的方法、缺少点超前意识，而且存在着比较重的个人利害得失，责任意识和危机意识淡薄了一些。

但是，不管人们怎样想、怎样说，也不管对此持有什么态度，计划生育既是基本国策又是西藏各族群众无法回避、也没办法拒绝的事情，这是一项新的历史课题。俗话说得好，人无远虑必有近忧。我们可以从维护我们这一代人的身心健康、家庭和睦、社会稳定、经济社会实现可持续发展以及为我们子孙后代留下一定生存空间这些现实问题来想一想西藏该不该实行计划生育。不错，我们西藏地域辽阔，人口密度仅为 1.7/ 平方千米，属于我国典型的“地广人稀”的地区。这是问题的一面，但是我们还必须看到其另一面。众所周知，西藏这么大的地方真正能够利用的土地和草场资源是很有限的，除去荒地、草原、森林、湖泊、村庄、道路等所占之地，所剩可耕可屯的、能为我们提供粮食蔬菜和矿产原料的地面只占全区总面积的 0.19%，而且随着我区人口的自然增长速度加快，人均拥有的耕地和草场面积正在以与人口自然增长相应的速度逐年下降。我们拥有一眼望不到边际的大草原，可以靠天吃饭，我们祖祖辈辈都是这么生活过来的。可是，历史是不能重复的，由于全球气候变暖，全球性大灾大难频繁发生，烈风暴雪不是常常在我们的家园里横行肆虐吗？而且我们青藏高原的自然生态本来就很脆弱，草场沙化、退化日趋严重。一旦发生天灾人祸，我们不是还要忍受历史上我们的祖先曾经遭受的种种苦难吗？就目前实际情况看，全区 11 亿亩草场中，85%以上的天然草场居于贫脊的高山荒漠，产草量甚低，草场载畜能力有限；物业生产属粗放型，据有关测算，牲畜总头(只、匹)的数量逐年在减少，全区所需求的食肉及酥油竟需要从区外调进补充。西藏人口无限膨胀会给我们带来什么样的后果我们不敢设想。和平解放后，西藏人口逐年增长，每年净增 4 万多人，也就是说西藏本地人口一年增加一个中等县！

退一步说，从西藏现有的经济发展水平和医疗卫生条件的实际情况出发，为了永久确保西藏每个家庭的孕妇母子平安，母亲孩子身心健康，住房宽敞卫生，衣食无忧，出行便利，邻里和睦等正常人间生活，我区推行计划生育不仅是十分必要的，而且是十分紧迫的。父母要对子女的幸福成长负责，各级领导干部要对百姓的柴米油盐负责，不管是官是民都有自己的天职。人类自身的生产、发展必须与社会的物质生产水平保持一致，这是一个浅显的道理；计划生育是我们自觉调节人口结构与物质财富丰歉状况之间关系的能动性表现，我们不可以违背社会发展的客观规律。

西藏社会人口过快增长的主要原因及其对我们的启示。随着科技进步与经济发展，中央政府和西藏自治区地方政府有计划地增加资金投入发展我区卫生事业，以藏族为主体的各族群众的物质生活和医疗卫生条件逐步改善，加上西藏社会自民主改革以来出现历史上少有的安定局面，西藏人口便迅速增长。这种情况西藏与内地是一致的，西藏的特殊区情在这一点上的表现不明显。但是，我国政府 20 世纪 50 年代在人口问题上出现了政策失误，片面强调“人多力量大”、“人多好干活”，而忽视了“人少好吃饭”的道理，对国内外合理的人口理论与有关专家的正确意见作一边倒地批判。这种人口政策失误当时并不为多数人所认识，可是它的负面影响在 20 世纪 80 年代表现得越来越明显，我国社会经济发展过程中出现的很多问题和矛盾都与我国人口增长过快有关，经济社会发展水平与人口数量、质量的结构关系出现严重失衡，这个重大而深刻的历史教训不应该成为西藏社会在人口发展问题上的前车之鉴吗？

事实表明，国际上反华势力对我国政府在西藏实行计划生育的指责是毫无道理的，达赖集团给我们罗织的罪名也是纯属“莫须有”的。境外反华分子和达赖为首的分裂分子把我们搞计划生育说成是“野蛮脱胎”、“灭绝西藏人口”，还抛出所谓的“六条四项”，等等。“在子宫里杀死胎儿”道德与否、仁义与否？这是近代哲学史上一直争论不休的抽象问题，马克思主义在这个问题上汲取西方民主社会学家合理的观点，同时更加尊重社会发展的事实，主张：计划生育是文明社会的重要标志之一，在人类经济社会发展的一定历史阶段，人类自身生产要与社会生产保持一致，适度控制人口数量以提高人口素质是历史发展的客观要求。再说，事实胜于雄辩，究竟是人口灭绝了还是人口发展了，确凿的人口统计数据能说明问题：1953 年我国进行了第一次人口普查，当时以达赖为首的西藏地方政府向中央申报的西藏地方人口数量为 100 万；1964 年第二次人口普查时，西藏人口为 125 万，其中藏族人口为 120.9 万，占总人数的 96.63%；1982 年第三次全国人口普查时，西藏人口 189.2 万，藏族人口 178.6 万，占总人数的 94.4%；1990 年 7 月第四次全国人口普查，西藏总人口 219.6 万，藏族人口增长到 209.6 万，占人口总数的 94.46%；2000 年年底西藏人口已达到 263 万人，藏族人口占 92.3%。我是西藏人口发展变化的见证人，在 50 年里西藏藏族人口从 100 万增加到 263 万，增长了一倍半还多，这在西藏历史上是从来没有过的。

真正灭绝西藏人口的是旧西藏的封建农奴制度。据史料记载，西藏解放前的 200 年内，人口曾减少了 100 多万。人口减少的主要原因：一是医疗条件落后，解放前西藏只有 3 所官方办的医疗机构，在 122 万平方千米的土地上，找不到一所为百万农奴防病治病的诊所，百姓生病或碰上瘟疫流行则只有等待死亡。二是在野蛮的封建农奴制度下，农奴阶级人数占总人口的 90%以上，农奴主对农奴野蛮的人身占有、残酷的压迫剥削，摧残、噬食着无数农奴的健康和生命，农奴生活朝不保夕，极端贫困，逃亡户不断增加。三是有相当一部分青年男女不能正常地组织成家庭而生儿育女，因支差、被发配、当喇嘛或尼姑，不准结婚生育，造成了整个社会出生率低、死亡率高的状况。所以，解放前西藏人口长期处于大幅度下降的趋势。

无论在我国内地还是在西藏，人口问题始终警钟长鸣。人口数量、质量与社会经济、医疗卫生之间的关系是辩证的，它们之间存在一个“度”的问题，这个度一旦被打破，二者的正常与和谐的关系就不复存在，并触发一系列的社会问题。社会经济发展与医疗卫生的进步会引起人口自然增长，也可能同时促进人口质量的提高，但是，人口增长过快，其数量超过一定的限度，人口质量不仅得不到提高，反而会因为人口素质赖以提升的各种资源被过多的人口所挤占而下降，进而阻碍社会经济的健康发展与医疗卫生的进步。西藏社会因为经济发展与医疗卫生的进步而带来人口快速增长，但是，如果西藏社会的人口增长势头得不到适当控制，不实行计划生育，增长到了一定程度，经济发展与医疗卫生进步的成果就会被多出的人口所消耗掉，人口素质就难以提高，经济与医疗卫生就会陷于停滞状态，甚至会出现大的倒退，进而引爆社会问题与社会矛盾，社会生产、生活秩序就可能遭到破坏，这就是所谓的连锁反应，历史发展过程中的恶性循环，到头来遭殃的不还是我们自己？

1952—1985 年，西藏人口变化大体可分为 4 个阶段。与内地相比，西藏计划生育工作起步较晚。在西藏实行计划生育除了解决人们的观念问题，还面临着许多的实际困难。比如，当时没有人员编制，没有办公地点，没有交通工具，几乎没有专门的经费，完全依赖卫生厅有限的资源而开展计划生育工作。

第一阶段：1952—1958 年。和平解放初期，还没有进行民主改革，西藏地方政府依然存在，各方面的工作才刚刚开始，人民卫生事业几乎是空白，人口死亡率高达 28‰，人口基数小。因此，这一阶段为缓慢增长的时期。

第二阶段：1959—1969 年。1959 年 7 月，西藏实行了民主改革，彻底结束了封建农奴制度，百万农奴开始了新生活。全国各兄弟省市抽调了大批汉族干部、各类技术人员先后进藏，支援西藏建设。西藏的政治、经济、文教卫生等事业得到了初步发展。根据毛泽东主席提出的“西藏地方大，人口少，需要发展人口”的批示精神，制定了鼓励生育、发展人口的政策。于是，我们计划生育主要采取增加人口、提高人口素质的一些措施。一是宣传优生优育，进行生殖健康教育；二是提倡卫生保健，妇女、儿童保健，提出少生一个，长得壮一点，受教育多一点，生多对母亲健康不利，对子女教育不利；三是坚持自愿为主，为有节育要求的提供服务。这样全区人口从 1959 年的 120.62 万增加到 1969 年的 148.05 万，平均每年递增 2.49 万人；出生率由 1959 年的 14.35‰上升到 1969 年的 17.45‰，自然增长率也由 8.1‰上升到 10.38‰。

第三阶段：1970—1975 年。人口进入迅猛增长时期，全区出生率 1969 年为 17.45‰，死亡率下降为 9.58‰，自然增长率 15.46‰，1975 年全区总人口达 166.12 万。

第四阶段：1975—1985 年。这一时期为人口持续猛增时期，出生率上升为 24‰左右，死亡率大大下降。特别是人口自然增长率高达 18.36‰。西藏发展人口的政策取得了“伟大胜利”。

建立健全计生服务体系，稳健推进全区的计生工作。全国计划生育委员会在

20世纪80年代初从卫生部分离并升格为正部级单位，随后全国各地也纷纷将计划生育工作部门从卫生系统分离而单设。为了适应全国计生工作的新形势，自治区人民政府及各地市都成立了计划生育委员会，各县人民政府都建立了计划生育办公室，地市县级人民医院妇产科都设有计划生育技术指导站(组)，自治区人民医院设有优生、遗传研究室。自治区及各地市直属单位配有计划生育专、兼职干部，负责本单位及部门干部职工的计划生育工作。各县(区)、乡计生工作仍由所在卫生部门承担，一班人马两块牌子，或者说它们属于双管单位。

据说，内地有些省市的基层(公社或大队)计生办在开展计生工作的时候，因为人手不够，就对新增计生工作者进行了简单培训，要求他们掌握四种节育手术，但在实际操作过程中给一些妇女留下了严重的后遗症，造成了不可挽回的损失。西藏人口少，计划生育工作完全依附于卫生机构去完成，西藏的计生工作最初以正面宣传教育为主，提供怎样的计生服务和采取什么样节育措施完全坚持以自愿为主的原则，加之我们在西藏做任何事情都要考虑慎重稳进。我们在县、乡两级建立技术药具服务站，责成县医院和县妇幼保健站(院)承担该县的计划生育手术的技术及发放避孕药品等方面的服务，在选用计生专业人员方面我们从西藏的实际出发严格把关，鉴于我区县乡计划生育机构不可能单列，也不可能为计生部门一下子增加许多编制，就是有了编制，也难以配备考核合格的计生技术工作者，规定只有经过正规训练的乡村医生才有资格做四种节育手术。因此，避免了内地出现的类似的医疗事故。

加大计生政策的宣传力度，让计生政策家喻户晓。提出了“四个为主”的口号，即宣传为主，服务为主，自愿为主，奖励为主；提倡汉族一对妇夫生育一胎，藏族干部职工和城镇居民一对夫妇生育2胎，腹地的农牧民一对夫妇生育不超过3胎，边远农牧区和边境地区的农牧民一对夫妇不超过4胎，而对人口稀少边远地区的居民和牧民暂且不作胎次要求，但要求生育须有一定的时间间隔。

各级政府坚决执行自治区的计划生育政策。我们下基层了解计生工作情况时，不少县级领导畅谈我区实行计生的重大意义。大家喜欢采用比较的方法，列举当地人口与耕地数量比例的变化、粮食总量增长与人均粮食占有量降低等数据，表明计划生育势在必行。比如，山南乃东县的人口由解放初期的1.6万增加到眼下的2.7万，人均土地由解放初期的2.3亩减少到了1.6亩地。拉萨市人口自然增长率，机关为10.8‰，城关区为23.7‰，所辖7个县农牧区的人口自然增长率为43.8‰。尽管粮食年年增长，可人均占有粮量在逐年减少，如果我们再不搞计划生育，可能出现因为经济发展与人口发展不相适应而带来的严重后果。因此，我们心中有了底，不再担心思想认识不统一问题。

1975年自治区党委为了认真贯彻国发(1974)32号文件，于同年2月24日成立了自治区计划生育领导小组，并下设办公室，办公室设在自治区卫生局(厅)院内，由我担任计划生育领导小组副组长兼办公室主任。自治区党委以藏党发(1975)7号文件，向全区发出《关于认真抓好计划生育工作的通知》，明确规定了我区实行计划生育的范围和要求。我区主要是在汉族及汉族和少数民族通婚的所有干部、职工及其子女中实行计划生育，倡导“晚、稀、少”，根据“一个不少”的原则提出了人口增长率控制目标，力争实现“四五”人口规划指标，城区15‰，农村20‰以下；藏族和其他少数民族的干部、职工也要实行计划生育，提倡晚婚晚育，宣传“晚、稀、少”，生育子女3个为宜，确保生1个活1个，活1个壮1个。对少数民族群众，暂不限制生育数量，但加强了妇幼卫生知识的宣传，提倡合理生育，推广新法接生，使藏族和其他少数民族群众继续增殖人口。于是，我们在日喀则江孜县搞了新法接生推广和农村妇幼保健的试点工作，在试点工作的基础上，召开全区计生妇幼工作会议，把江孜的经验推广到全区。

我们认真贯彻落实了《通知》精神，我区的计划生育工作有了新的进展。全区机关、部队、厂矿、企业的广大干部、职工自觉响应“晚婚、晚育”的号召，实行计划生育，一对夫妇生育2个孩子后就到医院落实节育措施。1977年仅拉萨市内生育了2个孩子后主动到医院接受节育手术的藏族干部职工就有2531人，市内涌现出了许多计划生育工作搞得好的单位和个人。

1978年国发(1978)28号文件下达后，为了进一步加强我区计划生育工作，自治区计划生育领导小组于同年4月1日召开了计划生育领导小组扩大会议，对今后如何做好全区计划生育工作进行了认真研究。5月19日自治区以藏革发(1978)29号文件批转了扩大会议形成的主要内容，向自治区呈报了《关于加强计划生育工作的请示》。自治区党委、政府要求各部门切实加强对计划生育工作的领导，要有一名书记分管此项工作，使计划生育工作落到实处；重申要建立健全计划生育办事机构，各级计划生育机构要充实加强，配备2～3名得力的办事人员。从此，自治区及各地、市直属单位计划生育办公室都配备了专兼职干部，我区计划生育工作的领导力量得到加强。又出现了一批计划生育工作搞得好的先进单位，例如，生建师四团，出生率由原来的30‰下降到1978年的12‰，晚婚率(男26岁，女24岁)达100%。

响应国家号召，综合运用法律手段与必要的经济、行政手段，奖罚分明，确保手术安全成功，努力落实计生目标。1979年元月，全国计划生育办公室主任汇报会在北京召开，会上传达了党的十一届三中全会精神，强调全党工作着重点转移到经济建设上来，要求在1980年把人口自然增长率降到10‰以下。会议还要求进一步贯彻“最好一个，最多两个”的政策，肯定了广东、天津“奖一胎、罚二胎”的做法。同年2月，我区根据中华人民共和国《宪法》第53条规定，参照国家计生委起草的《计划生育法(第一稿)》，结合西藏实际情况，起草了《关于对在藏工作的汉族干部、职工计划生育的暂行规定》，经过广泛征求群众意见，多次反复修改，自治区人民政府于1979年12月以藏政发(1979)39号文件颁发了《计划生育暂行规定》。从1980年元月开始，在我区汉族干部、职工及家属中正式实行计划生育指标限制，把出生率控制在10‰以内。藏政发(1979)39号文件规定：“鼓励生一胎，控制生二胎，杜绝生三胎。”推行计划生育以思想教育为主，辅以必要的经济和行政措施。对自愿终身只生一个孩子的夫妇在发给《独生子女证》的同时，发给一次性奖金100元，从发证之月起每月发给独生子女保健费5元至14岁为止。独生子女在同等条件下，优先入托、入园、入学，有病时优先就诊治疗，免收保育费、学杂费、医疗费。对不执行计划生育规定、不接受教育、坚持超生的夫妇，征收超生费。大力表彰积极带头终身只有一个孩子的夫妇。1980年4月15日，自治区人民政府以藏下发(1980)27号文件批转了《全区计划生育工作会议纪要》，进一步加强了我区计划生育工作机构，我继续兼任第二任办公室主任，调任次仁卓玛同志为办公室专职副主任。自治区计划生育办公室陆续配齐了5名专职干部。为了提高节育手术质量，保证受术者的健康与安全，1981年、1982年连续两年里，自治区计划生育办公室委托自治区人民医院、计划生育技术指导站举办了节育技术提高班，使全区各县计生技术指导站的工作人员都得到了培训提高，几年来全区无节育手术事故发生。

自20世纪80年代开始，在西藏，计划生育政策日益深入人心，汉、藏民族的干部群众自觉接受节育手术，越来越多的人申领独生子女证。1981年汉族干部职工独生子女领证率达68%，出生率达10.6‰，其中一胎率达70%，自觉落实节育措施的达31982人，节育率达99%。1982年独生子女领证率达84.2%，一胎率上升为1982年的78.9%。自1980年以来，在对汉族干部职工实行计划生育和进行长期的宣传教育中，许多少数民族干部、职工和群众也受到了很好的教育，不少民族干部和群众自觉实行计划生育，主动要求落实节育措施。还有的藏族干部、职工，为了使自己有充沛的精力学习与工作，坚决要求终身只生一个孩子，办理了独生子女证。据1982年统计，农牧民生育3个孩子以上的育龄妇女，要求做了绝育手术的有18000余人，有7000多名落实了节育措施。

1982年5月，为了认真贯彻中发(1982)11号文件，自治区计划生育办公室在拉萨召开了全区计划生育工作座谈会。自治区党委第一书记阴法唐同志出席了会议并作了重要讲话。他说“西藏广大人民群众积极要求实行计划生育，中央明确规定‘对于少数民族，也要提倡计划生育’，在我区藏族干部、职工和广大人民群众中开展计划生育是大势所趋，到了不能不搞的时候了。现在看来我们的计划生育控制在什么程度比较适合呢？就是：‘一、二、三、四’，汉族干部只生一胎；藏族干部、职工、城镇居民提倡一胎允许生二胎；农牧民群众提倡生二胎允许生三胎，控制生四胎；阿里、那曲等高寒边区人口稀少的农牧民群众允许生四胎。要积极做好妇幼保健工作，降低新生儿死亡率，在帮助他们发展人口的基础上作好优生优育工作。”根据阴法唐书记的讲话精神，联系当下的计生工作进展情况，我们组织了若干个工作组，深入农牧区了解不同地区、不同民族的生育状况和要求，在广泛征求了上层爱国人士、各级人大代表和政协委员以及各界群众建议、意见的基础上，结合我区的实际情况，提出了西藏自治区关于计划生育工作分类指导的意见。1983年3月8日，区党委以藏党发(1983)15号文件批准了《关于在全区开展计划生育工作的指示》，根据不同地区和不同民族情况，提出了“一、二、三、四”的具体生育要求，同时规定从1985年开始，藏族干部、职工及城镇居民使用生育指标。对于广大牧区和边缘少数民族地区，仍然是进行普及新法接生、优生优育与科学育儿的宣传教育，加强妇幼保健工作，改善医疗卫生条件，努力降低孕妇和婴儿死亡率，进一步提高妇女儿童的健康水平。

国发(1984)7号文件下达以来，我区实行了一系列优惠政策，计划生育工作的重点转移到了提高人口素质上来。藏党办(1985)1号文件规定，汉族干部、职工年满24周岁后生育第一胎，并且在孩子出生5个月内办理《独生子女证》的，允许享受产假一年，前6个月享受全工资，后6个月享受工资的80%。依据藏党发(1983)15号文件，区内藏族干部、职工夫妇双方自愿要求终身只生2胎(间隔3年)，并保证不生育3胎者，可以享受产假4个月，产假期间享受全额工资。

西藏各族经过近20年的努力，我区发展人口与计划生育工作取得了显著成绩。1985年全区总人口为1993800人，其中，男性为983636人，女性1010164人，男女分别占总人口的49.33%、50.67%，人口密度为每平方千米1.63人。

1982年全国第四次人口普查确认我区16～49岁的育龄妇女为429995人，按照平均每年人口自然增长率18.7‰测算，预计我区人口到1990年就约达到220万，2000年达到260万。那时的测算结果现在看来与实际情况基本吻合。

我应该感谢我的领导、我的同事和我的父老乡亲。自治区历届党委、政府与各地(市)县党委、政府始终高度重视我区人口与计生工作，主要领导重视、支持计划生育工作，有的领导能够亲自抓，比如日喀则地区江孜县委书记平措同志在全县推广计划生育工作的整个过程中从掌握政策到遵循原则、从明晰工作任务和工作目标到讲究工作的方式和方法，都给计生工作人员以明确指示与具体指导。全区计划生育工作建立健全了必要的领导机构和各种服务设施，后来各级计生办公室升格了，尤其保证了经费。人力、财力和物力及时到位保证了计划生育工作始终按照预定计划和目标有条不紊、循序渐进地展开，没有引起社会大的动荡，也没有给正常的生产生活秩序造成消极影响，在顺应历史发展趋势和人民群众意愿的同时较为圆满地落实了国家在西藏的发展人口与计划生育的方针政策，使西藏的人口自然增长率保持在10‰以下，稳定了人口出生率，使全区人均期望寿命由1959年的35岁提高到65～68岁。

发展人口与计划生育直接关系着人民群众的当前利益与长远利益，是决定着民族兴衰存亡的大事，它功在当世，利在千秋。我们相关部门及其领导干部肩负的责任大啊！我区的人口与计生工作始终坚持以人为本、科学决策的方针，坚持综合治理、统筹发展的思路，本着提高出生人口的素质和妇女生殖健康水平的目标，把原则性与灵活性结合起来，在宣传教育、奖励先进的同时严格执行政策，工作目标如期实现，没有因此造成干群关系紧张的局面，也没有降低政府和计生干部在人民群众中的形象。暂时的矛盾与误解渐渐地化解了、消失了，因为我们的目标和利益是一致的。现在回想起当时开展工作的一幕幕情景，我依然激动不已，由衷地感谢老领导们的支持与关心，感谢同事们齐心协力、扎实工作，更要感谢广大干部职工和各族群众的理解与配合，基层农牧民养育着我、关爱着我、相信着我、支持着我……

挂职在国家卫生部工作一年

1977 年自治区成立了几个工作组，其组成人员都是从各厅、局、委抽调的，任命我为山南地区工作组党委副书记。当时我做好了下乡的准备，把我分管的工作移交给在家的另一位副厅长。即将下乡的时候，刘思沛厅长交给我一份电报批件，是卫生部发给自治区人民政府(当时叫革命委员会)的电报，政府领导在上面作了批示：“通知次仁卓嘎参加”。看了电报批件后，我给刘厅长说，已确定让我带队下乡，我还是下乡好了，卫生部没指定非让我去，厅里可以另派人参加。刘厅长说；“自治区领导已有批示，卫生部点名叫你参加，不好改变，你还是去北京开会吧，下乡之事回来再说。”我只好服从组织上的决定，去了北京。

到了北京一开始我住在驻京办事处，不久卫生部给我安排了住处，住在卫生部机关院内。卫生部革委会扩大会议宣布我和几名司局长担任革委会委员。来自上海川沙县的赤脚医生王桂珍同志也参加了革委会，并担任了委员。不久，社会上刮起“反击右倾反案风”，卫生部开始批判老部长钱信忠同志。我在卫生部呆了近一年时间，除了参加会议就在卫生部中西结合办公室上班。没过多久，王桂珍同志担任了卫生部党组成员，说我是革委会委员、中西结合办副主任。1978 年 5 月召开了全国中西结合工作会议，我和办公室的同志一起参加了会议的筹备工作。待会议结束后，我就以贯彻会议精神为名，请假回到了西藏。从此以后，我就放弃了在卫生部工作的机会。

考入北京医科大学深造

寻求系统专业学习机会　努力做个好“老学生”

1963 年 8 月，我从甘肃省兰州西北民族学院医务系毕业，一直从事卫生行政管理工作，做厅(局)长多年。我深切感受到西藏的卫生事业同其他行业一样都在突飞猛进地发展，业务门类在逐渐增加，先进医疗设备在不断配置，新的医学模式逐步建立起来，等等。因此，我总觉得已有的知识不够用，“老本”是吃不下去的。平日里我十分注重学习，学习新的管理模式和业务知识，但是，毕竟是中专生，再说从事公共卫生事业管理需要不断补充现代管理知识，提高科学决策的能力。实践让我领悟到，作为一名成熟、成功的领导就必须具有相当的管理水平和专业能力。还有达赖为首的流亡政府在国外吹嘘他们培养了多少多少人才，诸如研究生、博士生之类，而我这个堂堂的卫生厅厅长居然是个中专生，说不过去呀！我一再反省自己，反复掂量，总觉得后劲不足，应该趁早充电，但转念一想我已人到中年，单位里就有一大摊子事，我已是说在前、干在先、说了算的一把手，自己家里孩子在读初中，丈夫本身也承担一揽子事，家里家外大事小事牵连着我，我能否离岗去学习？左思右想没有主意，就与丈夫商量。在他的鼓励与支持下，我暗下决心纵然有千难万险，也要像登山英雄那样勇往直前，绝不打退堂鼓！

1984 年 7 月底，国家卫生部崔月犁部长来藏考察工作，区党委安排我全程陪同。我向崔部长汇报了全区卫生工作情况与卫生工作规划，汇报完工作后，与崔部长闲聊时我提出去北京医科大学深造的请求。崔部长评说我的要求不过分，也很理解我的想法。后来崔部长与自治区时任书记的阴法唐同志交换了意见。不久，阴书记找我谈话，他说：“你应该去中央党校研究班学习深造。”我表示感谢党组织和区党委领导的关怀，但我是一个业务干部，应该从西藏卫生事业长远发展的角度考虑，我最需要的提高业务管理能力。阴书记微笑道：“我支持你出去学习，你就等崔部长安排吧。”崔部长回到北京 10 多天后，卫生部回话，安排我去北医学习。

因工作交接与处理手头工作，我 10 月才去北京，成为北京医科大学公共卫生学院的一名迟到的老学生。平时大班听课、大班考试，我十分珍惜学习机会，一心无挂地一头扎进教室里。每天夜半睡下，清晨 6 时起床背书，每年寒假我都放弃与家人团聚，留在北京补习功课。为了不影响卫生厅的工作，除了每个星期与卫生厅主持工作的坚村或阿登副厅长电话研究工作，我每年暑假回西藏，又一头钻到工作中，集中处理卫生厅的大事、急事，因此三年脱产学习，没有因为学习而搁置厅长职责。

我的毕业论文，是结合业务撰写的《西藏自治区卫生部门卫生技术人才的现状调查和需求预测研究》，初步运用学到的先进理念、学术前沿上的理论知识和研究方法来探讨西藏卫生事业发展过程中的重大课题，达到学以致用、理论与实践相结合的目的。该文得到了北京医科大学彭瑞骢、陈育德两位老师和同济医科大学社会医学系教授梁浩材等专家的高度评价，被评为软科学进步奖，后来获得了西藏自治区科技进步三等奖。我在校三年学习期满，顺利完成了各科学业，以平均 89 分的成绩毕业，重返卫生厅厅长的岗位。专业知识的系统学习，对我后来从事全区卫生事业的管理、高原医学研究、医学教育、医院管理、卫生经济学与公共卫生学研究等方面工作发挥了科学理论对实践的重大指导作用。

我怀寸草心，欲报三春晖。十分感谢卫生部和西藏自治区领导为我提供的再次学习机会，不只是圆了我的大学梦，更重要的是更新了我的知识、提高了我研究与管理的实际能力。全国恢复高考后，国家卫生部决定从 1993 年起从在职卫生事业管理干部中统一招录一批考生到北京医科大学公共卫生学院等全国重点院校予以培养，提高卫生事业管理干部的理论水平，我便是其中的幸运者。北京医科大学敞开双臂接纳了我，做为西藏自治区卫生厅厅长的我，从此便在医学知识的海洋中吸收着无穷无尽的营养，经受了学习知识的艰辛与获得知识的快乐。人到中年，却也激情燃烧，与 20 年前那个年轻的我相比，此时的我“年轻”似乎不减，成熟敦厚了许多，我怀抱着学到的医学知识和医学管理理论，信心百倍地回到生我养我的美丽故乡！

我的毕业论文设计

《西藏自治区卫生部门卫生技术人才的现状调查和需求预测研究》

西藏自治区卫生厅　次仁卓嘎

背景简介

我于 1984 年考入北京医科大学公共卫生学院卫生事业管理专业修业三年。1986 年毕业实习期间，重返故土西藏，触景生情，回顾西藏民主改革以来人民卫生事业的曲折发展历程与我所走过的坎坷路程，展望未来西藏卫生事业的发展远景，心中油然升起一种强烈的责任感与紧迫感，深切地感到西藏卫生事业一直在呼唤着人才，未来的发展更会求贤若渴。于是毕业实习论文选题的轮廓在我脑海中逐渐清晰。在北京医科大学公共卫生学院陈育德副教授和社会医学教研室李曼春副主任的指导下，结合我多年来从事卫生事业管理工作经验，采用科学的方法配以相应的行政措施，1986 年底我正式着手西藏自治区卫生部门卫生技术人才的现状调查和需求量预测的研究工作，前后历时半年之久，形成本文的基本内容和结构框架。

这项工作在西藏首次开展，一定意义上说为我区卫生事业管理工作填补了一项空白。

积极组织，多渠道征集研究所需的第一手资料

卫生技术人才现状与需求量预测是一项科学性极强、以统计学为基础的调查研究工作，涉及“规划论”、“对策论”、“多因素分析”等科学理论，选题的确定、资料的收集与整理、资料的分析与运用几大基础环节缺一不可，而且参加卫生技术人才现状调研工作的各地区、部门和单位，上下左右必须一个环节衔接一个环节，形成相互呼应的工作网路。

为了达到设计要求，我们相关调查人员采取了以下步骤。

明确被调查的范围及对象。对全自治区 75 个县所属区级以上的医疗卫生单位全部进行调查，对象包括所有从事医疗卫生工作的技术人员。

确定调查项目。拟定初稿，交给陈育德副教授和李曼春副主任审查修正，确定了 9 个项目，即我区卫生事业发展概况，包括经费、机构、人员、藏医藏药以及医学教育；被调查者的一般情况，如性别、年龄、民族、所在工作单位；被调查人的专业情况，如所学专业、现从事何专业、学历和技术职称；人才现状分析；人才构成；人才需求预测；需求量与拥有量的关系；人才发展规划；人才发展规划的执行。

调查工作的组织落实。行政上由卫生厅计财处和各地、市卫生局予以落实，形成全自治区的调查联络网。各地、市指定专门的调查员，负责对所在地的卫生技术人员进行逐个调查，以县为单位进行核实，以地、市为单位进行汇总，最后全部汇集到拉萨。

训练有素的调查人员和科学的评审是搞好本项工作的基本保证。本次调查研究工作以我区卫生系统技术人才情况为研究对象，这与今后人才规划的制订息息相关。众所周知，人才规划制订的依据是对人才队伍现状的准确评估与未来发展趋势的科学预测，而科学预测必须以历史唯物论所阐明的社会发展规律为理论依据，以客观存在的情况为依据，了解规律与掌握客观情况只能通过实地调查的途径。因此，被调查数据的可靠程度，直接影响我区未来卫生人才的规划与管理，混入其中相互联系与相互制约的种种因素，就会阻碍我区卫生事业的健康发展。所以借全区卫生统计汇审会议的机会，对调查员进行了专门培训。还为此拟订了30多份统计表格，我亲自逐项予以讲解，使他们了解了本项目的基本统计要领和原则，从而保证了调查工作有可能做到准确进行。同时，召集有关专家对收集上来的全部资料和数据进行反复评议与审查，以便发现问题，纠正调查过程中出现的纰漏。这些措施，对保障这次调查研究工作的完整性、科学性和实用性发挥了重要的作用。

本项工作筹划于1986年底，1987年2月25日至4月15日开展普查核实。4月20日在拉萨，对收集上来的所有资料和数据进行整理与分析，预测了全区卫生部门到1995年卫生人才的需求量和拥有量。4月下旬先后召开了3次专家及卫生行政管理人员参加的评议与决策会议，对其中不尽合理的部分予以修正(如原培训规划中有关药剂人员的培训计划不够详细)，从而制订出更为完善的1987—1995年卫生人才发展规划。

由于这种类型的研究工作，国内尚不多见，区内则是首次进行，缺乏可资借鉴的资料和研究方法，其中难免存在这样或那样的不尽人意之处。为此我们相继邀请了一些区内外享有一定声誉的专家、教授对这次研究资料进行了评阅，不吝赐教，他们提出了不少宝贵的意见。

国内外、区内外同类研究工作概况

早在20世纪60年代，荷兰就进行过医疗卫生现状与发展方面的调查研究，其范围较广泛，不仅限于人才方面。该项目促成荷兰政府成立了一个新的教育、社会服务机构，它对于荷兰政府在70年代实施全民医疗卫生保健计划发挥了很重要的作用。1982年随着荷兰工业的进一步发展，在原有计划的基础上进行了必要的修改，以使所有荷兰人都能够得到更好的医疗卫生服务。1987年提出了更为完善的方案，从而为荷兰确立2000年人人享有卫生服务计划奠定了可靠的基础。

为了切实维护全人类的卫生和健康权益以及实现2000年全球性医疗卫生计划，世界卫生组织根据各国卫生现状及其发展的预测研究，于1987年拟定了1990—1995年一般性全球卫生工作规划。这一规划就怎样提高各国的医疗卫生技术的质量、个人的防病能力，确立医疗卫生工作的重点以及各国政府、国家企业、私有企业、各种医疗卫生机构、社会救济组织如何为本国或本地区医疗卫生事业的发展而尽力等方面进行了详细论述，该文献已成为世界各国在近期内发展本国医疗卫生事业的指南。

与国外相比，我国在这方面的研究工作尚存在相当大的差距，仅从时间上来看，至少比先进国家晚了20年。在1993年的下半年，我国才着手这方面的工作，在吉林等四个省份试行卫生系统专门人才现状调查与人才预测研究。以吉林省为例，其指标与我们的项目基本相同，但缺乏针对调查研究中所发现的问题及制订相应的人才发展规划部分。我们的项目不仅具备了这一条，还明确了实施规划的具体时间。主要资料来源于1984年10月中国科协在全国范围内开展的对我国卫生事业现状调查与发展预测所取得的相关数据，其范围之广、科学性和专业性之强是我国自解放以来所未有的，但是缺乏有关西藏地区的有关资料。作为西藏本身，在医疗卫生发展史上从未有过这样大规模的有关人才资源方面的调查研究。因此，我们这一研究课题在国内处于领先、在区内医疗卫生部门中属于首例。

内容提要

党和政府对发展西藏人民卫生事业非常重视。30多年来经西藏各族人民的艰苦努力，医疗卫生事业获得了很大发展。但是，我区由于医疗卫生工作起步晚、基础薄弱等原因，三级医疗卫生网仍不健全，基层卫生组织仍不巩固，人才不足，整体医疗技术水平低，医疗设备落后，尤其紧缺德、技双馨的专业技术骨干。为了在现有基础上从宏观上调控、管理全区卫生技术人员的质量和数量，微观上做好培养与选拔任用工作，对卫生人才资源的开发、利用进行长远的科学规划，我们在全区75个县所属区级以上医疗卫生单位进行了卫生技术人才现状调查与需求量预测的研究。调查研究的结果显示如下。

我区医疗卫生事业三十年发展简况。

医疗卫生经费逐年增加。我区是全国各省、市、自治区中唯一享受全民免费医疗的地区，卫生事业经费由1980年的2611.9万元增加到1986年的5554.4万元，占自治区财政支出的6.1%，平均年增长率为13.4%。

医疗卫生机构快速发展。截止到1986年底拥有医疗卫生机构920个、床位

4938 张，专业卫生人员 8834 人，卫生技术人员 5930 人，按人口计算，卫生技术人员的配备跃居全国各省市区前列，每 1000 人中就有医疗卫生人员 2.93 名。

藏医藏药事业后继有人，藏医药研究队伍日益壮大。1959—1986 年全区先后建立了自治区藏医院和六所地区藏医院，74 个县医院设有藏医科，到 1986 年全区藏医藏药专业人员增加到 1136 人，并为我区培养了一批紧缺专业人才。

医学教育初具规模。全区各中等卫生学校、西藏藏医学院和西藏咸阳民族学院医学系先后为我区培养了卫生技术人员共 1060 名。

农牧区医疗卫生事业飞速发展。自 1964—1986 年以来，城镇卫生技术人员的配备率均以每年 30.4%的速度在增长，农牧区的增长速度更快，城乡卫生技术人员之比由 1964 年的 27.6∶1(2426/88)下降到 1986 年的 1.5∶1(5351/3483)，大大改善了农牧区医疗卫生条件，明显缩小了城乡间的差别。

人才现状不容乐观。

数量相对不足。由于我区卫生人员分布在 1 228 400 平方千米的土地上，每名卫生人员的服务面积为 170.8 平方千米，加上交通不便，相当一部分地区尤其是边远农牧区存在缺医少药的现象。

质量较差。卫生人员中无学历者占 36.39%，中专学历者占 51.45%，这两部分人占据了全区卫生人员的 88.35%。

专业配备比例失调。我区传染病发病率、病死率均占全国首位，地方病严重，但从事卫生防疫的专业人员只有 8.4%；妇女儿童为我区人口的 2/3，而妇幼保健专业人员仅占 1.89%。这两个专业具有大专以上学历者只有 15.82%。这一现状无疑地使我区卫生防疫工作和妇幼保健的发展受到了一定影响。

技术骨干流失严重。自 1981—1985 年调入的主任医师、主治医师仅 7 人，而调出的则有 150 名；大学毕业生调入 130 人，调出 101 人。5 年仅增加了 29 名大学毕业生，却流失了 143 名主任和主治医师一级卫生技术骨干，造成部分医疗卫生服务项目不能正常开展，严重消弱了我区的医疗卫生基干力量。

未来卫生人才需求的预计。在人才现状调查的基础上，根据事物发展的客观规律，结合我区发展总方针，拟订了 1986—1995 年卫生人才需求量。按照这一设想，到 1995 年底我区将需要增加卫生技术人员 1701 人和不脱产卫生人员(乡村医生、卫生员、接生员等)125 人。

未来卫生人力的拥有量与需求仍存在差距。根据 1986—1995 年卫生人才的变动规律，预计到 1995 年底我区可能拥有专业卫生人员 9572 人，卫生技术人员 6701 人。

人才发展规划。通过对我区未来卫生技术人才需求量与拥有量预测的研究，发现到 1995 年预期需求量与预期拥有量在数量上相差 661 人，主治医师以上高职称的人才则缺得更多，而且高职称人员外流也较多。在此基础上，我们制订了 1987—1995 年西藏自治区卫生部门人才发展规划。这一发展规划力图通过多种途径，如争取外省支援、增设医学院校、进一步落实知识分子政策等，达到缩小需求与拥有之间的差距。与此同时，通过拟订具体的执行计划，以确保规划能付诸实施，有效地为我区卫生事业的发展服务。

两年多里按照项目中卫生人才发展规划，已经开展了以下工作

“西藏自治区卫生部门卫生技术人才的现状调查和需求量预测研究项目”赴诸实践两年有余。在这两年多的时间里，它的推广应用情况怎样？发挥了何等的社会效益与经济效益？它能否达到预期的奋斗目标？这是我区医学界广大有识之士颇为关注的一件大事。两年多的实践证明，该项目是可行的，有其实用价值。

充分挖掘本地区培养卫生人才的潜力。利用我区现有的 4 所院校、区卫校、藏医卫生学校、区藏医医学院以及西藏咸阳民族学院医疗系，共培养 316 名卫生技术人员(不含各地区所培养的人数)。仅我区的 4 所院校就完成了规划中需增加人才的 28.99%。根据项目的要求这些院校在招生上也做了适当调整，两年多来招收了 470 名各种专业的新生。同时于 1988 年正式恢复了日喀则地区卫校，进一步提高了西藏自身培养卫生技术人员的能力。

借助区外师资加快培养人才的进度。依据国家教委、卫生部和民委共同下达的关于在全国重点医学院校开办西藏班，培育民族高级医疗卫生人才的文件精神，分别由华西医科大学、上海医科大学和北京医科大学为我区输送了 43 名医科大学毕业生，并扩大了上述几所全国医学高等院校在我区招生的数量，两年共招收了 124 名大专生和本科生。同时在山东、江西、江苏三省开办了适应不同专业的中专班，学生人数达 116 名。

两条腿走路，区内外结合，培训在职人员，改善我区卫生技术人员质量低劣的现状。253 人被送往各兄弟省市各级各类医学院参加脱产业务进修，916 人参加了区内进修或各种形式学习班、提高班的在职学习。如果算上在区内参加进修学习的基层卫生人员，全区就至少有近 1/3 的专业人员得到业务培训。

通过转正编外人员增加我区卫生技术人力，加强与稳定基层卫生队伍。由于历史的原因，我区卫生机构内有 1030 名医护人员为非正式职工。这些人有的毕业于西藏民族学院卫生班、湖南衡阳卫校、区内卫校，有的在卫生部门工作了 20 多年，他们部分地承担了基层的医疗、预防、妇幼保健、计划免疫、计划生育等技术指导工作，成为基层医疗卫生骨干。我们按照人才发展规划的精神，于 1989 年征得有关劳动人事部门同意，经过一定形式的考核、考试，从这些编外人员中择优录用和聘用了 791 名，转为国家干部，197 名转为国家工人。这样从数量上为我区增加了 988 名卫生技术人员，对改进广大农牧区的医疗卫生服务条件发挥了积极作用。

从上述四种情况可以看出，通过项目中人才发展规划的实施，在短短的两年多时间内我区卫生技术人员队伍不但素质上得到了提高，而且数量上也得到了补充。规划实施的速度快于原定计划，5 年任务在两年多时间内就完成过半，卫生人力增加的任务完成了 79%以上。这在很大程度上改变了我区广大农牧区长期缺医少药的状况，从根本上缓解了我区卫生技术人力不足、人才缺乏的严重形势，同时证明了该项目的可行性和实用性。

该项目的现实意义

一般认为，一个国家或地区医疗卫生服务质量的优劣，直接反映着该国家或地区生产力水平的高低与经济社会发展的程度，同时对社会生产力和经济社会发展具有反作用。因此，可以这样认为："西藏自治区卫生部门卫生技术人才现状调查和需求量预测研究"项目的出台与实施，不仅有助于我区医疗卫生事业的健康发展，而且将为振兴我区经济文化发挥能动作用，对其他少数民族地区有借鉴意义。

区内外有关专家教授是这样评价它的："'西藏自治区卫生部门卫生技术人才的现状调查和需求量预测研究'项目，调查设计考虑较周密，所用方法正确，在调查实施过程中注意了质量控制，所选用的指标明确具体，所获数据是可靠的。卫生人才现状调查为 1995 年卫生人才预测及制订 2000 年卫生人才发展规划提供了科学依据，具有较强的科学性；并且对促进西藏自治区卫生人才的培养，加快自治区卫生事业的发展将起到积极作用与指导意义，故具有较强的实用性与应用价值。这是西藏自治区有史以来第一份比较全面的关于卫生人才的现状调查及需求预测研究报告，对促进其他少数民族地区卫生人才的发展也具有参考价值。”

母校三位课任教师评语

附 1

次仁卓嘎同志的《西藏自治区卫生部门卫生技术人才的现状调查和需求量预测研究》一文，比较系统调查了西藏自治区卫生人才的现状，对未来发展的动态进行了初步分析，并且结合自治区卫生发展的设想提出了“七五”、“八五”期间卫生人员的需求、发展规划及相应政策措施。这项成果对西藏自治区的卫生发展有一定的参考价值，值得重视。

建议今后可以结合西藏卫生发展规划进一步再做修订补充。

北京医科大学教授 彭瑞骢

1988.01.24

附 2

评阅意见

次仁卓嘎同志撰写的《西藏自治区卫生部门卫生技术人才的现状调查和需求量预测研究》一文，收集了大量数据，对西藏卫生人力数量、素质、分布及流失等问题作了较详细的分析，做出 10 年需求预测，提出评价意见与匹配的设想，对西藏卫生人力发展，是一个较有说服力、科学根据充足、方法合理的研究成果。为西藏卫生事业发展将带来重要的社会效益。此类研究今后建议多进行，扩大到物力、财力等方面，以利于卫生工作的改革和发展。

鉴于西藏的特殊情况，本报告有些数据应留有余地(如婴儿死亡率主要是城镇资料)。有些方面如有可能的话，作深入一些的分析(如人才的素质而不只限于职称)，并可作一些典型调查以增加其深度，则更有助于改革发展卫生事业。

同济医科大学社会公共研究所教授 梁浩材

1988.01.24

附 3

对《西藏自治区卫生部门卫生技术人才的现状调查和需求量预测研究》的评审意见

《西藏自治区卫生部门卫生技术人才的现状调查和需求量预测研究》一文，调查设计考虑较周密，所用方法正确，在调查实施过程中注意质量控制，所选用的指标明确具体，所获数据是可靠的。卫生人才现状调查对 1995 年卫生人才预测及制订 2000 年卫生人才发展规划，提供了科学依据。具有较强的科学性，并且对促进西藏自治区卫生人才的培养，加速自治区卫生事业的发展将起到积极的作用与指导意义。故具有较强的实践性的应用价值。可能这是西藏自治区有史以来第一份比较全面的关注卫生人才的现状调查及需求量预测研究报告，对促进其他民族地区卫生人才发展也具有参考价值。故建议将此项研究列入西藏自治区科学技术(软科学)进步奖的评审项目。

北京医科大学副教授 陈育德

1988.01.31

■ 作者 1987 年在北京医科大学毕业时全班合影，前排左一

第三部

22 年自治区卫生厅厅长工作（下）

参加华盛顿世界初级卫生保健大会

应联合国儿童基金会执行主任詹姆•斯格兰特主席和卡尔•泰勒博士的邀请，我于1988年8月参加了联合国儿童基金会在华盛顿召开的世界卫生大会，再次有机会了解更多国家的卫生事业发展状况，向世人介绍中国西藏卫生事业发展状况，特别是中国政府给予西藏人民免费医疗政策的实施情况。在儿童基金会北京办事处和卫生部外事局的妥善安排下，我顺利地完成了参会任务。

我同字典相伴

这次出访原定带一名翻译，确定的人选是自治区人民医院的内科医师班丹大夫，但临行时他因事不能与我同行，我只好只身前往北京。当时卫生部的英语翻译随团去参加日内瓦大会了，抽不出人陪同我，而儿童基金会北京办事处已经帮我购买了前往华盛顿的机票。来不及等候翻译，我只得孤身一人去美国参加会议。由于买的飞机票不是直航，需要从北京出发途径上海、香港、西雅图、芝加哥，然后在芝加哥换机前往华盛顿。独自出国一路都感到很困惑，换乘飞机、托运行李、用餐、上卫生间、填写出入境卡片全都要使用英语。我鼓足勇气大胆地讲英语，实在想不起来的单词或不懂的生词，完全依靠字典(dictionary)帮忙。飞机到芝加哥时已是深夜，美国时间我也不知道，国内时间是第二天的凌晨，我乘坐的飞机晚点，再加上我取行李时检查特别严格，差一点错过去华盛顿的班机，我当时急了，用英语说我是(VIP)旅客，“你们为什么翻我的箱子，你们不懂(VIP)规矩？我是联合国儿童基金会邀请的客人，你们马上给泰勒博士打电话。”我把电话号码提供给机场负责检查行李的人，他接通了电话后，我听不清楚他们说了什么。那个人把电话放下，马上引领我上了飞机。

到了华盛顿机场，在出口处，我国驻华盛顿大使馆文化参赞和泰勒博士夫人玛丽(Marry)等人来接我。我看到他们高兴得差一点哭出来。那天晚上，我被安排在华盛顿大使馆住下，第二天我就到指定的宾馆报到。当然，会议期间发言和交流都用英语，泰勒博士从波士顿找来了一位藏族的职员，给我做翻译，并陪同考察，住宾馆用餐和出门全靠字典，边学边用。这些经历对我来说记忆颇深。

参加讲演会议

国际性的专业会，不像我们国内开会有开幕式、分组讨论、闭幕会等形式，会议设不同内容的讲演会，根据会议日程安排的内容，各代表可自由参加。1988年5月12日上午，指定我作大会讲演，主持者泰勒博士在我讲演之前，非常友好地向大会介绍了我的简历和西藏农牧区初级卫生保健情况。参加讲演会的约有1300余人，是本次会议参加人员最多的一次讲演会。

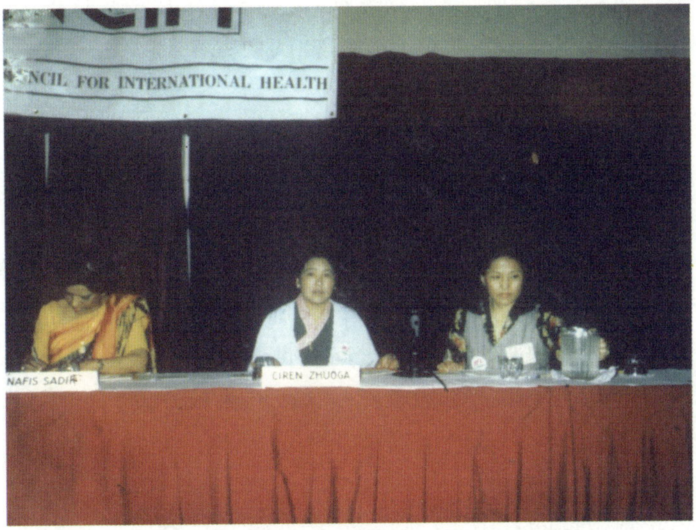

■ 作者1988年在华盛顿世界卫生大会上作报告

我从五个方面介绍了西藏的医疗卫生状况：一是贯彻“预防为主”的卫生工作方针，推广计划免疫，防治和减少传染病的情况。二是在农村牧区推广新法接生，在推动妇女儿童卫生保健与提高人口综合素质方面所做的主要工作。三是积极推进农村牧区卫生机构建设情况，基层医疗卫生工作是为普通农牧民服务的，我们把卫生事业的人力、经费、医疗器械重点放在农牧区基层，把卫生技术培训等作为卫生工作的重点。四是发挥传统藏医藏药的优势，发展具有西藏特色的社会主义卫生事业。传统的藏医藏药，是我区卫生事业的宝贵资源，深受藏族人民的喜爱。在巩固与适当发展地市级藏医院的基础上，政府进一步加强县医院藏医科的建设。为了不断满足农牧民群众看藏医的需要，我们将大力发展基层的藏医藏药事业，在区、乡卫生组织中培养一大批藏医人才，拟于1990年前后，争取为每个乡培养一名藏医。逐步使基层卫生人员学会运用藏医藏药或藏西医结合的方法为群众防病治病。五是加强高原医学研究工作。高原医学及其理论研究，是我区卫生事业中的一大优势，因为西藏高原是世界上海拔最高的地区，进行高原医学研究，我们不仅具备有利的自然条件，而且有一支从事高原医学研究的队伍。讲演过程中使用了投影、幻灯片，图文结合，声情并茂，得到了各国朋友和大会执行主席的很高评价。

4 天的会议期间，约有 30 多个与会组织同我进行了友好交流，话题围绕着西藏的基础卫生服务及目前西藏开放政策等情况。我在华盛顿期间去了巴尔的摩作讲演，现场回答了听众的提问，共讲演 4 次，反映都很好，有许多学者表示愿意资助西藏发展儿童健康事业或流行病学等方面的研究。对于这些我都表示了感谢，并表示愿意进行项目合作。

在本次大会上，我与达赖流亡政府的“卫生官员”进行了针锋相对的斗争。大会日程表安排了另一个讲演会，会上有一个所谓的“西藏代表”发言。但是，这次会上只有我一个中国西藏代表，怎么会还有一个代表发言呢？我怕自己看错了日程，就请翻译给我译出题目和发言人的名字，结果是流亡政府派来的从印度达拉木萨尔来的人，叫待本•格桑(女)，不仅参加本次大会，还被授权在大会上作讲演。我认为这是对中国的鄙视。我马上向大使馆作了汇报，王参赞向泰勒博士提出了我方立场，泰勒博士本人不知有此安排，在会议期间一方面向我大使馆表示道歉，另一方面把待本•格桑的讲演改为个人发言，而且听会人数也不多，大大减少了一些负面影响。

除此之外，我在会议期间利用一切机会宣传西藏，广交朋友，为在高原进行医学研究寻觅合作伙伴，共同为人类健康事业做出贡献。

放弃去美国霍普金斯大学深造的机会

会议结束后，联合国儿童基金会驻北京办事处主任泰勒博士建议我到马里兰州(巴尔的摩)的霍普金斯大学参观学习。当我到该大学的公共卫生系参观时，有一位华人周教授向我介绍了相关情况。中午在大学餐厅吃饭时，周教授问我“你愿不愿意留下来学习，如果你愿意的话，我可以帮你申请助学金。”我回答说，我非常愿意深造提高，这种机会是求之不得的，但我是国家干部，组织上同意不同意待我回国后才能确定，并对周教授的关心表示了谢意。泰勒博士说：“卓嘎，你的回答很棒！我怕你真留下来呢！”有一次，泰勒博士问我，“你在西藏最喜欢的是什么？”我回答：“我最喜欢西藏的蓝天白云。”泰勒博士说，曾经也这样问过西藏的××××女士，她说最喜欢的是她的儿子。他还开玩笑地说，“你及格了。”后来，我回到西藏差不多半年后，周教授通过北京医科大学的陈育德教授（我在北京医科大学公共卫生系求学时的老师）写信，说助学金有着落了，问我来不来学习。后来我跟陈老师说，我不再考虑去霍普金斯大学学习了，请陈老师帮我给周教授回个话，并表示感谢。我一直认为我是党培养多年的民族干部，而达赖流亡政府在国外搞反华活动那么猖狂，谁知道会发生什么事。因此，出国学习之事再没有考虑过，等于回绝了。

在儿童基金会和卫生部外事局的妥善安排下，我顺利地完成了参会的任务。由于得到格兰特博士和泰勒博士的关照，所到之处都受到热情的接待，作为个人我了解了发展中国家的基层卫生发展情况，开阔了眼界，同时有机会向各国朋友介绍西藏卫生服务的情况及其他方面的真实情况，使许多人真实了解到中央政府在西藏所采取的优惠政策以及西藏所取得的进步与发展。

我国驻美大使馆非常重视我来参加本次国际性卫生大会，特别是面对面介绍西藏的卫生工作情况、民族政策、西藏宗教、旅游资源开发，等等。大使馆专门派王参赞等 3 位同志临场听讲我的报告，韩大使在百忙中接见了儿童基金会官员和我，在大使馆官邸设宴款待我们一行。泰勒博士和世界卫生组织的总干事马勒博士等也应邀赴宴。

■ 作者 1988 年在华盛顿大使馆，同韩大使、马勒博士等人共用晚餐

我深深感到这不仅仅是对我个人的厚爱，而且是对西藏工作的高度重视，也是对西藏人民的关怀与支持。我在体验着责任感与使命感的同时，也沉浸在温馨与自豪感之中。

出席第二十八届世界卫生大会

第二十八届世界卫生大会(WHO)于1975年5月9～30日在瑞士日内瓦召开，我国政府决定派代表团参加。经批准，代表团团长由卫生部党组成员办公厅主任陈致明担任，副团长由驻日内瓦代办处王代办担任，团员由卫生部外事办朱兴国(副局长)、曹永林、张才玉、次仁卓嘎(西藏)、曹小丁(上海)、吴钟浩教授组成。1975年5月3日卫生部钱信忠部长听取了代表团准备情况，并对政治性较强的几个问题提出了明确要求。

本次大会的主题：讨论、通过世界卫生大会1973年的规划执行情况和1977年预算；给中东难民的卫生援助问题；人类健康与环境计划；政府所在地不在非洲区的会员参加非洲区委员会的问题；加强民族卫生事业；讨论生物医学研究、癌症研究的国际合作、杀虫剂分类、抗症计划的进展、预防治疗等业务问题。除此之外，参加甲、乙委员会研究的议题。

1975年5月8日，日内瓦临时代办处召开全体代表团成员会议，陈主任介绍了国内为会议准备的情况，明确了我们要做的几件事：一是大会上我们有两人发言，二是在南、北越南入会问题上的态度，三是在柬埔寨入会恢复席位等问题上统一口径。王代办提出，西藏问题是各国参会代表感兴趣的，可能有人会问一些问题，应做些准备。当时对代表团成员做了适当分工，关于北越入会支持、反对以色列的援助、民族解放、核试验、民族卫生事业分别由陈主任、曹永林、张才玉、朱兴国和我发言。

5月15日，世界卫生大会甲委员会开会，其内容是选举大会副主席、审议两年预算、执委会规划预算计划，还讨论卫生服务加强问题。会议讨论时有一位代表问我，“你从西藏来，对这里有什么印象?”瑞士有来自西藏的“难民”，世界卫生大会把流亡政府及流散藏人当作“难民”。对此，我们当场按国内的统一口径作了说明。我们在20多天的时间里，无论在会议期间还是在交往集会、酒会上，始终严格执行国内要求，按照外事纪律办事，可以说圆满完成了任务。

我的收获与感想。

WHO 的会议与其说是业务性会议不如说是联合国的会议，政治性很强。一是 WHO 实际是由美、苏两个大国控制与利用的，中东难民卫生救援美苏说了算，围绕南、北越南入会、柬埔寨入会恢复席位支持、诺罗敦·西哈努克还是洪森集团等问题的斗争尖锐复杂。二是 WHO 工作文件中有关中国卫生工作的提法不妥，有些存在着严重的政治问题，比如关于中国大陆领土“两个中国”的提法、“毛主义”的提法，更有甚者把香港列入国家之列。对此我们提出了正严抗议。当时中国代表团做出了声明，提出更改的发言和文件。三是把流亡的藏人称为“难民”。我们当场说明了这些流亡分子是 1959 年西藏发生叛乱时，他们叛国而逃往国外的，有些人至今闹“西藏独立”，公然背叛中华大家庭，根本不是难民；如果把这些人按难民对待，就是对中国内政的干涉。

中国代表团中有人对来自西藏的代表感到好奇。当时祖国处在改革开放之前，很多内地人对西藏了解得太少，就是知道一点也只能算是皮毛，或是片面了解，或是了解多于误解。无论在会议上还是在招待酒会上，有人问了诸如“西藏人口有多少、搞不搞计划生育”、“西藏文化教育普及情况怎样”、“西藏人有宗教自由吗”、“西藏卫生普及情况如何”、“西藏藏医有多少、怎么治病”、“西藏有高山病研究所吗”，等等。我本人一直在西藏工作生活，从事了多年卫生管理与计划生育，况且西藏新旧社会的情况，在我脑海中打着深刻的烙印，所以对以上的问题，我对答如流。当然，我事先做了充分的准备，可以说有备而来，因此难不倒我。

参加世界卫生大会开阔了眼界。首先是了解到世界卫生组织的产生与发展简况。它 1948 年 6 月成立，我国 1972 年 5 月 10 日开始参加它的活动。那时该组织共有 136 个会员国，3 个准会员国，总部设在日内瓦，大会是该组织的最高权力机构，每年 5 月举行一次，还召开一次执委会，当时的总干事是马勒博士。世界卫生组织的前身是 1907 年在法国巴黎成立的国际公共卫生局和 1920 年在日内瓦成立的国际联盟卫生组织。1946 年在美国旧金山举行的第一届联合国大会，决定成立世界卫生组织，同年在纽约举行了国际卫生会议，通过了《世界卫生组织组织法》。1948 年 6 月，世界卫生组织在日内瓦举行了第一届卫生大会，修订了《国际卫生条例》和《国际疾病分类法》。其次是认识了世界卫生组织的主要活动和所谓的宗旨。当时世界卫生组织标榜的宗旨是：提高世界人民的健康水平；承担国际卫生工作的指导与协调责任；协助各国政府加强卫生业务，提供技术援助并在紧急情况下给予必要的医疗卫生救护救济；促进流行病、地方病及其他疾病的防治工作；增进营养，改善环境卫生，保证食品安全；监督执行生物制品与药物国际卫生标准，等等。再次是知道了世界卫生组织会员国每年都要交纳会费，我国交的会费不少，当时是按 5.3%交的。而我国对世界卫生组织的资源利用却很少。世界卫生组织集中了大量的人才，消费了大量的经费，编译出版了大量的印刷品，如有流行病学和人口学的专著，世界各国的生命统计和卫生事业统计年报、世界医学院校指南、国际药典、国际疾病分类法、国际饮水卫生标准，还有公共卫生学的专题评论，调查报告等书籍，以及大量相关的参考材料。会员国不交钱随便可以拿走这些资料。当时我感到很纳闷，有些书籍我们的医疗单位可以借鉴，可以为我所用，我们为什么不利用呢？

借世界卫生组织大会这个舞台，对外做了宣传。当时的世界卫生组织屈从美国的意志，在恢复我国代表权问题上玩弄“两个中国，一中一台”的阴谋，对此我们做了坚决的斗争；WHO 把流亡分子说成“难民”，我们予以理直气壮地回击；用大量数据和我亲身经历的事实宣传了中国政府的民族政策与宗教信仰自由政策，讲述了西藏民族卫生事业的发展历程及其丰富成果。

出席世界卫生大会对我后来的卫生管理工作帮助与启发很大。比如，如何加强基层卫生工作，促进人人享有卫生保健；如何加强医学教育，培养更多的社区医生(相当于我国的赤脚医生)；根据西藏高原特点，制订了高山病的研究方案，很快建立了西藏自治区高山病研究所(医科所)；摸清了与外界开展医学交流、接收国际援助项目(如联合国儿童基金会项目)的基本路径。

作为西藏代表参加第四次世界妇女大会

有幸作为一名中国西藏的妇女代表出席第四次世界妇女大会，参加中国代表团和非政府组织(Non-governmental organization)妇女论坛的相关活动，是我一生最难忘的经历，当时的许多情景至今历历在目。自治区政府派出由 56 位区内各族各界妇女代表组成的西藏代表团，参加了大会的辅会——非政府组织妇女论坛。这对绝大多数的西藏妇女来说是第一次。非政府组织妇女论坛的活动方式是很灵活的，除了正规的大小会议发言外，还伴有歌舞表演、诗朗诵、作画、书法、游行，甚至手工艺品展卖等活动。这些都有效地表达了妇女会的主题与次题。

引人注目的藏式帐篷

北京1995年非政府组织妇女论坛是20世纪规模空前的一次全球性的妇女盛会，来自世界近200个国家和地区的2000多个社会组织3万多名妇女聚集在北京怀柔县。怀柔县城内设有一百多个会场，在8月30日至9月8日10天时间里，举行了5000多场各类活动，向世界展示了当代妇女的风采。

在妇女论坛的主会场上，有一顶鲜艳的、颇具民族特色的藏式大帐篷，格外引人注目。这顶帐篷是在拉萨制作、被西藏代表团带到怀柔来的，帐篷内设立了小型图片展，最高的立柱上飘扬着一面五星红旗，这成了怀柔妇女论坛期间人们最为关注的会场之一，几乎所有参加妇女论坛的代表都到过这里参观、留影，仅我们在帐篷内接待过的国内外客人就达25000余人。蒙盖拉夫人是第四次世界妇女大会的秘书长，这位著名的世界妇女活动家的情况我们从报刊上略知一二，她的风采我们在电视荧屏上、宴会上目睹过，但意想不到的是她竟然兴致勃勃来到西藏帐篷里，微笑着与大家面对面地交流。西藏的姐妹们，按照藏族礼节向她敬献了洁白的哈达，表达了西藏妇女的深厚情谊。国家各部委的领导人彭佩云、尉健行、李源潮、何鲁丽、李肇星、徐志坚、李德洙、刘延东、图道多吉、刘海荣、华福周、阿沛•才旦卓嘎等同志，都曾到过西藏帐篷，亲切看望西藏各族妇女代表。西藏姐妹们在帐篷里与国内外的来宾一起座谈、唱歌、跳舞。帐篷成了我们讨论妇女问题、向世人介绍西藏地区和西藏妇女、广交朋友的独特场所。

围绕着“平等、和平、发展”的主题，我们分别于9月3日上午和4日下午，成功地举办了“西藏自治区人口与健康”、“西藏自治区妇女发展”两场讨论会，部分国家或地区的与会者和中外记者约300人参加了讨论会。因为会场容纳量有限，许多人是站着听会的。两场论坛会由我主持，西藏的9位姐妹发言，她们从不同侧面实事求是地介绍了人们所关注的西藏的人口、妇女儿童保健、教育、就业、参政、权益、养老等方面的情况，同时表示了西藏妇女对实施《内罗毕战略》、对世界妇女问题的关切。我们的发言一经结束，与会者及中外记者提出了各种问题，西藏妇女代表一一作了回答。当时有两名巴西妇女立即站出来说：“我们很高兴能来北京，参加非政府组织妇女论坛会。我们对中国怀有美好的感情。我们相信你们所叙述的事实，我们愿意同西藏妇女建立友谊。”美国新一代基金会官员、美籍华人苏君伟女士和联合国儿童、人口基金会西藏项目负责人苏珊女士，都发言表示：“我们曾多次到过西藏，而且是到农村牧区基层。我们了解那里的情形。应该让西藏的妇女们陈述那里的事实，因为生活在那里的她们，才最有发言权。我们也深信，中国政府完全有能力解决好西藏的问题。”

9 月 4 日下午，西藏代表团召开了有 150 多名中外记者参加的新闻发布会。

我是主旨发言人，在会上介绍了 1959 年以前西藏及其西藏妇女的状况，现在西藏人民所享有的各项权利，回答了中外记者提出的问题。有记者问：“西藏为何推行堕胎？”我回答：“西藏并没有搞堕胎。但为了妇女和儿童的健康，我们在藏族和其他少数民族中提倡有间隔地生育孩子。”有记者问：“来自境外的西藏妇女在非政府组织妇女论坛上是否受到限制？她们有什么目的？”我回答：“这里是非政府组织妇女论坛会，谁想到哪里就到哪里，谁也不会受到限制。相反，我们还邀请那几位流亡妇女到我们西藏帐篷来做客，她们至今也没有来。她们不敢用藏语同我们交谈。实际上是少数外国人阻止她们与我们接触，并操纵她们搞‘西藏独立’、散布分裂中国的言论。”又有记者问：“为什么别的省不开新闻发布会，只有你们西藏开新闻发布会？”我答：“据我所知，在非政府组织妇女论坛会场还有香港帐篷，香港的姊妹们曾召开过新闻发布会。你不知道吗？”

西藏代表团还分别于 9 月 7 日、8 日上午在西藏帐篷旁边举办了大型的西藏民族歌舞露天演唱会，著名歌唱家才旦卓玛、德西美朵为大家演唱，闻声前来的中外代表络绎不绝。他们和西藏的代表们手拉手，欢快地跳舞，把演唱会的气氛推向了高潮，加深了与国内外妇女间的了解与友情。风情独特的藏族歌舞真切地反映了当代西藏妇女热爱生活、热爱和平的愿望与奋发向上的精神风貌。当露天演唱会快要结束的时候，西藏妇女打出了“坚决反对藏独分子的分裂活动”的横幅，再次表明了我们西藏妇女的严正立场。一位来自克罗地亚的前南斯拉夫联邦的妇女，恳切地对我们说：“你们有这样和平安宁的环境真好。我们以前也很好，但现在我们的国家和人民饱受战乱之苦，我们渴望和平。”还有两位新西兰妇女专门到西藏帐篷来，把一条毛毯送给西藏代表团团长说：“我们把这条亲手织的羊毛毯送给世界屋脊上的妇女，表达我们对西藏姐妹的心意。”

难忘的较量

北京怀柔非政府组织妇女论坛也混入了少数“流亡政府妇女代表”，她们在一小撮外国反华分子的唆使下攻击东道国，从事丑化中国的活动。她们到处游说，造谣滋事，妄图煽动一些不明真相的妇女参与他们的反华活动。西藏妇女代表同少数分裂分子进行了坚决的斗争。

1995 年 9 月 2 日上午，有几个外国妇女和少数流亡妇女以青年联合会的名义，举办了所谓的“西藏妇女与发展”论坛，他们肆意捏造谎言，在人权、计划生育、环境保护、核试验等方面恶毒攻击中国。一名年轻的流亡妇女厚颜无耻地向众人讲述了她被“10 个中国士兵强暴”的所谓“事实”。我们西藏团的代表遵守论坛规则，等待他们发言结束。主讲人是几个英语讲得流利的年轻藏人，还有两个从纽约来的西方女人。她们的发言把西藏描述得一塌糊涂，很是凄惨。我们听着气得发抖，我给英语翻译东育说，我要发言你做好翻译。我们俩一起站起来，往讲台走去。但是主持人不允许，并对讲台的听众说我不是主讲人，阻拦我反击演讲，只允许提问。我就提问那几个流亡女青年，“你们出生在哪里？”“你们去过西藏吗？”“这些谎言是从哪里听来的？”“我们出生在西藏，生活在西藏，谈西藏的事情我们才最有发言权，你们所说的这些纯属谣言！你们说你们是藏人，为什么不说藏语，你们看着你们背后那几个美国人的脸色讲话。我看你们真是可悲，连说话的权利都被剥夺了，还谈什么人权呀！”这时候，那几个流亡妇女用手帕捂住嘴，后来才知道那是剥夺发言权的意思。我在第一时间里第一个站起来驳斥她们，用事实揭穿她们的谎言，我们决不允许任何外国人以“西藏问题”、“人权问题”为借口，粗暴诽谤与干涉中国内政。我在抢到主席台前发言时，有几个美国妇女强行堵住通道，蛮横阻拦我团的翻译上台，还暗中打了翻译的后背，激起了中国代表齐声质问。在一片责问声中，中国代表奋力把翻译东育同志送到了主席台前，及时将我的发言翻译给大家。我们的发言赢得了绝大多数人的掌声与喝彩声。这时，我团代表向流亡妇女提出：“你们既然是藏族，我们希望你们用藏语同我们对话。”那一伙人见势不妙，就赶快双手合十，以念经来掩饰自己的心虚。主持人见状急忙宣布论坛会结束。

在那之前的9月1日上午，我团的其美和次仁卓玛两位代表，遇到两名美籍和澳籍的流亡妇女。她们挑衅地说：“西藏没有人权，没有自由。”其美驳斥道：“我们现在享有有史以来最充分的人权和自由。如果没有自由，我们怎么能来参加世妇会？”次仁卓玛说：“我是奴隶出身，要说没有人权，1959年以前我们确实没有一点人权。”那两名流亡妇女见一计不成，又生一计，她们开始述说她们背井离乡的遭遇。其美答道：“你们背井离乡是自找的。你们不爱家乡，不但不回来为家乡做些有益的事，反而去做损害西藏和西藏人民利益的事。”说得两人哑口无言。

■ 作者与中国政府代表团部分成员合影（右一为作者）

我们在跟流亡藏独分子进行针锋相对斗争的同时，坚持了“有理、有利、有节”的原则。无论何时何地，我们对流亡妇女都表示：欢迎她们到西藏帐篷来做客，我们乐意向她们介绍西藏的真实情况。我记得9月8日那天，有一个流亡藏族妇女跑到我们的帐篷里进行煽动，说我们妇女代表中的尼姑是假的，漂亮的藏装是政府发的，所有的发言是汉人教的，等等。对此，我们姐妹们并没有怒目相斥，而是以一件件、一桩桩的具体事例来表达我们对党、对新社会的感激之情。这种动之以情、晓之以理的方式，取得了良好的效果。这位流亡妇女一开始很嚣张，最后只好悻悻离去。其他的流亡妇女就没敢到西藏帐篷里来。通过几天的论坛，我深深体会到参加妇女论坛的绝大多数人，是怀着美好的愿望来到中国参加此项活动的，但也有个别不怀好意的人，利用论坛进行造谣、传谣，扰乱论坛的和谐秩序，并粗暴阻拦明了事实的人站出来澄清事实，让各国妇女代表见证了国际反华势力的丑恶嘴脸。

参与是一种幸福。第四次世界妇女大会是联合国在世纪之交举行的最大规模的国际妇女大会，是全世界妇女发展史上新的里程碑，简称“北京世妇会”。经过出席会议的全世界197个国家和地区17600余名代表的共同努力，顺利通过了标志世界妇女运动新纪元的《北京宣言》和《行动纲领》。

中国政府代表团有83位代表，其中妇女代表66名、男性代表15名，代表团团长是陈慕华大姐，常务副团长是彭佩云，副团长有何鲁丽、李肇星、黄启璪、李源潮、王淑贤、王光亚等同志，李肇星是代表团的秘书长。我作为世妇会中国政府代表团成员中唯一的西藏藏族代表，感受到身为中国妇女的自豪与幸福。这是我一生中难得的经历，留下了终身难忘的印象，这不仅是我个人的荣誉，而且是包括西藏妇女在内的中国广大妇女的荣誉。联合国世界妇女大会开幕于1995年9月4日，闭幕于15日，会议的主题是“以行动谋求平等、发展与和平”，次主题为“健康、教育和就业”。

因为我担任了非政府组织西藏妇女代表团团长，妇女论坛会上的斗争较为复杂、组织任务较为繁重，所以我把主要精力放在了非政府组织妇女论坛会上。9月8日妇女论坛会结束后，我就从9月9日开始出席世界妇女大会，参加中国政府代表团的各项活动。当然，参会期间有些重大的活动需要交叉参与。比如，9月4日为了庆祝第四次世界妇女大会在北京召开，我国政府在人民大会堂举行了盛大的欢迎仪式。美国前总统克林顿的夫人以及其他国家元首夫人出席了欢迎仪式。我作为东道国成员之一，出席了欢迎仪式及当天下午3时在国际会议中心举行的开幕式，并于当晚赴了李鹏总理在钓鱼台国宾馆设的晚宴。9月5日，参加了陈慕华团长在人民大会堂宴会厅举行的宴请各国妇女代表的宴会。我们于9月4～13日参加大会一般性辩论。中国代表团每天上午9时45分在国际会议中心第三展厅举行吹风会，约半个小时，交流每天参加会议的情况。世界妇女大会由联合国185个成员国出席会议，其中与我国建交的有156个国家，还有常任联合国观察员 3 个(瑞士、梵蒂冈、巴勒斯坦)。参加怀柔论坛的那几个女“藏独分子”也参加各个专题小组会，我再次与她们在不同的场合进行面对面地辩论。在世界妇女大会的各专题会上她们不敢嚣张，最后看到我们就绕道走。9 月 11 日全天，团里安排我参加“妇女发展、人口基金、科教文”的讨论，并在讨论会上发言，介绍西藏妇女发展与受教育等有关情况，回答与会记者的提问。9 月 14 日，团里安排我和其他团员一起参加两个论坛会，即“性别发展”和“妇女与媒体”的论坛会。

参会小结如下

首先，我曾经饱受旧西藏封建农奴制度苦难的女奴，如今作为新西藏妇女代表，穿着鲜艳的民族服饰，出现在人民大会堂宴会厅、钓鱼台国宾馆芳菲苑和国际会议中心的开幕式上，堂堂正正站在世界政治舞台上，面对世界各国各地区的政要，面向操着不同语言、身着形形色色民族服装的女性同类，讲述我家乡的故事，抒发百万农奴在社会主义中国当家做主的自豪感，我感到扬眉吐气，体验从未有过的激动与惊喜。同时感到，一个真正实现了男女平等的中国屹立在世界的东方，生活在新中国的妇女是无比幸福的。

北京怀柔设有一百多个室内会场与帐篷会场，每一个会场就是一个论坛，每天要召开 5～6 个专题论坛会。我们每天接待、处理西藏帐篷内发生的一系列的事件，还组织一部分姐妹到各个帐篷会场走一走，看一看、听一听别的论坛情况，有的姐妹还去资料中心了解情况。通过几天的非政府组织妇女论坛，我感受到咱中国政府承办的这次国际盛会是多么不容易啊！北京世妇会和非政府组织组委会的工作有条不紊，所有的工作那么严谨、出色，真是令我们倍感骄傲。

其次，中国妇女代表在大会、小会上紧扣世界妇女大会的主题和次题，严肃认真地参与各个活动场合的讨论，采用多种形式来展示新中国妇女的精神面貌。无论在非政府组织妇女论坛会上，还是在国际会议中心的世妇会上以及其他会场内外的墙壁上、帐篷的柱子上，到处都贴满了各种各样的标语、条幅、资料和图片，论坛区域内每天都有歌舞，处处显示着社会主义制度的优越性、中国共产党领导的英明、党和政府对妇女的无限关怀。因此，在世妇会和非政府组织妇女论坛会期间，所有中国妇女在为实现真正意义上的男女平等而倍感幸福与喜悦。当然，我们心中也一次次涌起义愤与悲哀的情潮。在世妇会上我们又遇上了妇女论坛会上的那几个藏独分子和她们背后的那几个美国妇女。她们在妇女论坛会上没形成气候，却不甘心失败，企图在世妇会的各个小组讨论会上卷土重来，用同样的陈词滥调攻击、诬蔑、诋毁我国现行的劳动就业、教育、计划生育、少数民族人权等政策措施。这令我们极为愤慨，我们同样有理有据、义正辞严地进行反击，而那些流亡藏独分子不敢与我们正面接触，也不敢用藏语与我们说话，更不敢与我们辩论，因为她们背后总是有那几个外国妇女跟着，看到与我们碰面时，赶紧命令她们“Go!”

再次，令人不能忘怀的是，我们西藏妇女在论坛会上，对于维护妇女权益、提高妇女地位方面的问题用自己的亲身经历与成长过程来说明当今西藏广大妇女地位提高、过着幸福生活。轻松愉快地陈述妇女发展同整个人类社会发展与进步的紧密关系，向世人介绍西藏妇女参与创造物质财富和精神财富，同时享受着两个文明成果的真实情况。我记得当时参加一个论坛会，妇女们对男女不平等现象的揭发令人触目惊心。有一位非洲妇女愤怒地告诉参会姐妹们，在她们那里有一首“女人从来是蠢货”的流行曲，把妇女贬低得一无是处。当一位印度妇女流着泪水述说，在印度，妇女因嫁妆短缺而遭丈夫害死，以及妻子为丈夫殉葬等野蛮行为时，会场上顿时气氛紧张而又凝重。她连声说中国妇女“Good! Very Good!”

还有，党和国家高度重视西藏妇女出席北京世妇会非政府组织妇女论坛，自治区党委、政府也十分重视并安排必要的资金投入。由于自治区内正准备庆祝西藏自治区成立30周年，组织领导世妇会及妇女论坛西藏代表团的工作就交给我负责。我们到了北京后受到中央统战部、全国妇联等部门热情接待。为了加强并组织好这次西藏妇女代表团的工作，他们还临时组建了西藏妇女代表团工作领导小组，组长是国家民委李德柱主任，副组长由我和全国妇联书记处书记华富周同志担任，统战部毕华同志作为成员(联络员)。妇女论坛的时间恰恰与西藏自治区成立30周年的庆典活动时间重合，因李德柱主任需参加西藏自治区30周年庆典活动的中央代表团，所以在妇女论坛期间，组织、领导和处理应急问题等工作就落在我和华富周同志身上。好在我们西藏妇女代表多数是各条战线上的骨干，大家团结一致，互助支持，取长补短，每个人都积极参与论坛会，主动地广交朋友，增进友谊，努力完成肩负的各项任务。大家轮流在帐篷里值班，接待各方来客，主动介绍西藏的情况，特别是每天7点钟从北京和平里招待所出发，晚上10点才返回和平里招待所，中午没有午休，但是大家都能克服困难坚持到底，谁也不肯离去或偷懒，参加论坛发言的同志认真准备发言稿。设在北京怀柔的西藏妇女代表团的帐篷可谓扬名一世，我们在帐篷里每天都播放动听的西藏民族歌曲，还有电视轮着播放西藏新旧对比的宣传磁盘，有时我们随着音乐的节奏跳起民族舞蹈，周围的人一个跟一个地参加进来，和着节拍起舞，大家眷恋着这种氛围。有一次，我们组织西藏的妇女姐妹赶往国际帐篷里，我们赶到时，也有人唱歌跳舞，可是多数人看少数人跳，没有形成合拍，我们姐妹到那里，著名的歌唱家才旦卓玛大姐和德西美朵一起高歌嘹亮，姐妹们随着载歌载舞，当时北京市的领导同志陪同蒙盖拉夫人一起观看。优美的歌声博得观众一阵阵的热烈的掌声，我虽不是歌手，却乐于滥竽充数在其中，还不时地充当了主持人，活跃了会场的气氛。由于大家共同努力，几乎每天都有组委会表扬西藏妇女的消息。

自治区党委、政府让我当团长，这是对我的信任，我不能辜负组织上的期望。因此，我肯定会加倍努力，每天除坚持同大家一样参加妇女论坛活动外，还要向妇女论坛组委会汇报每天活动情况，并将组委会的要求和部署向大家传达，同时研究安排每天的活动计划与重点参加论坛会的人员。其余时间就在帐篷中值班，接待各方来客，处理一些应急事务。

无论是在北京怀柔的妇女论坛会上还是在北京世妇会中国政府代表团的各项活动中，因我出色完成了所交办的任务，所以得到了非政府组织妇女论坛中国组委会的多次表扬，也受到了中国政府代表团的嘉奖。

奉命接待韩淑英女士等来藏的外国客人

1974 年西藏自治区对外友协正式成立，我当选为友协理事。担任理事以来，从卫生系统角度积极参与对外友协的活动，配合对外友协办公室的工作，曾接待与陪同美国、加拿大、哥伦比亚的客人考察西藏。1975 年 10 月，自治区外事办和友协办接到外交部和中国友协的通知：经中央批准，韩淑英女士(英国籍的女记者)来西藏采访，“她对中国较友好，让西藏热情接待，满足其要求”。

自治区外事办和友协办，在给自治区呈报的接待方案中称，要求我以对外友协理事身份负责接待并全程陪同。自治区党委批准了外办拟定的接待方案。1975 年 10 月 14 日下午，区党委书记天宝把我叫到他的办公室，详细交待了接待要求。书记叮嘱：“这次叫你负责韩女士的接待并全程陪同是党委决定的，你要顺利圆满地完成接待任务。”他还说韩女士是中国人民的朋友，要热情友好地接待，下基层要注意交通安全。我那时是卫生厅副厅长，回到厅里向刘恩沛厅长作了汇报，并把我所分管工作做了安排，就正式接手韩女士的接待工作。

韩女士这次来藏采访的主要任务是：了解西藏民主改革、西藏妇女解放情况、西藏农牧区医疗卫生和农村赤脚医生工作及受教育等有关情况，顺便参观西藏的名胜古迹。除了安排相关的座谈采访外，还安排到农牧区实地走访。热情周到的安排，满足了其采访要求，又做到了内外有别。韩淑英女士汉语讲得很好，我在陪同中尽可能地提供方便，主动介绍有关情况，严格按上级要求做到既热情又不卑不亢。她在西藏采访结束时，一再表示感谢。

中国对外友协的客人哥伦比亚友协主席来藏观光旅游时，也是由我来接待陪同的。

由于圆满完成接待外宾任务，中国对外友协组织访团到美国、哥伦比亚访问时，外方邀请名单中有我的名字。担任友协理事期间，我认真履行了理事的职责。

我区卫生外事工作后来居上

与各国卫生组织广交朋友，以积极的姿态融进世界卫生事业大环境里，学来他人之长弥补自己之短，巧借外力发展自己。所谓“好风凭借力，送我上青云”。

1980 年以前，我区卫生系统的外事工作长期处于封闭或半封闭状态，医学领域基本上不对外交往；作为卫生厅厅长，我的思想还没有解放，改革开放的步伐没有迈开。但是，我区用于卫生事业的资金本来就很有限，眼瞅着外面的援助项目引不来；我区的卫生事业本来就很落后，而人类医学事业发展的先进成果不能共享。经过自我反省之后，1989 年 10 月，我们正式决定成立卫生厅科教外事处。经上级批准解决了编制和从我区卫生系统内部调配人员问题，便迅速展开了外事工作。先后接待了美、英、日、德、荷兰、瑞士、丹麦、加拿大、比利时等国家及我国香港地区来藏的医疗访问团和考察团组 20 多个，100 多位来宾；同时我们组团先后 8 批、共 20 余人，出访了美国、加拿大、日本、尼泊尔等国家及中国香港地区，建立了相互联系，增进了彼此间的了解与友谊，进而推动双边在医学领域的广泛合作与交流。自治区第一人民医院与美国卡罗拉多大学的心肺研究中心开展了“高原人适应能力研究”，我方借次机会选派 2 名专业人员赴美学习深造；自治区第二人民医院与英国伦敦大学的心脏病研究生开展了“慢性高原病临床研究”；美国医学基金会向我自治区卫校提供部分医学教育器材援助；我自治区藏医院 2 名教授应邀赴日本考察讲学，还通过卫生部争取到了部分妇幼卫生项目，即拉萨、山南、日喀则三市地和六个县的妇幼卫生项目。在1986—1989年内我们争取到联合国儿童基金会和人口基金会75万美元的培训援助项目，对140名基层妇幼卫生专业人员和930多名乡村医生进行了培训。

我们在卫生部项目办的支持下与联合国儿童基金会达成了下一个周期(1990—1994年)的合作协议。为了落实此项目，我借参加华盛顿世界卫生大会之机，专程赶往儿童基金会总部进行游说，极力陈述该项目的重要性。终于拿到了项目协议，我区16个妇幼卫生合作项目先行县将获得总额为80万美元的资助。我们还与联合国儿童基金会合作，争取到37万美元，用于开展计划免疫工作的冷链装备、改善交通工具，从而有效地保证了我区儿童计划免疫第一个85%的目标如期实现。

在国家经贸部贷款司(当时贷款司司长是龙永图同志)的支持下，我与防疫站的领导远赴日本外务省，积极争取到了日本国政府7亿日元的项目援助，解决了我区结核病防治和装备结防所所需的资金问题。

在西藏，麻风病发病率高，所需特效药药价昂贵，患者买不起，至于卫生经费，当时人均只有7元钱，更支付不起这类(种)药费。因此，我们通过全国麻防组织接受了比利时王国提供的价值70多万美元专治麻风病的特效药品，还为各地市麻风病村所需的汽车、摩托车等提供无偿援助。

在我外交部有关部门的帮助下，通过瑞士政府，我们争取到了自治区红十字会救灾筹备库建设资金120万美元和日喀则救灾库所需经费。在中国红十字会总会和十世班禅大师的帮助下，我们与瑞士红十字会达成了援助总额为150万美元的协议，以及在日喀则举办为期五年的乡村医生培训班和培训500多名乡医的协议。同时，瑞士红十字会为日喀则举办六年制的民间藏医培训班，学员毕业后哪里来就回哪里去，当乡村藏医为百姓服务。还有比利时无国界医生组织，对我区拉萨市卫生部门给予24万多美元的援助，重点用于尼木县需迈等乡大骨节病区的改水等项目。这些外援项目的落实对改进我区初级卫生保健工作，为让高原医学研究走出区门与国门起了助推器的作用。

根据自治区“八五”、“九五”时期经济社会发展总体规划要求，结合我区医学科学和卫生事业发展规划目标，在实事求是总结卫生厅外事工作的经验与教训的基础上，我们确定了“八五”和“九五”时期卫生部门对外工作的指导思想和原则，明确工作目标、重点和方式方法，加强和完善了外援项目的管理工作。

在此期间，我还参加了一些与我区卫生事业有关的重要的外事活动，巧妙运用中国及其西藏卫生事业发展的鲜活例子，客观地向世界各国的同仁和朋友介绍中国政府及其西藏政府在致力于卫生事业发展上所付出的努力以及所取得的令人鼓舞的进步。改革开放以来我们与国外一些医学机构、友好团体进行了广泛的接触与合作，先后与美国、意大利、比利时、日本、瑞士、丹麦、联合国儿童基金会、英国儿童基金会等建立了合作关系。

早在1975年，经卫生部安排我随中国政府卫生代表团参加了日内瓦第十五届世界卫生大会，了解到卫生领域中有不少医学技术交流与合作项目，进而考虑到我区完全可以参与某些国际卫生项目的合作与交流。1981年我随国家卫生部钱信忠部长访问了斯里兰卡、马来西亚与中国的香港地区。1982年9月两次随中国红十字总会访问了土耳其红新月会和泰国、越南，同年11月应日本有关部门邀请，赴日本督促日本政府落实对我国资金援助，并考察了结核病项目技术，还在中国驻日本大使馆商务处的大力支持下，我们与日本外务省援助局及JICA总部调查局进一步洽谈了西藏结核病防治问题，争取到7亿日元的无偿援助项目。1988年5月应联合国儿童基金会主席詹姆斯•格兰特和卡尔•泰勒博士邀请，我率团参加了华盛顿世界卫生大会，并在大会上就西藏基层卫生组织建设及卫生政策作了发言。1979年经批准我随中国人民对外友协会长王炳南先生访问了美国、哥伦比亚、厄瓜多尔，路径美国旧金山和我国的香港地区，等等。

在每个出访期间，我和我的队友们都十分注重借适当场合宣传党和政府在西藏的各项政策，宣传西藏人民和西藏卫生事业的今昔变化，让世人了解真实的西藏，正眼看待中国，把爱国爱家乡的情感体现在我们的实际行动上。

我区人民卫生事业的发展现状及改革的初步设想

(1992年6月)

国卫发(1992)2号文件下达后，我厅即组织全系统干部职工认真学习，并结合学习自治区人大五届五次会议、全区民族工作会议、自治区党员代表会议和区党委工作会议“四会”精神，紧密联系西藏经济和卫生工作的实际情况，就如何进一步发展我区人民卫生事业进行了广泛深入的讨论，着重分析了我区人民卫生事业发展的现状、现行的医疗制度与我区卫生工作适应情况，一致认为深化改革、在新形势下不断完善我区现行的医疗制度是我区卫生事业健康发展的出路。

我区人民卫生事业的初步发展与存在的主要问题

和平解放以来，人民卫生事业得到了较快发展，发展成果惠及我区各族人民群众。人民卫生事业的卫生机构、卫生人员、医院床位数由解放时的“零点起跑线”分别发展到1991年的1197个、9740人、5397张，各族人民的医疗条件明显改善，健康水平显著提高，传染病发病率、人口死亡率持续下降，法定传染病由1985年的13516.45/10万下降到1991年的878.56/10万；卫生事业的进步有力地保护与促进了我区新生的、充满活力的社会生产力的快速发展，对我区经济发展、政治稳定、民族繁荣起到了积极作用。

但是，我区人民卫生事业发展的现有水平同经济发展的现实要求与人民群众的实际需求不相适应的矛盾日益突出。农牧区缺医少药现象严重，我区人民的医疗保健仍处于全国最低水平。其主要问题是：第一，基层医疗卫生条件依旧较差。全区尚有330多个乡、镇无卫生院，自然村卫生所也很少；卫生人员十分缺乏，亟待配备或补充。第二，防病治病任务艰巨，人口死亡率仍然较高。我区主要传染病发病率高于全国平均水平，结核病患者数量居全国之首，高出全国平均水平3倍以上；碘缺乏病、大骨节病、布病等地方病患者约有26万人，鼠疫也时有发生；由遗传性疾病以及各种因素造成的新生儿缺陷占新生儿总数的0.98%。传染病、地方病、心血管病至今还在威胁着人民群众的健康。第三，实现“2000年人人享有保健”的目标困难重重。除了基层卫生组织不健全、任务难以落实外，卫生事业经费不足，健康教育不能普及，人们的卫生观念、健康意识淡薄，健康教育、改水、建厕所工作繁重，等等，都使得实现这一目标受阻。

影响我区人民卫生事业发展的主要原因。一是我区现行的医疗制度存在一定弊端。我区现行医疗制度包括公费、免费、劳保和自费四种形式。享受免费医疗的有208万人，公费8.6万人，劳保5.1万人，少数流动人口属于自费群体。其中，劳保、自费医疗情况与全国基本相似。现行医疗制度存在的主要问题为：第一，公费、免费医疗经费与卫生事业费长期捆在一起使用，公费、免费医疗经费标准未曾明确，又都从卫生事业费中列支。公费医疗开支大幅度上涨，出现了公费医疗挤占免费医疗经费，公费、免费医疗经费又共同挤占卫生事业费的不利局面。近年来，全国公费医疗支出平均每年上涨17.82%，1990年人均公费医疗支出为200元。我区的情况大体是，据1987年卫生厅、财政厅等部门共同对拉萨市区204个享受公费医疗单位的17411人进行调查，1984—1986年三年，每年人均公费医疗支出120元，其中48%由卫生部门承担。预算1987—1988年人均每年支出140元，最近几年还要高些。而有的地市是按人均20元的标准核拨给医疗单位的。仅公费医疗一项支出卫生部门就严重入不敷出。医疗单位服务面越大，服务项目越多，负担就越重。例如，1991年财政共拨给自治区第一人民医院693万元，包括公费、免费在内的卫生事业费，其中规定给门诊及住院病人的补贴为234.65万元，而该院门诊、住院病人医药实际支出是381.37万元。这146.72万元的缺口只能压缩其他费用来填补。自治区第一人民医院尚且如此，基层医疗单位的“赤字”就更大了。第二，虽然财政拨给卫生事业的经费逐年有所增加，但是由于下列原因卫生事业费严重不足，而且相对减少了。药品和医疗器械大幅度涨价。1990年与1985年相比，全国西药价格上涨113.5%，中药上涨99.2%。由于运费、中转保管费高等因素，西藏的药价上涨幅度更大。过去患一次感冒治愈只需2～3元，现在得花20～30元。人口猛增。1990年全区人口比解放初期翻了一番，人口自然增长率达到了18.40‰，免费医疗对象由解放初期公路沿线的少数群众逐渐增加到现在城乡二百多万人，免费医疗支出骤增。随着卫生事业的发展，现有卫生事业所需经费也在增长。除了正式卫生人员外，全区还有3300多名拿补助的乡村医生、卫生员。自1985年以来，卫生系统的人头经费一直占着卫生事业费的60%左右，新设备、新技术、新项目的开展与应用，增加了卫生事业费的支出。卫生部门无力支付更多的公费，而免费部门用以扩大“再生产”的经费被公费、免费医疗吃掉了，难以维持简单的“再生产”。卫生事业没有发展后劲。1990年决算，全区卫生事业经费为7154.2万元，人头经费4293万元，购药经费仅1350万元，人均药费6元，农牧民平均则只有5元。试想，年人均5元药费能吃什么药，治什么病，全年用于医疗诊断等消耗及行政公用经费仅1519万元。第三，还要承担全区14种传染病、6种地方病、妇幼保健、爱卫会以及计划生育4种节育手术等经费开支。第四，公费、免费医疗给不正之风造成可乘之机。由于管理机制不完善，一些人不合理用药，点名要药，人情开药，致使药品流失、浪费现象较为普遍。

二是卫生部门现行的管理体制、经营机制基本上是20世纪50年代的，已经不能适应当前的医疗卫生发展形势。卫生事业费(包括公费、免费医疗经费)完全依靠财政拨款，卫生部门没有自身的造血机能，仅靠有限的“输血”，加上政策上限制多、统得过死，行业发展没有活力与前途。就目前实际情况看，公民的医疗药费完全由国家包下来，违背了社会主义市场经济规律。卫生事业长期按福利事业或慈善事业来操办，只会长期亏损，因为人们早已习惯了把卫生事业当成一只只管掏出、毋需投入的“宝葫芦”，缺乏基本的健康投入意识、参与意识与费用意识。这种缺乏生命力的“输血型”机制，是经受不住众多“吸血者”过量吸取的，其现状与前景是可想而知的。服务者与被服务者都在吃“大锅饭”，这种体制、机制使卫生部门，尤其是基层医疗卫生单位管理薄弱、漏洞增大，卫生事业早已失去了发展的动力。

如果上述状况继续下去，农牧区缺医少药的问题非但得不到尽快解决，还会变得日趋严重，势必影响西藏人民健康水平的提高，影响党和政府与人民群众的血肉关系，影响西藏社会生产力的发展。因而这种现状再也不能持续下去了，唯一的选择就是深化改革。

改革需要弄清的几个问题

改革的依据是国务院与自治区的有关文件。国卫发(1992)2 号文件明确指出，要坚定不移地贯彻执行党的“一个中心，两个基本点”的基本路线，坚持走有中国特色的社会主义发展道路，把改革的步子迈得更大一些。自治区党委书记陈奎元同志在中共西藏自治区党员大会上指出：“我们要加快西藏改革开放步伐，加速经济与社会的发展，就不能按部就班，四平八稳，凭老一套做法办事。而要解放思想，转变观念，适应形势，接受新事物。”他同时指出，要破除传统模式和思想的束缚，敢想以前没有想过的问题，敢做以前没有做过的事情，敢破以前那些不合理的章程。

国发(1985)62 号文件、(1991)4 号文件就改革与加强农村卫生工作作了指示。国发(1989)10 号文件批转了卫生部对城市医疗卫生机构改革的具体意见。《中共西藏自治区委员会关于制订国民经济和社会发展十年规划和“八五”计划的建议》中提出:“发挥国家、集体和个人三个方面办卫生事业的积极性，发展合作医疗，努力改变农牧区缺医少药状况。”

改革的前提是必须认清卫生事业的性质。卫生事业是属于福利事业，还是第三产业的范畴？这个问题在不久前召开的“中国第三产业增长与发展研讨会”上得以明确。所谓第三产业，系指除了农业、工业、建筑业以外的其他产业，包括住房、医疗保健、教育、文化娱乐、金融、信息业等。卫生事业是第三产业的第二类，是占居民消费比重较大的行业中的一项事业。既为第三产业，就应实行与之相适应的经营机制和产业价格。

生产关系一定要适应生产力发展水平，上层建筑要适应并服务经济基础，这是社会发展的客观规律，是马克思主义的一条基本原理。要搞好经济建设，就必须打破束缚生产力发展的桎梏，革除不适应社会生产力发展的旧的生产关系和不适应经济基础的那一部分上层建筑。我区现行医疗制度和卫生部门的管理体制存在着严重弊端，存在着与卫生事业的发展和人民群众随着经济发展而日益增长的医疗保健需求不相适应的矛盾，这种弊端和矛盾应当尽快通过深化改革加以解决。

改革的目的是，克服束缚我区卫生事业发展的不利因素，逐步使现行医疗制度和卫生部门的体制、运行机制与人民群众的医疗保健需求相适应，从根本上改变农牧区缺医少药的状况，使人民群众真正得到与经济发展水平相适应的必要的医疗保健，提高西藏人民的整体健康水平，为西藏经济社会的全面发展提供保障。

改革的原则是，从西藏实际出发，以向社会提供优质医疗服务为宗旨，保证人民群众的基本医疗需求，积极防病，兴利除弊，克服浪费。从有利于保护人民健康，有利于坚持以社会主义公有制为主体的办医方向，有利于增强卫生机构自我发展的活力，有利于调动广大卫生人员的工作积极性，有利于落实卫生工作的各项任务，以及有利于卫生人才的成长、卫生事业健康发展，来积极稳妥地推行改革。

改革的主要内容与初步设想

改革开放的国内形势对我区各项事业的发展十分有利，我们应当抓住机遇，逐步实现卫生事业的转轨，从福利事业尽快转入第三产业或第三产业性占很大比重的运行机制，增强卫生事业自身“造血”功能，走上主要依靠自我积累、自我发展的良性循环轨道。这种转轨包括了两个方面，一是对现行医疗制度的改革，二是卫生体制、管理运行机制的改革。

改革现行医疗制度中不合理的一面。国家体改委指示，要将公费医疗与合作医疗的改革同步进行。我区现行医疗制度中问题最为突出的是公费医疗、免费医疗。免费医疗不改革，就会给公费医疗造成漏洞，使公费医疗改革难以进行；对医疗制度不进行整体改革，就会制约卫生部门体制和运行机制的改革与转换，影响整个卫生事业改革与发展的进程。因此，公费医疗与免费医疗必须同时改革。

关于公费医疗的改革，国发（1992）12 号文件第十七条有明确的指示。财政部关于公费医疗改革办法早已出台。我区已成立了改革医疗制度工作领导小组及其办公室，已草拟了我区公费医疗改革办法，待广泛征求各部门的意见，修改后上报政府。此类文件可供参考。

我区公费医疗改革的基本思路是：核定出每人享受标准（拟定为每年人均 300 元）和开支范围，由财政部门按核定标准，将公费医疗经费直接核拨给各享受单位，由各单位自行管理。公费医疗经费从 1993 年经费预算中开始单独列项，享受者凭医院收费凭据回单位报销。本着国家、单位和个人都承担了一点的原则，在定额标准内，享受人员门诊费自理10%，住院费自理5%；省级干部和离休干部医药费全部持凭据报销。为了加强公费医疗监督管理，建立相应的公费医疗管理机构。（具体改革意见见《西藏自治区公费医疗管理办法》）

公费医疗改革工作，近几年各市地都进行了尝试，收效显著，办法基本可行。

免费医疗改革是卫生工作改革的关键和难点。免费医疗是中央对西藏人民实行的一项特殊的医疗保健制度。从50年代人民解放军进藏时形成并延续至今。解放初期，西藏的社会生产力水平低下，经济发展十分落后。人民群众连基本的生活都难以维持，更谈不上出钱求医治病。中央为了让百万翻身农奴尽快发展经济，实现自给自足，给予西藏许多休养生息的优惠政策。免费医疗就是其中的一项，这项政策深受人民群众欢迎，在国内外产生了积极的影响，曾在党的民族工作、群众工作和统战工作中发挥了重要作用，为改善西藏人民的医疗条件、提高我区人民的健康水平、维护祖国统一、增进民族团结及促进西藏社会生产力的发展起了很大作用。

但是，近十余年来免费医疗制度形式与内容未能统一，人民群众从中得到的实惠愈来愈少。我区群众，尤其是占全区人口80%以上的农牧民的基本医疗保健难以保证。究其原因有多年来免费医疗范围，享受免费医疗的对象和人均享受标准未曾明确，没有专项经费，现有免费医疗水平与生产力发展水平不适应，必然出现矛盾。同时解放40年来，西藏人口翻了一番，经济逐步发展，人们随着生活水平的提高，对医疗保健的需求也日益增长。现有免费医疗水平无法满足人民群众的基本医疗需求，免费医疗一直以“大锅饭”的形式存在。再说人们的医疗费用长期以来全靠国家包下来的办法超越了社会主义初级阶段商品经济规律，超越了国家和卫生部门的承受能力，必然出现问题。况且，免费医疗并不是社会主义的专利，一些发达国家也实行慈善性质的免费医疗。我国现有的生产力水平，国民经济发展状况根本不可能完全满足免费医疗的需求。因此，我们有必要对免费医疗制度进行新形势下的再认识，实事求是地赋予它新的内容，对之进行必要改革，使人民群众真正得到基本的医疗保健。

免费医疗制度改革的时机已经成熟，改革是可行的。只要宣传到位，加强对医疗卫生部门的管理，切实让群众真正受益，他们会逐步理解与接受的。随着西藏生产力水平的提高，群众愿意、多数人也有能力出部分资金用以提高自身医疗保健水平。近年来，各地相继进行了多种形式办医的尝试。林芝地区试行部分乡卫生院由乡政府主管，采取农牧民看病适当收费的办法以弥补免费医疗经费的不足，缓解了当地群众吃药困难的状况，为免费医疗改革提供了经验。

免费医疗制度改革的关键是明确免费医疗的范围、享受免费医疗的对象和人均标准。待其明确之后公布于众，做到家喻户晓。

免费医疗制度的“供给制”理应完全破除。但是，这项制度已实行多年，在国内外名声很大，在人们脑海里的烙印很深，如果立即彻底改变，广大干部、群众的心理承受能力可能会一时难以适应。因此，这项改革不同于其他改革，政策性强，涉及面广，必须慎重对待，建议在剔除不合理成分、加以完善的基础上继续实行免费医疗制度。

免费医疗制度改革的“四个”设想。设想一，保证免费医疗专项经费，专款专用。若继续保留免费医疗制度，则须按现有享受免费医疗的人口，保证以下经费：以最低限计，全区享受免费医疗人口数 208 万人，人均每年门诊看病 5 次（全国平均水平），每次门诊医疗费为 10 元，免费医疗门诊费用为 10400 万元。以每千人住院 40 人（全国平均 47.3 人 / 千人），每人每次住院开支 250 元（自治区第一人民医院实际为 381 元）计，免费医疗住院费用为 2080 万元。门诊、住院两项共计 12480 万元，人均 60 元。将人均享受标准由现在的 6 元提高到人均 60 元，需自治区增拨专款 11232 万元。各级财政部门按核定标准及门诊、住院人次核拨给各级卫生部门，卫生部门每半年与财政部门结算一次。

设想二，财政部门根据物价上涨指数、人口增长率、新技术应用率等因素，在保证免费医疗与群众基本医疗需求的前提下，核定出人均享受免费医疗标准，改暗补为明补，将核定出的免费医疗经费按享受人口核拨到县财政，再从县拨到乡（镇），由乡（镇）政府主管。享受人员到卫生部门看病交费，凭卫生部门收费凭证回乡（镇）报销。

设想三，划定免费医疗范围，明确享受对象，采取减、免、收的办法。

免费医疗范围初步定为：三大常规检查，心电图检查；区内自然灾害所致疾病的防治，区内各种传染病、地方病防治和恶性肿瘤的治疗；免费药品只限于卫生部规定的治疗用药。

以上范围外的检查治疗均收费。对享受免费医疗住院病人除收取上述免费医疗范围外的医疗费用外，还视其经济状况收取一定的住院费、水电消耗费。

享受免费医疗的对象：基本为现有享受对象，即区内各民族城镇居民、农牧民群众；中小学校在校生，区内中等专业和技工学校在校生，祖国内地西藏班（中、小学）学生；户口在藏的区内干部职工家属。

设想四，充分发挥国家、集体、个人三方面的积极性，采取合作医疗、集资医疗等多种形式办医，以弥补免费医疗经费的不足，改变农牧区少药的状况。国家基本保证乡卫生院建设、乡村医生培训以及乡卫生员的工资补贴。此外，国家还承担大型设备的购置费和传染病、地方病防治、妇幼保健等大项经费投资。国家投入不足部分靠集资，集资可以多形式、多渠道，主要用于解决群众吃药难的问题。

对症下药，大刀阔斧地推行卫生体制、管理运行机制的改革。我区卫生管理体制、经营机制一成不变，造成了一方面现有医疗卫生设施及其服务能力不能满足人民群众的需求，供需矛盾突出；而另一方面还有相当一部分医疗卫生单位的技术、设备没有得到充分利用，具有扩大医疗卫生服务的潜力。

为了增强医疗卫生单位的生机与活力，充分调动卫生人员的积极性，增强卫生事业自我发展能力，发挥出现有技术设施的最佳效益，为社会多做贡献，提出如下改革意见。

第一，卫生行政部门改革的方向和重点是：卫生行政部门要转变职能，对基层单位加强宏观调控，多出主意，减少直接参与，给基层单位以更多的自主权，发挥广大职工的主动性与创造性。制定卫生政策、卫生事业发展规划，强化行业指导，在协调、服务、监督等方面进行大胆探索与改革。机关要理顺内部关系，简化办事程序，提高工作效率，转变工作作风。清理、修订各部门工作职责；对机关各部门定岗、定责，逐步克服机关“大锅饭”与平均主义，充分调动机关工作人员的积极性。视工作人员出勤和完成工作任务情况实行奖惩制度；整顿机关工作纪律，机关各部门和全体工作人员，要牢固树立为卫生事业服务、为基层服务的思想，大兴调查研究之风，深入基层，以点带面；增强服务意识、改善服务手段，提高服务能力与服务质量。

第二，在医疗事业单位积极推行各种形式的承包责任制。各科室与其所属医院(站、局、校)签订合同，定编、定床、定任务，经费包干，收支结余部分，除部分上交院(站、局、校)外，均由科室自行分配，具体留交比例由各单位内部自行酌定。

第三，允许有条件的医疗卫生单位在保质保量完成承包任务、确保医疗卫生服务质量、坚持社会效益第一的前提下，从事于有偿服务。业余有偿服务原则上以科室为单位进行。业余服务的收入(不含药品收入)在扣除必要的材料消耗与适当的仪器设备折旧费后，其余的作为科室或个人的酬金，不计入奖金总额。医疗卫生人员在其他单位兼职，从事技术咨询、技术服务、人才培养等取得的合法收入，除部分用于发展事业外，均用作个人收入或改善其生活待遇。

第四，医疗卫生服务的收费，视设施条件、医疗技术水平的不同拉开档次。向社会提供质量服务与特诊服务，应特殊收费，以满足不同层次的医疗保健需求。特诊服务收入与特诊工作人员个人劳动付出适当挂钩。利用新技术、新设备开展的医疗卫生服务项目，实行按成本(不含工资)收费。

第五，卫生防疫、妇幼保健、药品检验、卫生监督、监测和咨询等工作实行有偿服务，其收入全部留给单位。在扣除必要的物质材料消耗与适当的仪器设备折旧费后，用于改善职工的工作条件和生活条件。具体分配比例由各单位自行确定。

第六，医疗卫生单位采取“以副补主”、“以工助医”等方式，组织多余人员举办直接为医疗卫生服务的“第三产业”或小型工副业。按国家和自治区有关规定办理工商登记手续，内部实行独立核算、自负盈亏，将其利润收入的 10%上交卫生厅，其余全部由各单位自主支配。

第七，多渠道筹集资金，加快卫生事业发展。可在职工自愿的前提下，由职工集资，购置急需而又适用的医疗设备或其他设施，扩大医疗服务，并按有关规定签订还本付息协议。

第八，为了更好地贯彻卫生法律、法规，保护公众工作、劳动、学习、生活环境，维护经营者和消费者双方利益，使卫生监督、监测机构的责、权、利分明，对拉萨市区的食品卫生、劳动卫生、学校卫生、环境卫生、放射卫生和化妆品卫生等实行自治区、市地、城关区(县)三级卫生监督和监测机构分级管理，有偿服务。卫生厅(1992)70 号文件已经提出了对拉萨市区卫生监督、监测工作实行分级管理的具体办法，可参照执行。

几点措施与建议

第一，医疗制度的改革政策性强，关系到广大干部职工和人民群众的切身利益，必须在各级党委、政府的领导下进行。自治区公费医疗制度改革工作领导小组已成立，免费医疗改革工作需要计经委、财政、卫生、民政、农委等部门共同参与、通力协作。

第二，免费医疗制度等方面的改革，必须经过党委、政府研究同意后才能起步。这项改革还影响着卫生部门多项配套改革。因此，对免费医疗的改革设想，请自治区党委、政府尽快研究决定。而卫生改革设想中有的是本单位能拍板的，就要克服困难尽力实施。

第三，改革现行财政预算科目。根据核定出的公费、免费医疗标准，在财政预算科目中增加公费、免费款项。

第四，各地市对免费医疗改革设想三、设想四可进行试点。在试点与总结经验的基础上逐步扩大试点范围。至于如何试点，由各地市根据当地实际来定夺。

第五，切实加强农牧区卫生工作，逐步增加对基层卫生事业的投入。建立健全乡、村两级卫生机构，彻底改变农牧区缺医少药的状况。乡级卫生机构建设实行公办民助的办法，要求在 1993 年前健全；村级卫生机构则民办公助，拟在“九五”期间基本建立起来，努力为基层培养合格的卫生人才。

第六，通过深入细致的宣传工作促使思想观念转变，使人民群众逐步增强健康投资和参与意识，让卫生人员积极投身于改革工作中。

第七，在改革中建立、完善配套的内部约束机制。加强行业作风建设，保证服务质量，杜绝短期行为。医疗卫生单位应坚持因病施治、合理检查、合理用药的原则，严格执行物价政策，不得巧立名目乱收费，不得任意增加人民群众公费、劳保和医疗的负担。

第八，重视卫生部门内涵建设，实行科学的目标管理责任制。工作要有制度、有目标、有考核、有评价，奖惩分明，“责、权、利”相统一。

第九，鼓励相关部门进一步解放思想，勇于创新，各单位用足、用好、用活各项政策，积极进行探索与试验。只要不是以权谋私、假公济私、违法乱纪，工作中因客观原因而出现的偏差，卫生厅就不追究、不责难、不制裁，而且要热情帮助。

第十，坚持“两个文明”一起抓、两手都要硬的方针，继续加强思想政治工作，深入开展学习雷锋讲奉献、向白求恩大夫那样以救死扶伤为医生天职的活动，实行革命的人道主义，树立起社会主义的医德医风。

第十一，改革、改善后勤管理工作，更好地为病人服务，为职工服务，为医疗卫生工作第一线服务。加强财务管理，开源节流，增收节支，勤俭办事。对医疗卫生事业单位的收支结余和业余服务收入，财务不得任意截留、挪为他用。

第十二，建议财政部门对卫生事业的补贴应随着财政收入的增长而有所增加。

卫生改革到底如何进行，一方面需要各级卫生部门开动脑筋，多想办法，大胆探索，并及时研究出现的新情况，妥善解决新问题；另一方面需要党委、政府召开联席会议，共同研究决策，适时给出指导与建议。改革工作需要在实践中不断改进。

在医务人员中开展医学伦理学的再教育 树立高尚的医德医风 提高医护服务质量

(1987年5月23日)

近期，在全国各行各业大力推进精神文明建设、大张旗鼓地开展行风整顿的大背景下，从创建文明医院入手、进一步提高我区医疗保健服务水平被提到了医疗卫生部门工作日程上来。

中国是世界文明古国之一，医德医风是中华文化有机而重要的组成部分，高尚的医德医风使得中华文化在世界文化中更显魅力，为中华民族的形象增添了光彩。在祖国的医学史上历代名医的感人故事及其传奇医术，一直被人民群众所传颂与称奇，至今还在为人们所津津乐道，而且还会世世代代流传下去，成为千古美谈。这既是我们医学传人的骄傲和财富，也是我们继承与光大前人医学事业的动力和压力。中华民族传统医德医风对患者采取什么态度，对医生职业持什么主张？我们从他们那里能得到什么启示？明确这些问题很重要、很有实际意义。内地名医诸如扁鹊、华佗、张仲景、孙思邈、李时珍以及藏区名医新老玉妥•云丹贡布等人，一生辛苦为大众诊病寻药，他们不仅有精湛的医术，而且有高尚的医德，认为黄金有价而生命无价，生命之重，重于千金，生命无贵贱尊卑之分，把热爱生命，尊重生命，解众生于病苦之中视为医生的天职。这些是中华医德医风的核心理念，构成我们当代医务工作者基本的职业道德。医生是生命的守护神、病魔的克星，白衣天使是每个个体生命对他们生命守护神的最高礼赞，医生、守护神、白衣天使等称呼让人听了就肃然起敬，因此每个医疗卫生的从业人员都应该像爱护自己的眼睛一样爱护这些称呼，无论何时何地都没有理由玷污这一神圣的称呼，无论何时何地都不能忘记自己应当遵守的职业道德！社会公众为什么尊重医生、羡慕医生？那是因为医生既具有精湛的医术，又具有至圣的修养，被公众视为做人楷模；相反，那些不学无术、装腔作势的庸医，只会误人性命，那些爱财如命、见死不救的恶医，只能成为金钱与地位的奴仆，他们向来为民众所不齿。今天我们不仅要学习与发扬我们前辈的医德医风，而且要与时俱进，放宽眼界，学习与发扬白求恩大夫的国际主义精神，以及各国各民族的优良医德医风，在社会主义商品经济条件下自觉维护生命的尊严，增强医生的神圣感与责任感，真心实意为伤病员着想，从我做起，从个人日常工作和一点一滴小事做起，切实改善医疗服务态度，努力提高医疗服务质量，以实际行动为促进社会主义精神文明建设做出“你、我、他”各自的贡献。

医德医风是马克思主义伦理学的有机组成部分

当前，我们要求所有医务人员认真学习“医学伦理学”，大力提倡良好的医德医风，增强医务人员职业道德观念，并以此作为精神文明建设的主要内容，这无疑将对文明医院建设起着重要作用。马克思主义伦理学是关于道德本质及其发展规律的科学，特别是关于共产主义道德的本质及其发展规律的学说。医学伦理学是研究医生行医过程中所要遵守的道德规范的一门学问，是马克思主义伦理学的重要组成部分。医德是医务工作领域中医生的行为规范的总和，是按照一定的社会道德观念、道德原则和道德要求形成的一种特殊的社会关系，医风是医德的外在表现，主要体现在医务人员与伤病员之间、医务人员相互之间以及医务人员与所在单位之间特定的关系之中，在医务工作领域中成为评价与指导人们分辨行为是非善恶的一个重要准则。医学伦理学作为一门学科，其学科意义并不局限于医疗卫生部门，它是整个社会道德观念在医务工作系统的运用与表现，例如“爱护护士、尊重护士”、“尊重患者、视患者为亲人”等等，就属于这个范畴。

医德既然为社会公德的组成部分，其根基也来源于一定的社会经济关系，为一定的社会经济关系所决定，并且反过来为一定的社会经济关系和阶级关系服务，随着社会的经济关系和阶级关系的变化而变化。医德属于上层建筑，是其中一个组成部分，它的形成与发展也受当时社会意识、社会道德观念的制约与影响。在十年动乱中，“四人帮”胡说什么“医疗服从于政治，患者看病、住院要讲出身和成分”，这就是当时所谓的“医德”，而这种医德其实已经沦为了特定政治的附属物，它作为阶级斗争观念在卫生系统中的表现，实质上是对生命尊严的蔑视，对生命作高低贵贱的人为划分，这显然是对中华传统医学美德的反叛，最终受到了广大人民群众的唾弃。社会主义制度和马克思主义指导下的意识形态决定了社会主义医德医风的基本原则及其特定内容。中国不管是实行计划经济还是商品经济，社会主义社会的医德医风只能是对中华民族优良医德医风的继承与发扬，对世界各个民族医德医风的借鉴与吸收，是马克思主义医学伦理在社会主义实践中的实现与展开，其理念更新、要求更高，因而更具有普适性与实际意义，因此，社会主义条件下，人民政权的性质就决定了，在中国不管社会主义初级阶段的社会现象具体表现如何，但社会主流必定是，社会成员的健康和生命将随着医疗卫生条件的逐步改善而得到越来越好的保护，人人平等原则得到切实落实，因而生命的意义和价值得到充分彰显，进而把人类文明向前推进一大步。事实表明党的十一届三中全会以来，随着社会主义精神文明建设的开展，社会主义的医德医风得以恢复与发扬，体现了社会主义社会的新风尚。

树立良好医德医风的现实意义

良好的医德医风在文明医院建设与管理中起着至关重要的作用。社会主义医德医风是建立在人与人之间真正平等基础上的，是社会主义公有制下新型人际关系在医疗卫生领域的具体表现。高尚的医德是医务人员的行为准则，是医疗与保健行为中不可缺少的精神力量，良好的医风可以展现出医务人员特有的精神风貌以及春风化雨般的言行举止，给予患者以神奇的精神力量或精神上的愉悦，同时对医学科学的发展产生着积极影响。全国医院工作条例中指出：“医院是防病治病、保障人民健康的社会主义卫生事业单位……为社会主义现代化建设服务。”这就决定了各级医院的服务性质和宗旨。卫生部门要管好人民群众的生老病死，要最大限度地满足人民的医疗需要。当前，随着传统的“生物医学模式”向新的“生物心理社会医学模式”转变，医院的社会地位和作用发生了根本变化，医院除了医治人的疾病外，还必须从预防医学、社会医学、医学心理学的角度为社会医疗保障工作做出贡献。

我们医疗卫生工作的服务对象是病人，“人有病不仅是发生在机体细胞和器官上，而且发生在人的身上”。按照这个观点，医学就要研究人、研究人的心理、研究人的社会生活活动，以及社会、文化等环境因素对人、对不同患者、对疾病在不同阶段上的影响。现实生活中常看到积极的情绪对人体潜在能力的发挥、对体力和脑力劳动效率的提高，以及对人体健康产生着神奇的功效。反之，消极的情绪如愤怒、恐惧、焦虑、忧愁、悲伤、痛苦等会使人失去平衡，导致人的神经活动失去控制，从而对人的身心健康产生着难以想象的伤害。这就要求我们的医护人员对待病人既要解除患者的病痛，同时也要关心他们，同情与体贴他们，以减轻他们的精神负担，使他们感到医务人员可亲、可近、可信赖，有了精神上的寄托，就可以树立起治愈的信心。除此之外，良好的医德医风可有效地调节医生与病人之间的关系，变被动为主动，建立正常的医院工作秩序。

医德医风作为整个社会公德的重要组成部分，是社会精神文明的重要内容。医院服务对象来自社会各个阶层、各个方面，有教授、科技人员、教师、学生、工人、农民、干部，有男有女，有老有少，是一个小社会或小社区，我们医德医风状况直接影响到整个社会道德和社会关系，因此，文明医院的建设是多么重要与必要！

良好的医德医风是提高医疗质量的重要保证。人类自从有了医学以来，就提出了医务工作领域中的道德问题。祖国医学发生、发展的几千年历史过程中逐步产生与形成了内涵极其丰富的医德医风。新中国成立以来，随着整个社会新道德新风尚的树立，医疗卫生工作领域中也形成了良好的医德医风。今天，社会主义的医德规范，既是社会主义经济关系的产物，又是人类几千年优秀医德医风的延续，是符合广大群众需要的精神食粮。

古代医家主张“心慈为本，讲究人道”，用今天的话来说，就是要树立像白求恩大夫那样的医德医风，对技术要精益求精，对工作严谨细致，对病人体贴入微，急病人所急，痛病人所痛，在抢救疑难重症面前不考虑个人得失、勇于承担责任、勇于实践，有关这方面动人的事例是不胜枚举的。但也确有少数医护人员医德医风恶臭，或工作疏忽大意、敷衍应付患者，或以狭隘的经验自居、不思进取，或对病人态度冷淡粗暴、行为不端，或视生命为儿戏、出现不应有的差错与医疗事故，甚至导致不该死亡的病人死亡，给人民群众造成极大的创伤。

良好的医德医风对于医学科学的发展起着推动作用。现代科学技术飞跃发展，周期性越来越短。具有高尚医德医风的人，他们既能树立起患者第一的思想，又能刻苦学习、勤于钻研、博学多闻、并决心迎头赶上医学发展的新潮流。具有全心全意为人民服务的高尚品质，加上掌握的现代化医疗诊治技术，共同发挥了作用，挽救病人的生命，同时促进医学科学的不断进步。

医德医风是医院政治思想工作的重要内容之一。十年动乱中，林彪、“四人帮”散布奇谈怪论，说什么“修养必修”，把共产主义道德修养同修正主义混为一谈，似乎抓了阶级斗争就可以代替道德教育，混淆了人们的两种根本对立的修养，把人们的是非、善恶、荣辱、美丑的标准搞乱了，严重腐蚀了一些职工的思想，革命人道主义被淡漠了、遗忘了。有的人以治疗为手段，谋求私利，走后门，讨价还价，拉关系；有的医生为了自己的“荣誉”、职位，对有科研价值的病人重视，而对一般常见、多发病病人冷淡应付。这种只爱病而不爱病人的单纯“论文观点”是不符合医德规范的。我们认为，医院的医疗质量指标、诊断符合率、床位使用率和病床周转率等都与医德医风有密切的关系。有的医院为了奖金，为了“文明医院”的虚名而谎报医疗质量的统计指标，却不顾病人的安危，这都是与我们社会主义医德医风不相容的。所以医务人员的本身教养、道德素质状况，对建立正常的医患关系影响甚大。因此，目前必须强化对医护人员的职业道德教育，加强医院政治思想工作，使其渗透到业务领域的各个角落，这是很重要的。

党的思想工作的基本任务与根本目的是通过不断地对广大干部职工进行共产主义思想教育，努力提高广大职工的思想觉悟，增强改造客观世界和主观世界的能力。医院的中心工作是医疗(或者说是医、教、研)，是救死扶伤，医疗质量的高低，服务态度的好坏，取决于医务人员的医德水平与医风优劣。先进的医疗设备固然很重要，但都需要人去掌握与使用，医院目标的实现要靠医护人员。因此，应该让医院干部职工充分认识到医德医风状况直接影响着病人的康复、医学科学的发展以及整个精神文明建设与社会安定团结，个体关联着集体，细节影响着大局。

总之，医德医风是医院思想政治工作的核心内容，教育每一位医务工作者不管站在哪个岗位上，不管负责哪项具体工作，也不管身负何种职务，都得树立起良好的医德医风，这是义务性的、共性的要求，党员干部要以身作则、率先垂范，以过硬的医德医风为职工群众做出表率。只有全院干部职工都具有了过硬的医德医风，才能维护医院各项规章制度的严肃性和权威性，把离散的精神力量和群众智慧汇集起来、发挥出来，从而才能创建出无愧于我们父老乡亲的文明医院。

医院管理干部还应具有其他素质

医疗卫生管理干部除了应具备良好的医德医风外，还应具有下列素质。

增强自我修养。不仅包括管理干部的体魄、性格、毅力、兴趣、气质、风度等身体素质和心理素质，还包括深入实际、求真务实的工作作风，具备了解自己、正确评价自己的能力，兼有虚心向上、善于依靠他人弥补自己不足的品质。“严于律己、宽以待人”，努力把自己培养成有涵养、有气度的管理者。

富有进取精神。现代医学科学技术日新月异，要求领导走在前面，要有所作为，能孜孜不倦地学习，只有在业务上是内行的人，才可能成为内行的管理者。

掌握领导艺术。领导干部要有魄力，能够在急速变化的情况下，具备敏锐的洞察力、正确决策的能力，不怕担风险而又不盲干。领导者还应具备“闻过则喜”与“从善如流”的作风，善于听取各方的意见，不以个人的好恶作为取舍的标准。

知人善任。知人知心，量才使用。应该明确，人才的浪费是最大的浪费，在人才管理过程中，作知识分子的贴心人，调动其积极性，为其工作提供方便。

有宽广的胸怀。海纳百川，有容乃大。为了实现共同的目标，应有宽广的胸怀，用人之长，容人之短，把各种有利因素集于自己的周围，只有宽广的胸怀，才能有最大限度的民主。

人才培养是管理工作的核心

常言道，“管理出效率、管理出质量”，或者说“向管理要效益、向管理要质量”。其中道理在于：一定社会历史条件下生产要素原先排序一旦被打破，重新作优化组合后就可能产生新的生产力。因此，管理作为一种生产手段早已发展为一门新型科学。新型工业化的核心及其标志在于生产管理科学化，即集约化、明晰化、合理化。西方社会不仅实现了生产管理的科学化，而且实现了社会管理的科学化，这是科学技术发展应用于社会各个领域的结果，也是人类理性行为发展的必然表现。如果管理工作不能实现科学化，即使我们拥有先进的技术、一流的机械设备，也发挥不出其应有作用。所以一个管理者要有效管理所辖的部门或所分管的工作，就必须懂得管理学的工艺流程和基本程序，否则是管理不好的。在诸多管理对象如人们习惯上讲的“人、财、物、信息、时间、思想、方法”七大要素中，人才是整体中的核心，统辖着其他六大因素。人才管理和管理人才是一切管理中最重要、最有创造力的管理。就发展我区人民卫生事业来说，如果不能造就一支医药科学技术队伍和医疗卫生管理队伍，不能拥有与使用好这样一支高素质的专业人才队伍，要实现我区人民医疗卫生事业的跨越式发展是不可能的。因此，我们一定要充分重视对人才的培养、使用与管理。

人才的培养是管理工作的核心

人才使用与管理的前提是实际拥有这方面的人才，人才队伍状况在一定程度上决定着人才使用的意图与人才使用的方式。人才培养是问题的出发点，也是落脚点。随着党的民族政策深入贯彻，社会主义经济建设不断发展，我区医疗卫生事业同其他部门一样，也是从无到有、从小到大逐步发展的。国家医疗卫生机构设置到区一级，乡镇卫生室的保健人员是由赤脚医生和民间藏医组成的。这就是说，从自治区到乡镇级的医疗卫生机构网络已经基本形成，卫生技术人员是一支以藏族为主体的卫生干部队伍，这与解放前全区无一名西医药人员的情况是无法相比的。但是我区防病治病的任务相当艰巨。国家法定的 25 种传染病，除少数没有外，大部分都有，且每年都有不同程度的流行。北方的几种地方病我区也有，而且是重疫区，全区各种地方病患者约有 50 万人，占全区总人数的近 1/4。各种传染病、地方病的发病人数之多、发病率死亡率之高，居全国第一位。然而我区防疫力量却十分有限。全区防疫队伍有 400 余人，专职地方病工作的只有

25人，全区4个防治队仅有46人。

我区拥有一个取之不尽、用之不竭的天然药源(植物、动物、矿物药)，大有研究开发价值，但是这项工作却无人去做；高原医学的研究亟待开展，但是也苦于少人来做。要做的工作千头万绪，我们缺少足量合格的技术人才！缺少了这方面的人才，管理任何一项工作都无从着手。

目前我们固然拥有7200余人的卫生队伍，但队伍内部结构比例严重失调，整个卫生队伍过于年轻化，形成了“三多一少”结构特点，即中、初级多，没有受到专业训练或专业训练不足的人员多，新参加工作或刚从学校毕业的多；技术骨干少。虽然民族卫生技术骨干比起“文化大革命”前增加了许多，但是现有技术人员真正成为骨干还得有个过程。我区高级技术人员虽然有1826人，占卫技人员数的25%，但是绝大部分是“中晋高”和非本科以上学历人员。技术人才的水平与实际工作的需要还有很大的距离，何况当代事业在迅速发展，科学技术在日新月异。这些现象和问题更加说明了我们这支队伍迫切需要修炼与提高。西藏高寒缺氧，很难吸引内地医疗卫生业务骨干来藏工作，所以要解决西藏的医疗卫生工作缺人问题，还是要立足于培养本民族的业务骨干，要培养当地的民族干部就必须注重在职干部的培训提高，要舍得花本钱进行智力投资。我们的基本做法可归纳为如下几个方面。

第一，充分发挥现有的各级卫生中等专业学校的作用，采取多种形式举办各种类型的学习进修班。1981年我区区内开办医院院长、护士长以及藏医药、麻醉、放射、骨科等专科医护人员进修提高班33期，共培训了800余人，其中85%是当地民族技术干部。

第二，除了就地培养外，还通过援藏医疗队与我区各地、市对口的关系，选派有关人员送往各医疗队的派出单位委托培养。

第三，借兄弟省市举办训练班的机会，有目的、有计划地选送相关人员去内地进修。1981年一次就送了150余人。

第四，积极争取并选派有一定基础的汉、藏技术骨干，参加全国性的进修班作为师资，1981年就有90余人学成回来办班。

第五，除了在区内继续抓好各种类型的速效短训外，我区与四川省卫生厅联系，于今年4月举办了一期由地、市卫生局局长、地市医院院长、防疫站站长和1/3的县医院院长参加的管理进修班共40余人，学期4个月，效果很好。我区现有的管理干部绝大部分是从基层医疗单位中提拔上来的，多数是年轻专业干部，却有一股强烈的事业心。由于过去对他们使用多、培养少，使他们的知识尤其是管理知识未能及时更新。所以重用技术人员的同时，必须加强对他们在职教育，提高他们的科学管理水平，使他们的文化知识与当代科技发展的新形势相适应，这是刻不容缓的大事。

我们精心组织各种形式的专业训练，目的就是普遍提高人才的质量，调整失调的比例结构，逐步培养出一批能够担当起学科带头人重任的技术力量和一支具有科学管理知识的管理队伍。我们的事业在发展中，迫切需要各种具有新的专业知识人才，干部轮训搞好了，干部才干增长了，我们事业肯定会发展得更好、更快，由此而产生社会的效益是不可估量的。

工作实践使我们体会到，人是社会活动的主体，熟练的劳动者是生产力的决定因素。干事创业最需要的是一定数量的、拥有先进科技知识和实践经验的劳动者，因而培养出数以万计现代意义上的劳动者是社会各业发展之本。要想马儿跑得快，就要让马儿吃饱草，我们要想调动各级各类人才的作用，除了恰当使用他们外，还要给以学习深造的机会。要做到有计划地把全员提高与重点培养结合起来，越是业务骨干越是要舍得让他们离职学习深造，给他们充电提高的机会，这就是我们管理者工作的根本任务。

管理者必须学会与运用好科学管理的程序

管理科学被称为科学的科学，因此，我们卫生事业的管理除了贯彻执行党的相关方针政策外，还要按照医学科学的原则和要求办事。不论是宏观管理还是微观管理，抑或是承上启下的中间环节管理，都离不开管理者的决策，而任何一项决策的选择，不论确定什么样的目标、制订什么计划、采取什么样的方法来处理各种信息，不仅要考虑今天，还要想到明天甚至后天，瞻前顾后，统筹兼顾，这是一个管理者首要具备的所谓的“眼光”。

我们每天的工作就是在选择决策，同时在执行着选定的方案，但未必认识到其中的规律性。在我们日常工作中各式各样的问题会摆在眼前，需要我们采用恰当的方法妥善加以解决，也就是说选择决策贯穿于我们管理工作的始终，决策是行为的选择，行为是决策的执行，有效的行为来源于正确的决策。管理决策的正误关系到一个单位的工作、一个部门的事业优劣与成败。因此，对一个管理者、尤其是对领导者来说，如何作出决策、如何作出更好、更合理、更有效的决策是基本功，反映着管理者能力的高下。管理者学会决策对提高管理水平是十分重要的，领导者学会决策与提高领导水平同样是十分重要的。

要想提高管理决策水平，就要确立明晰的管理目标，并且依据管理目标选择合适的管理方法和步骤，在选择过程中学会应用数学分析方法，学会应用经验判断、数学分析与试验相结合的方法，使决策方案尽量合理，达到管理预期的效果。如果没有目标信息，就没有优化的方案与合理的规划，也就不可能拿出科学的实施步骤，那就谈不上决策了，管理就会失去其核心内容。所以决策与管理是一致的，决策存在于不断实施的过程也就是我们所说的管理过程中。只有针对决策问题的性质及其发展过程各个阶段显示出来的特点，结合我们工作实际，灵活恰当应用各种方法，才能解决问题，圆满完成工作任务。为了有力推动我区卫生事业的发展，针对西藏卫生技术队伍的实际特点，我们选择了大力培养民族卫生技术人才的决策，把工作重点放在狠抓人才的培养上。实践证明这个决策、这一选择是符合我区卫生战线实际的，而且抓住了问题的根本，因此在促进民族卫生干部的茁壮成长、加快发展我区卫生事业上起了很大的作用。

通过这期专业理论学习，我扩大了知识的眼界，懂得了作为一个合格的领导者不仅要掌握领导艺术，而且要掌握决策艺术。本期学习所受启发很大，但因学习内容多、时间紧，加上自己文化水平有限，学得不深不透，有待今后结合实际慢慢消化。正如陈海峰局长开学时所讲的那样：教师们把我们领进了科技管理的大门，修行深浅如何，就看我们自己在今后工作实践中的努力程度了。

关于协助卫生部赴西藏农牧区开展卫生工作调查的报告

由卫生部、国家民委、中共中央统战部、民革中央、农工民主党和民盟组成的卫生工作联合调查组一行十六人，于 1991 年 7 月 19～30 日对西藏的卫生工作进行了调查。调查组在藏期间，受到了自治区党委、政府、人大、政协领导的亲切关怀与热情接待，自治区卫生厅为调查组顺利开展工作做了精心安排，生活上给予特殊、周到的关照，使调查组顺利地完成了调查任务。

调查组分兵三路分别对那曲、日喀则、山南地区的 20 多个地市级以上的卫生医疗单位以及堆龙德庆县、那曲县、定日县、乃东县、琼结县、江孜县、贡嘎县的县、乡、村三级卫生机构及其人员、房屋、设备、开展卫生工作情况、面临问题、存在困难等方面进行了详尽的实地调查，前后召开座谈会十多次。调查组在拉萨期间还对卫生厅直属单位、拉萨市卫生局直属单位进行了考察。现将有关情况梳理如下。

西藏的卫生工作取得了重大成就

西藏和平解放以后，特别是党的十一届三中全会以来，卫生工作取得了显著成绩，主要表现如下。

各级各类卫生机构得到了发展。1990 年底全区卫生机构达 1197 个，是 1959 年的 17.9 倍；医院床位 5397 张，是 1959 年的 10.4 倍，总人口每千人拥有床位 2.5 张。全区共有 943 个乡镇，其中的近 700 个建立了卫生院(所)。

专业队伍不断壮大，已形成了一支以藏族为主体的卫生技术队伍。1990 年底各类卫生专业人员达 9513 人，是 1959 年的 12 倍，其中少数民族卫生技术人员 7498 人，占 79.3%，而藏族的卫生技术人员占少数民族卫生技术人员的 82.7%；卫生院 1604 人，接生员 375 人。

落实了“预防为主”的方针，预防保健工作成绩突出。1988 年、1990 年分别实现了以自治区和县为单位计划免疫 85%的目标。

传染病发病率下降。1990 年 14 种传染病发病率为 686.53/10 万，死亡率为 5.42/10 万，比 1989 年分别下降了 61.37%和 74.42%。传染病的暴发流行得到基本控制。

地方病的防治取得一定成绩。由于积极防治，碘缺乏病分布区由原来的 57 个县降到 40 个县，一些重病区达到了控制标准，并加强了对鼠疫监测，积极开展了查疫源工作，同时减少了布氏病、地氟病和大骨节病的发病。

妇幼卫生保健面逐步扩大。新建了 5 个妇幼保健院，1990 年开展了 16 个县的妇幼卫生项目县工作，城市的新法接生率已达到 80%，婴幼儿死亡率大幅下降。人民健康水平明显提高，人均期望寿命从解放初的 36 岁提高至 64 岁。

藏医藏药事业得到迅速发展。现有自治区藏医院 1 所，藏药厂 1 个，成立了西藏自治区藏医学院，6 个县建立了藏医院，60 个县的县医院设有藏医科，藏医专业人员已达 800 多人，病床 380 多张。

积极稳妥地进行了卫生改革并初见成效。例如，在实行院长负责制、将乡卫生院交乡政府管理、改革公费医疗制度、采取群众集资等多种形式办医诸方面积累了一定的经验，很大程度上改变了农牧区缺医少药的状况。加强了医疗制度建设和药品的清查管理工作。自治区卫生厅及地区卫生局在治理整顿、深化卫生工作改革、狠抓“两个文明”建设、推动医德医风建设等方面做了大量的工作，在改进服务态度、提高服务质量方面收到了较好的效果。

注重了农牧区卫生人才的培养并取得一定成绩。1980 年以来，采取“分级负责，层层培养”的原则，举办在职培训班 72 期，培训人数达 5288 人，占全区卫生人员总数的 72.1%，其中藏族占 70%以上。

各级卫生行政干部在实践中管理水平不断提高。卫生厅和各地区卫生局，基本形成一支具有较丰富管理经验和一定管理能力的队伍，他们熟悉西藏情况，善于把国家的卫生工作方针和西藏的实际情况相结合，在规划的制订及其实施、各种卫生工作的分析中显示出西藏的卫生工作管理有自己的特色和经验。

对口支援取得了显著成绩。自1973年至今，共组派对口支援医疗队十几批来藏，共计2865人。在培养当地的卫生技术人员、提高技术水平、开展新业务、帮助建立健全规章制度、提高管理水平以及医疗、防疫、妇幼保健、地方病防治等方面做了大量工作。比如，中国医科院先后派出心血管、泌外科、心胸外科等方面专家携带图书到西藏带教，培养人才。北京阜外医院医疗队帮助自治区医院成功地开展了3例体外循环心内直视手术，填补了西藏医疗工作中的一项空白。

其他方面，如卫生科研、卫生立法、治理整顿等方面都取得了较好的成绩。西藏的卫生事业与解放前相比，的确发生了翻天覆地的变化。

卫生事业发展中存在的主要困难或问题

西藏的卫生事业虽然有了很大发展，当地的各级干部、广大卫生人员和人民群众都尽了很大努力，但由于历史和自然条件等因素的制约，加之经济基础薄弱，卫生事业的发展仍面临较大的困难，卫生状况和卫生服务能力与内地相比，与藏区农牧民群众卫生需求还有相当距离，集中表现如下。

农牧区群众患病率高，病区广、防病治病任务重。西藏地广人稀、高寒缺氧、交通不便，广大农牧区缺医少药，一些传染病、地方病及严重危害人民健康的常见病和多发病，还未能得到有效的防治，故发病率仍较高。据1990年统计，全区14种传染病发病率为686.53/10万，死亡率5.42/10万，远高于全国平均水平（1990年全国法定报告传染病发病率、死亡率分别是292.215/10万和1.5/10万）。结核病患病率达1203/10万，高于全国平均患病率水平的3倍，居全国之首。初步估计，全区目前尚有地方病人30万，其中患碘缺乏病人达20余万，其他病人10万，约占全区人口的13.6%，受威胁人口100余万，占全区人口的45%。鼠疫虽不是连年发生，但由于自然疫源地多、面积广，鼠间鼠疫活跃，人间鼠疫有抬头趋势，已威胁到一些城镇居民安全。调查组在藏期间，山南地区发生一起人间鼠疫，死亡5人。今年鼠疫疫情已发生两次，共死亡10人。全区婴幼儿死亡率、孕产妇死亡率大大高于全国。新法接生率1990年城市为80%，农村仅为10.81%。

另外，农牧区相当一部分农牧民，常见病和多发病得不到及时医疗。根据TB病流行病学调查结果，全区患结核病的有26400例，开放性肺结核、脑结核和骨结核亦常见。估计全区仅几种主要地方病、急性传染病与结核病患病（发病）人数约为345000多人，约占全区人口的15.7%，严重地危害着广大农牧民的健康。

预防保健现有条件和能力，与面临的防病保健任务不相适应。预防保健机构不健全，任务重，队伍素质低。平均每一名卫生防疫人员服务面积960平方公里，高出全国28倍，每一名妇幼卫生人员服务面积2633.7平方公里。全区目前有54个县无县级保健机构，300个乡无卫生院，80%的村无医疗点。大部分卫生防疫与妇保人员未经系统专业学习，人员不足，工作条件简陋的状况十分突出。已建立的县妇幼保健站只有2～3名工作人员。

日喀则地区防疫站，离市区较远，工作不便，由于无力向供电局交纳木电线杆换水泥杆费用5万元，自4月份起被停止供电，计划免疫冷链库中的7个冰柜，有1个冰箱中的疫苗受到损失。日喀则定日县，全县仅有1名防疫人员，有13个新建乡无乡卫生院，妇幼保健、计划免疫工作的实施得不到保证。1990年定日县“四苗”覆盖率仅为9.52%，以致今年3月至今麻疹发病125人，死亡25人。

卫生经费十分紧张，农牧区缺医少药现象严重。由于人口的增长，免费医疗人数基数加大；卫生机构数量的增加，规模的扩大，卫生服务项目增多，医学检查手段提高；卫生技术人员增加，工资及各种补贴支出上涨，近年来全区约有60%的卫生事业费用于人头经费，此项费用在有些地方甚至超过80%；药品及卫生材料价格大幅度上扬，增加了卫生的投入。据日喀则地区调查，药价1989年比1986年上调170%，卫生材料上调160%。虽然卫生事业费年年有所递增，但远远不能适应事业的发展与免费医疗的需要，特别是基层卫生组织建设没有资金，药品奇缺。例如，那曲地区一个县的干部，因为头痛要找院长批一片止疼片，院长没批，讲不够条件，理由是全县仅存去痛片10片。尽管自治区政府自1989年以来，连续增拨了260万元专款用于免费医疗，农牧民的人均药品费支出也只有5元左右，“吃药难”的问题仍然显得突出。有的藏民说：政府对藏民的关怀不如以前了。农牧民的不满情绪是潜在的社会不稳定因素之一。因为经费严重不足，乡卫生院危房不能改造，必需设备无力添置，卫校缺乏必要的教学设备，人才培养受到极大限制，影响了西藏卫生事业的发展。拉萨市人民医院妇产科病房挤在20年代的一个贵族修建的洗澡间内，面积不足35平米，还有几根柱子，房子低矮潮湿，住12位产妇，拥挤不堪，气味难闻，观者无不心酸。

人才问题。现有人员素质低困扰西藏卫生事业发展。全区9513名卫生技术人员中，有本科学历的仅占1.6%，大专学历的占9%，这个比例在全国是最低的，而且本科学历中，许多是面临退休和调离内地，因此，人才素质低下在西藏是严峻问题。我们调查山南地区797名卫技人员，其中724名为初级职称，占90.84%；日喀则地区县级卫生机构中，几乎全是初级人员。医护人员中大量的只有小学文化水平，汉语不懂，藏文化也不太会。那曲地区防疫站一位负责统计的同志，连乘、除法计算都感到十分困难。县医院外科只能做阑尾手术，会做计划生育的医生很少。

引入卫生技术人员困难，内地医药院校毕业生分不去，西藏自治区的高、中级卫生人才只有靠咸阳民族学院医学系和地区两个卫校培养。其中，大专每年能培养约 40 人，中专约 60 人，总共年培养 100 人左右，远不能满足需要。藏医学院每年只能培养 30 名学生，况且存在分配困难问题。那曲地区 5 年共分配 9 名大专生，那曲地区防疫站“六五”期间分来一名大学生，三天以后就走了，“七五”期间末分来 1 人。

招聘政策有待完善。改革开放以来，西藏各地在内地招聘一些卫技人员，由于政策不能完全兑现，比如，八年服务到期不让回内地，被有的人称为判了“无期徒刑”，有的期满回内地无单位接收，有的住房解决不了，有后顾之忧，有的同志形容说：高兴而来，辛辛苦苦地干，扫兴而归。这就为扩大西藏卫技人才的来源增加了难度。

培训提高难。地区卫校撤销后，乡村医生培训没有基地，到内地进修，因路途遥远，进修费太贵，一般单位又承担不起，偶有一进修机会，因基础差，语言障碍，进修效果不佳。

机构不健全。管理机构不健全。日喀则地区 18 个县中 3 个县无卫生局，有的卫生局只有 1 个人，管理机构亟待加强。

三级网不健全。以县医院为中心的三级医疗预防保健网发展不平衡，相当部分的县医院受到财力、物力、人员的限制，以及当地经济发展的制约，投入不足，发挥不了其应有的作用。例如，有些县医院虽然建立起来了，但人员跟设备不配套，难以开展与其任务相适应的工作。比如，定日县医院只能做阑尾炎手术，有的县医院连阑尾炎切除手术也不能做，计划生育手术不能开展，大出血的产科病人、难产病人无法处理。有的防疫站仅有防疫人员 1～3 名，许多县还无防疫站，无妇保站，不能承担县防、保的中心任务。

乡级卫生组织不健全。全自治区 1987 年撤区并乡后，全区 913 个乡中仅有 636 所乡卫生院，近三分之一的乡没有卫生机构。相当一部分乡卫生院人员少，素质差，设备简陋，房屋破旧，药品奇缺，远远满足不了农牧民防病治病的需求。

村级卫生组织几乎是空白。全区 10149 个村中，无医疗点的为 8167 个，占 84.47%。那曲地区 1487 个村中，只有 149 个村有医疗点，仅占 10%。

免费医疗问题突出。

计划生育工作薄弱。主要表现在机构不健全，人员不足，宣传教育工作普及不深入，计划生育药品及手术服务远不能满足需要。农牧民想避孕找不到药品，想绝育找不到地方做手术。山南地区一妇女生育第三个孩子后，听说县里来了手术队，跑了上百里赶到县城，手术队已经走了，回去以后又生了六个孩子。

西藏自治区卫生厅的建议与要求

鉴于西藏卫生工作中存在的突出问题及可采取的解决办法，卫生厅提出如下建议。

关于卫生经费短缺问题，建议：公费医疗费用和正常卫生事业费分开，单独核算，由各享受单位负责承担，以减轻卫生部门的压力；免费医疗费和卫生事业费分开核算，国家应核定免费医疗经费指数，专款下达；在不改变免费医疗制度的前提下，应允许根据不同地区的经济状况、不同对象、不同服务项目，采取"收、减、免"的多种做法，同时建立相应的管理办法。

关于提高卫生技术人员素质问题，建议："八五"期间成立西藏自治区藏医学院，也可以与藏医学院合建，采取"三定"的办法，1995 年先招收专科生，逐步开办本科班，并请求卫生部支持，于 1992 年或 1993 年委托协和医科大学或北京医科大学为西藏举办一期基础医学高级师资班；请求卫生部继续委托重点医学院校为西藏举办主治医师培训班，并要求选择几所路途较近、条件较好的省、市卫生中专学校，并相对固定为西藏自治区无条件培养紧缺或空缺专业人才。"八五"期间中专人才培养，一方面要改善自治区卫校办学条件，适当扩大招生，日喀则护士学校也需要扩建及扩大招生，并积极创造条件恢复昌都卫校，以适应卫生工作对人才的要求。

关于各种疾病的防治问题，建议：尽快恢复自治区地方病领导小组及办公室，明确编制，充实人员；请卫生部委派地方病防治专家到西藏考察与指导工作，培养防治人才；筹建自治区结核病防治医院。卫生部曾答应资助 100 万元，请求予以落实。

继续做好对口支援西藏工作，建议实行援藏目标责任制管理。

建立健全乡级卫生机构。1990 年我区卫生部门的基层建筑仅占自治区基层建筑的 0.3%，请求卫生部在自治区基层卫生机构的房屋建设方面给予一定的扶持。

以上建议和要求，凡应属地方政府解决的问题，在调查组同自治区党政领导座谈时都作了汇报，自治区领导明确表示，只要西藏能解决的，要一项一项研究努力解决，大的问题、政策的问题，希望调查组向有关方面反映，并给予西藏一如既往的支持。

联合调查组给出的建议

西藏自治区卫生事业面临的困难和难题较多，如江措副主席所说：“和内地的差距越来越大。”问题的焦点表现为经费不足，人才缺乏，管理工作亟待加强。西藏的卫生工作不同于其他省、市，有其特殊性，并带有很强的政治性，西藏卫生事业的发展主要立足于自力更生，但国家应给予必要的支持与帮助。为此，我们提出如下建议。

以考察组的名义向各民主党派主要领导通报一次情况，以便通过党中央和民主党派对话的机会，向党中央反映西藏卫生工作中存在的问题和困难。

联合有关部委和民主党派向国务院写一份关于解决西藏卫生工作中存在的问题和困难的报告。主要内容拟突出以下两个方面：第一，关于免费医疗。西藏的免费医疗制度是解放军进军西藏时为群众免费治病延续而来，多年来深受农牧民的欢迎，此项政策关系到西藏的稳定，因此应该继续坚持。但要根据当前的新情况，进行必要的改革，允许采取“收、减、免”或群众适当集资的管理办法。另外，要不断完善免费医疗管理制度与监督措施，使有限的免费医疗资金发挥更大的效益，使农牧民得到真正的医疗卫生服务。鉴于西藏的人口增加、药品大幅度涨价等因素，建议国务院核定西藏免费医疗指数，适当增加免费医疗的款额。

第二，争取设立发展西藏卫生事业专项经费，重点用于人才的培养。每年支持专款用以改善办学条件与提高本民族人才素质，“八五”期间每年支持基建经费 300 万元，设备费 100 万元，到“九五”期间适当增加，每年约 500 万元，由计委和财政部支持。

继续做好对口支援西藏卫生事业的工作。第一，开好援藏工作会议。此会已经国务院办公厅批准，列入 1991 年卫生部的会议计划。调查组在同自治区党政领导座谈时，自治区书记、主席都认为：这是一次很重要的会议，应该开成一个务实的会，使之成为解决西藏卫生工作中存在问题的良好开端，希望能像教育援藏会议一样以国务院名义召开。为此，建议成立由有关司、局等部门组成的援藏工作会议筹备组，并向国务院报告。会议时间宜推迟到明年召开。

第二，援藏工作要改革。在分省定地区负责的基础上，实行项目支援、目标管理，提高援藏的效益，在培养不走的医疗队上下工夫。西藏卫生厅根据“八五”计划和十年设想，提出年度人才培养目标，支援省按目标实行项目支援，尽量避免医疗队伍“顶岗”。每期支援结束后要进行效果评价，提出改进措施。

第三，研究调整对口支援单位。如支援西藏自治区卫校的北京医大调整为华西医大等。

第四，西藏自治区卫生厅成立“对口援藏办公室”，以计划、协调、管理与检查援藏工作。

第五，调整充实卫生部援藏办公室。1984年在重庆“三方援藏会”上成立的援藏办公室，现因不少同志已离退休，难以发挥应有的作用，应在此次援藏会上适时调整充实。

关于人才培养。第一，积极支援成立西藏医学院与恢复重点地区卫校，列入专题研究，并主动与教委等有关部门协商有关事宜，在可能的情况下，卫生部也应给以资助。

第二，为西藏举办主治医师培训班。可委托华西医大、西安医大举办。每班25人，时间1年，每年计划培养50人左右，可连办5年，经费由西藏卫生厅和卫生部共同承担。

第三，为西藏卫生技术人员提供到内地进修的机会，给予一定的优惠。各对口支援省每年应有计划地为西藏安排一些进修名额(不少于5人)，免收或减半收取进修费，并尽可能为进修人员提供医疗实践和生活上的方便，确保进修质量。卫生部教育司在下达进修计划时，应尽量给西藏以照顾。

支持西藏的乡卫生院的建设。建议从改造乡卫生院危房专款中每年拨50万元支持西藏的乡卫生院危房改造、建设。

卫生部的各有关司、局在业务范围内给西藏以尽可能的支持。如地方病防治、结核病防治、传染病防治、妇幼卫生等。

赴藏联合调查组

1991年8月21日

在宣布卫生厅新一届领导班子暨交班会上的讲话

同志们：

刚才，丹增副书记代表自治区党委宣布了卫生厅新一届领导成员名单。依据干部交流的原则和工作的需要，我和阿登、强巴赤列同志被调离卫生系统，将要到别的部门工作。我就要离开我工作了三十多年的卫生部门，告别与我朝夕相处了三十多年的卫生部门的同事们。借此机会，我想跟卫生系统的同事们讲几句话，以表达我依依不舍的心情。同时，也算做个交班吧。

大家知道，我是1955年底参加工作的。上岗头一天接触的就是卫生工作。1956年被党组织选送到内地学医，结束学业后又回到原工作单位，在卫生界前辈们的培养与扶持下，我爱上了卫生这一行并一直工作至今。我是1969年进入卫生厅领导班子的，1971年正式任卫生厅副厅长，1980年任卫生厅厅长、厅党组副书记。担任领导工作二十多年来，我和卫生厅几届班子里的同志团结协作，一心扑在组织、协调、参加我区人民卫生事业建设上。自党的十一届三中全会以来，我们卫生厅在卫生部的支持与关怀下，在自治区党委、政府的正确领导下，紧密联系我区卫生工作的实际，全面贯彻落实党在社会主义建设新时期的路线、方针和政策，党的卫生工作指导思想、方针原则，以及党的知识分子和干部政策，在执行干部人事制度过程中坚持藏汉团结、任人唯贤的组织原则。在这些方面我本人感到问心无愧，非常坦然地面对大家一道回忆这些工作。我们始终能够坚持社会主义卫生工作方向，以保护人民健康、提供高质量的卫生服务为工作目标，卫生厅相继制订了人民卫生事业发展的“六五”、“七五”、“八五”、“九五”计划以及“2000年人人享有卫生保健”的规划设想，并在落实上狠下工夫。经过卫生战线同志们二十多年坚持不懈的努力，我区卫生事业发生了很大的变化。

我认为突出的几点变化是以下几个方面。

第一，城乡医疗卫生网初具规模，人民群众的医疗条件得到明显改善，农牧区卫生工作得到切实加强。我区已经初步形成了现代医学与传统医学并存，门类比较齐全的医疗卫生体系。1992年的情况与1970年的相比，全区卫生机构由400个发展到1223个，其中农牧区卫生机构由262个发展到723个；专业卫生人员由2950人增加到10063人，其中农牧区卫生技术人员4091人，另有乡村医生1830人、乡村卫生员和接生员1707人；医院床位由2132张增加到5857张。1970年卫生厅直属单位的全部固定资产不过是2000多万元，到1991年底，厅属各单位的国有固定资产已有1亿2000多万元。医疗手段由70年代用小型X光机听诊器、血压计等逐步发展到现在正在普遍使用的较为先进的大型医疗设备。另外，我区在高原医学、藏医药学研究方面进展较快，并取得了较大突破。

加强农牧区卫生事业建设一直是我区卫生工作的重点。60年代末我们集中力量建设县、区级卫生机构，70年代开始重点抓了乡（公社）一级的卫生机构建设，1991年全区966个乡中，已建了600多个乡卫生院。为了解决农牧区缺医少药的问题，卫生厅于1988年、1991年两次召开了农牧区卫生工作会议，专门研究进一步做好农牧区卫生工作的对策，与计经委、财政厅等部门联合下发了《改革与加强农牧区卫生工作的意见》，决定从政策和人、财、物各方面向农牧区卫生事业倾斜。据此意见，从今年开始实施今明两年300个新建乡卫生院建设计划，已落实150个卫生院的建基和配套设备。

第二，认真贯彻“预防为主”的方针，努力加强预防保健工作。近二十年来随着医学模式的转变，我区预防保健事业有了较大发展。到1991年，全区各级卫生防疫站有91所，专业防治所（结防、麻防、鼠防）3个，专业卫生防疫人员800多人。1986年以来，全区推广计划免疫，1988年、1990年分别如期实现了计划免疫以自治区、县为单位的“两个”85%的目标。1990的情况与1985年的相比，计划免疫针对传染病发病率，麻疹下降了99.86%，百日咳下降了99.22%，白喉和新生儿破伤风已连续六年无病例报告。1991年全区14种传染病发病率为878.56/10万，死亡率为7.34/10万，与1985年相比，发病率和死亡率分别下降了92.43%和87.36%。

我区严重危害人民健康的地方病已得到有效的防治与控制。目前已确认的鼠疫自然疫源地有6个地市的15个县25个疫点，卫生部门积极开展了查源、灭源工作。近年来鼠疫疫情频繁发生，各级党委、政府对此十分重视，鼠疫人员扑灭得都很及时，没有造成疫情蔓延。27年来，全区共治愈麻风病患者2190例，治愈率达到85.77%，有11个县达到控制与基本控制指标。

二十多年来全区共治愈各种地方病患者约30万人。

妇幼保健工作在我区起步较晚，但进展较快。自1985年开展拉萨、山南、日喀则三个示范地市、5个先进县的妇幼卫生合作项目工作之后，1990年又开展了16个县的项目工作。近两年来，自治区和卫生厅共拨出275万元专款发展妇幼卫生事业。各项目县的区内配套资金和妇幼机构的房屋、人员、设备、人员培训工作落实得都比较顺利，基本符合联合国儿童基金会的要求。在项目工作的推动下，全区逐步开展了妇女保健和儿童保健工作。儿童常见病普查普治，努力推广新法接生，目前拉萨市区的新法接生率已达100%，全区婴幼儿、孕产妇死亡率逐年下降。

第三，医学教育不断发展，为我区培养了一大批适用人才。80年代初期，我们积极创建与发展西藏医学院校。西藏民院设立了医学系，建立了西藏医学院，各地市也相继成立了中等卫生学校。尽管后来西藏医学院和部分地市卫校被撤销，但这些院校为西藏农牧区培养与输送了大批人才。1985年西藏大学开设了藏医系，1989年西藏藏医学院建成并开始招生。同时在山东、江苏、黑龙江等省卫校开设了西藏班。1988年、1991年两批共选派50名藏族主治医师到内地9所重点大学深造，培养学科带头人。1987年以来，华西医科大学预科班每年招收35名。另外，为提高地县两级卫生管理干部的管理水平，在四川卫校举办了三期卫生管理进修班。1980年以来，区内还采取“分级负责、层层培训”

的原则，先后举办70多期学习班，培训在职人员6000余名。1991年各地、县采取多种形式对1036名乡村医生、卫生员进行复训，还新培养了136名乡村医生。

1973年以来，国务院和卫生部组派8省市医疗队援藏。1984年“三方会议”后，又有13个省市对口支援西藏。二十多年来，有近3000名医疗队员来藏在第一线进行“传、帮、带”授课活动，为我区培养人才、发展卫生事业做出了不可磨灭的贡献。

第四，卫生事业改革工作取得了一定成效。早在1980年我区就已明确，在巩固与发展全民卫生机构的同时，大力提倡与支持集体、个人等多种形式办医。首先放宽了藏医政策，允许民间的藏医人员经批准后开业或办联合诊所，已有千名民间藏医在农牧区为群众防病治病。允许内地卫生人员进藏办医办药，在一定程度上克服了农牧区缺医少药的困难。

公费医疗制度的改革是我区近期卫生改革的重点。1991年自治区成立了公费医疗制度改革领导小组及办公室，初步拟定了公费医疗管理办法，报政府审批。为了弥补免费医疗经费的不足，允许地（市）县在不改变免费医疗制度的前提下、在群众自愿的基础上，进行了多种形式办医的试点工作，取得不少好经验。如林芝地区将免费医疗经费改暗补为明补，国家、集体和个人合理负担，人民群众的基本医疗需求得到满足。去年我们与物价、财政等部门对1991年以来制定的医疗收费标准落实情况进行了调查，纠正了部分偏高或偏低的不规范收费行为。

第五，民族医疗事业有了长足发展。1980年以来，国家先后投入1500多万元建立了自治区和6个地区的藏医院、7个县的藏医院，60多个县医院设有藏医科。目前，全区已有国家在编藏医药专业人员800多名，床位430张。自治区藏医院发展为全区集藏医、医教、科研为一体的藏医中心，该院藏药厂能生产藏成药350种，年产量达20万斤左右。为抢救、挖掘、继承与发展藏医药事业，我们鼓励知名老藏医著书立说与开课授徒，落实了国家发展藏医药相关政策。近十年来为40多名藏医评定了副主任医师以上职称，130多人被评定为主治医师。1991年自治区藏医院和山南地区藏医院被列入国家中医药局“杏林计划”，作为重点建设的示范医院。

第六，对外合作交流取得显著成绩。改革开放以来，我们与国外一些医学机构、友好团体进行了广泛的接触与合作，先后与美国、意大利、日本、瑞士、比利时、联合国儿童基金会、美国儿童基金会等建立了合作关系。仅1985年到1991年7年间，就与外方签约实施了7个合作项目，受援的医疗器械、药品、交通工具、教学设备等物资折款达377多万元，折合人民币约2035万元，其中无偿性援助221.3万美元。援助项目涉及妇幼保健、计划免疫、结核病和地方病防治、人才培训、高原医学研究等方面。瑞士红十字会为日喀则、山南两地办了两所民间藏医学校，为农牧区培养乡村医生。我本人参加了如前文提到的卫生领域一系列外事活动。在出访期间，我十分注重宣传党和政府在西藏的各项政策，宣传西藏社会及西藏卫生事业的今昔对比，目的就是让世界人民更多地了解西藏社会与西藏人民卫生事业的发展变化，也达到了引进技术和援助项目之目的。同时对达赖集团散布的种种谎言，肆意歪曲西藏历史和现实作了有力回击。

第七，三年的“整顿医疗卫生秩序、开展文明优质服务活动”使卫生战线面貌有了很大改观。1988—1991年三年间，我厅从全区卫生工作的实际情况出发，在卫生系统持久开展了“整顿医疗卫生秩序、开展文明优质服务活动”。三年的“整、开”活动是以医德医风教育、狠抓基本管理、卫生部门内涵建设、行业作风建设、建立健全必要的规章制度以提高医疗卫生单位、尤其是基础卫生组织的管理水平为主要内容的教育宣传活动，通过此项活动使一大批基础卫生管理干部在抓工作管理中学习管理知识，得到了锻炼与提高，医务人员的医德医风明显好转。

随着我区卫生事业的发展，人民群众的医疗保健水平逐步提高，对促进我区经济发展繁荣与社会安定团结起到了积极作用。卫生事业所取得的成绩，首先应当归功于党和政府的亲切关怀与正确领导，其次归功于卫生战线上广大干部职工以及曾在卫生战线工作过的老同志，他们为此付出了极大的心血。我作为一个在管理岗位上工作了三十多年的老同志，由衷地向全区卫生战线的同志们道一声“辛苦啦！”

西藏人民卫生事业虽然有了一定的规模和基础，但是面临的改革和防病、治病的任务依然十分艰巨，还需要全体医护工作者继续艰苦奋斗。我衷心希望同志们能够在党和政府的坚强领导下，认真贯彻党的十四大精神，在卫生厅新一届领导班子带领下，一如既往地支持与配合各级卫生部门的工作，团结协作，开拓创新，为我区人民卫生事业大发展大繁荣做出更大贡献。谢谢大家！

第四部

10年自治区政府副主席工作

概述我在政府班子十年的工作

调离卫生厅，进入政府班子。1993 年换届时，我离开了坚守三十多年的卫生厅，调整到自治区政府班子里，任自治区政府党组成员、主席助理。同年 8 月，中央组织部下达了一个批文，任命冯军同志为西藏自治区党委常委、副书记，我为党组成员、副主席。1998 年 5 月，在自治区第六届人民代表大会一次会议上我连任了副主席，直至 2003 年改任自治区政协党组成员、副主席。在自治区政府工作期间，因主席和常务副主席出差我曾经 2 次主持政府工作，圆满完成分内的各项任务。

工作面宽了、领域多了，工作政策性也强了，我的角色从微观领域的直接领导转到对所分管部门工作的宏观指导，“身价”似乎提高了，责任却是加重了，而知识水平和工作能力并不是随着职务升迁一下子就增高了，不是一到了政府机构里就什么都懂得了。对我而言，所分管的工作部门几乎都是新领域，其中的各项具体工作都是新专业、新课题，因此需要尽快地加以熟悉。要了解所分管部门的基本情况，就得走进去做一番调查研究，掌握相关的真实数据和部门特点；要顺利完成角色转变，演好新的角色就得重新学习，不耻下问，既要熟知部门工作的方针政策与指导思想，又要多多益善地拥有其中的业务知识和开展工作的方式方法，早日从外行转为内行。我总结多年来的工作经验，应对新形势、新要求的法宝就是好好学习。一方面广泛研读党和国家以及自治区党委、政府及其相关部门的工作方针、政策，另一方面理清政府各职能部门的工作思路、办事程序。

从到自治区政府工作的第一天起我就对自己约法“四章”：一是自觉坚持研修马列主义、毛泽东思想和邓小平理论，认真学习领会“三个代表”重要思想和党的其他创新理论，并做到学以致用，不断提高自己的理论素养和运用马克思主义的立场、观点和方法，观察、分析现实问题、热点问题与社会现象以及管理、协调业务工作的实际能力，在贯彻执行党的方针、政策的时候，始终要同党中央、区党委保持高度一致。我从入党的那一刻起就坚定了马克思主义信仰，在几十年的工作实践中逐步树立起了马克思主义的世界观、民族观、文化观和宗教观，政治立场坚定，对党忠心耿耿，今后依然会坚贞不渝；二是严格要求自己及身边工作人员，勤政廉洁，克己奉公，坚决杜绝收受贿赂、以权谋私及其他违法乱纪的行为，要以身作则，示范群众；三是想问题、办事情一切从实际出发，实事求是，言必有据，绝不信口开河，避免讲外行话，不摆花架子，不搞形象工程，带头深入群众调查研究，了解社情民意，对百姓反映的事情做到心中有数，对自己分管部门的工作边学边熟悉，积累丰富翔实的第一手资料。工作中尽可能减少盲目性，在“班长”和“副班长”的带领下，不仅做好所分管的工作，而且要做好交叉与协管的事情，处处维护政府班子的形象和权威，四是坚持党的民主集中制，虚心听取下级不同意见和建议，集思广益，坚决避免决策失误。以上四点是我进入政府班子时给自己立下的人生誓言，在此后十年时间里，我一直谨记在心并努力去践行。

自 1993 年至 1998 年的 5 年里，我除了分管邮电、文化、文物工作外，还兼任自治区计划生育领导小组组长、自治区妇女儿童工作委员会主任、西藏红十字会会长、自治区无线电管理委员会主任，并协助吉普•平措次登副主席做自治区民族宗教、自治区体育工作，协助拉巴平措副主席抓自治区教育及科技工作，有一段时间分管了交通厅的工作。1998—2003 年的 5 年时间里，我分管过自治区广播影视厅、文化厅、文物局、新闻出版局、科技厅、体育局、社科院、计划生育委员会、自治区妇女儿童工作委员会、红十字会、残疾人联合会等部门的工作，协调管理自治区科协、文联、登山协会的工作。除此之外，还因为与群培副主席工作交叉，在他出去学习或出差时我协管他分管的教育、卫生等工作，同时较好地完成了主席或常务副主席临时交办的应急任务。

对我来说，在政府工作的十年是很不平凡的，赶上了许多重大的、具有里程碑意义的事情，耳闻目睹着社会主义新西藏的发展变化。在这期间，我参加了中央第三次、第四次西藏工作会议，聆听了党中央、国务院对西藏工作所做的一系列重要指示。我体会到了党中央、国务院的亲切关怀，感受到了全国各兄弟省区(市)的深情厚谊。在我任期里，我见证了西藏各级领导干部团结带领人民群众、驻地官兵和武警部队，以及来自全国兄弟省区(市)的援藏大军，在西藏的城市与农牧区、大河上下与山巅沟壑，在绵绵秋雨里与烈风暴雪中，风餐露宿，跋山涉水，心往一处想，劲往一处使，规划着西藏、建设着西藏、发展着西藏、刷新着西藏，几乎每天都要创造一个感人的故事，每年创造一项令人振奋的奇迹；拔地而起的新城，四通八达的油路，纵横交织的电网、通信网，花木扶疏、芳草萋萋的公共场所，自来水和太阳能进入普通人家，电脑和小汽车入住率先致富的家庭，这些都极大改善了西藏的生产与生活环境，人民群众的衣食住行更加宽裕方便，一个欣欣向荣与稳定和谐的西藏雄踞在世界屋脊上。

我一想到这些，就会心潮起伏，自豪感便油然而生。十年里所经历的大事、喜事一个接着一个浮现在眼前，那么亲切，那么熟悉。特别令我振奋的是，我到区政府工作不久，以江泽民总书记为核心的党中央听取了当时自治区党委、政府主要领导的工作汇报后，表示十分了解西藏工作的实际情况、西藏在发展中面临的困难及其与全国的差距，也表示十分理解西藏人民希望国家扶持、渴望生活富裕、盼望加快发展的迫切心情。中央决定动员全国的力量帮助西藏加快发展，给西藏更多的优惠政策，使西藏人民尽快发家致富，中央因此召开了第三次西藏工作座谈会。当时自治区党委、政府把主要精力放在中央第三次西藏工作座谈会的项目准备工作上，要求各行各业在调查研究的基础上提出合理的重点项目计划，为中央制定西藏工作的大政方针提供决策依据。为了开好第三次西藏工作座谈会，中央于1994年2月专门召开西藏工作座谈会的筹备会。

1994年7月29日至8月23日，中央第三次西藏工作座谈会在北京召开，我有幸出席了会议，聆听了江泽民、李鹏、乔石、李瑞环、朱镕基、胡锦涛等党和国家领导同志在大会和小组会上的讲话。这次会议的规格和规模是空前的，会议进一步明确了新时期西藏工作的指导方针："在邓小平建设有中国特色社会主义理论和党的基本路线的指引下，在全国人民的支持下，依靠藏族人民和其他各族人民，抓住机遇，迎接挑战，深化改革，扩大开放，以经济建设为中心，紧紧抓住发展经济和稳定局势两件大事，确保西藏经济的加快发展，确保社会的全面进步和长治久安，确保人民生活水平的不断提高。"简称为"一个中心、两件大事、三个确保"的新时期西藏工作指导方针。会议提出了西藏经济社会的发展目标，即到2000年力争全区国民生产总值比1993年翻一番，年均增长率在10%左右，多数群众达到小康水平。会议制定了西藏反分裂斗争的方针，坚持西藏是中国不可分割的一部分，旗帜鲜明，针锋相对；明确提出了中央对达赖的政策，"只要他承认西藏是中国不可分割的一部分，彻底放弃'西藏独立'的主张，停止一切从事分裂祖国的活动，就欢迎他早日结束流亡生涯回归祖国。但搞独立不行，搞变相独立也不行，在维护祖国统一这个根本问题上，没有任何讨价还价的余地"。会议制定了西藏的发展策略，做出了全国首批15个省市(区)"分片负责、对口支援、定期轮换"的援藏决策，确定了62个援助项目工程，中央继43项工程后再安排62个建设工程。会议还决定，在保持原有可行的优惠政策的基础上再给予西藏八项优惠政策。会议作出的各项方针政策及相关举措不仅大大改善了西藏的基础设施建设，为西藏经济社会实现跨越式发展注入了强大动力。因此，第三次西藏工作座谈会使西藏迈上了社会主义现代化建设的新阶段。

这次会议结束后，我精心组织所分管的各部门深入学习领会中央第三次西藏工作座谈会的精神，围绕着“中央关心西藏，全国支援西藏，西藏怎么办”的主题开展民主讨论，为落实会议各项内容做好思想准备与舆论准备。当时，政府提出了“稳定发展第一产业，有重点发展第二产业，大力发展第三产业，适度超前发展交通、能源、邮电、通信等基础设施建设”我区整体发展思路。根据这一要求，我分管的邮电通信和交通部门，积极响应党中央和区党委、政府的号召，认真编织西藏邮电通信超前发展的规划，积极争取国家邮电部门对西藏邮电通信和交通运输的投资项目，期望通过优先发展这些部门和行业为西藏的改革开放与经济社会发展提供便利条件。事实证明，我们所做的工作成效很明显。

在此期间，我悉心指导了自治区妇儿办公室落实《九十年代西藏自治区儿童事业发展规划纲要》和《西藏自治区妇女发展规划纲要》，多方协调解决其工作中的难题。如贯彻“两纲”首先制定了实施办法，并通过法律程序转化为人民的意志；其次解决了经费问题，并纳入自治区财政预算安排；再次是协调配齐了办公室必要的工作人员，统筹改善了办公条件，提供进修机会提高人员办事能力。为了实施好“两纲”，每年“六一”儿童节前后，由自治区妇女儿童工作委员会办公室牵头，自治区妇联、广播影视厅、区团委、卫生厅、教委、政法委等部门联合组织“两纲”宣传和知识竞赛活动，每年还到儿童福利院、敬老院进行慰问，开展送温暖活动。通过这些活动，营造出了全社会关注妇女儿童事业的良好社会氛围，为我区妇女儿童事业的繁荣发展起到了推动作用。

参加第22期中央党校省部级学习班

1997年3月经组织安排，我去北京参加了中央党校省部级第22期学习班。开学那天，中央党校苏星同志主持开幕式，中央书记处书记、中央党校校长胡锦涛同志作了重要讲话，提出了学习要求。参加开幕式的有中纪委副书记陈作霖、中组部部长张全景、中宣部部长刘云山，另有国务院办公厅等部门的领导参加了开幕式。在中央党校这个培养党的干部的熔炉里学习，对我来说机会十分难得，在有限的时间里，我只能集中精力刻苦读书，提高自己的理论水平与工作能力。

中央党校开课时，学校领导提出了学习计划与各方面要求，强调我们这个班要首先坚持“一个中心、四个结合”。一个中心，即以深入系统地学习邓小平建设有中国特色社会主义理论为中心，切实弄懂什么是社会主义、怎样建设社会主义，领会其精神实质，加深理解；四个结合即把学习马列主义理论与学习毛泽东著作、邓小平理论结合起来，把学习理论与贯彻落实党的路线、方针、政策结合起来(党校学员有个惯例，每个星期五必须参加形势报告会，听中央、国务院各部领导讲话，加深对党的路线方针政策的理解)，把学习理论与学习新的科学知识结合起来，把学习理论与锻炼党性结合起来，增强党性修养。其次是坚持理论联系实际，联系改造客观世界与主观世界的实际，联系单位、地区的工作实际，用马列主义世界观、方法论研究问题、分析问题，特别是应用科学理论来研究改革发展中的重大问题与突出问题。再次是坚持“两个为主”，即以自学为主，读原著为主。

中央党校是党的理论研讨与思想创新的学院，是党的高级干部畅谈学习体会、交流思想认识的课堂，要求学员要有自己的新观点、新方法，并做到言必有据，有理论深度，进而要求每个学员真正沉下心思，走进马列主义经典，潜心研读，彻彻底底地深入其内，发乎其中，养成独立思考的习惯，下一番对理论进行学理分析与综合的工夫。高级领导干部要具有理论家的风采、学者的风范，切忌人云亦云，随波逐流。第四要通过本期学习努力提高对维护祖国统一、维护社会安定团结这个政治局面的含义及其深远意义的认识，增强党的高级干部应有的政治敏锐性与政治鉴别力。第五按照江泽民总书记提出的领导干部“讲学习、讲政治、讲正气”的要求，自觉加强党性锻炼，提高自身的思想与政治素质，养成务实高效的工作作风与艰苦朴素的生活作风，从理论上提高贯彻执行党的基本路线的政策水平与工作能力。

党校是知识的海洋，有看不完的书，有汲取不尽的知识。我在中央党校三个月时间内，认真系统地读书，初步认识了马列主义的立场、观点和方法，基本了解了这个理论体系的概貌，较为深入地学习并加深了对邓小平建设有中国特色社会主义理论的理解，增强了贯彻执行党的十四届三中全会以来的路线、方针、政策的自觉性，也加深了对理论联系实际学风重要性的认识，开始自觉地运用学到的理论观点来观照、检查与反思自己的思想、认识和工作情况，既基本弄清了自己存在的问题，又大致理清了理论本身，即理论体系中哪些原则需要完整继承，在具体工作中灵活运用的，哪些需要结合新的社会实践加以发展，做到理论与实践具体的历史的统一，既要反对本本主义，防止思想僵化，又要反对经验主义，故步自封。结合党校的理论学习，我撰写了《关于“改革、发展、稳定”综合协调的思考》的论文。

文艺、文化工作

从1995年至2003年，我分管了自治区文化、文联、文物和新闻出版方面的工作。党的十一届六中全会指出："文艺工作者和教育工作者同样都是人类灵魂的工程师，担负着'武装人'、'教育人'、'引导人'、'鼓舞人'的神圣职责。"我深知在西藏繁荣发展社会主义文艺创作与科学文化，对于不断满足人民群众日益增长的精神文化需求、提高民族的思想道德和科学文化素质、促进我区"两个"文明建设以及构建小康西藏、平安西藏与和谐西藏具有特殊的意义。

党和政府十分重视维护西藏各族人民的文化权益，大力推动人民文艺、文化事业的发展。旧西藏，民族文艺、文化被极少数封建农奴主垄断、享用。和平解放以前，西藏有一些藏戏，各地成立了民间藏戏班子，以特有的演出方式培育与传承人们喜闻乐见的藏戏节目。和平解放后，经过民主改革西藏民族文艺、文化回归于人民群众，为广大百姓所共有共享。达赖集团与西方反华势力无视藏族文艺、文化在今天获得全面、完整的继承与发展的事实，散布"西藏文化毁灭论"，实属谬论。在党的民族政策指引下，党中央和历届自治区党委、政府在西藏认真贯彻党发展社会主义文化的"双百"方针和"二为"方向，悉心培养文艺、文化人才，把一批又一批作家、音乐家、舞蹈家、歌唱家相继推上西藏乃至全国的文艺舞台，同时推出了许许多多颇具民族特色、形式多样的文艺作品，这些文艺作品一直为我区读者、观众所喜爱，有的蜚声海内外。比如，在20世纪五六十年代，西藏的歌舞就风靡全国，至今还让人回味无穷。

西藏的人民文艺经历了半个世纪的曲折发展，就其内容和形式呈现出来的层次特点，大致划分为三个阶段。

第一阶段民主改革至"文化大革命"之前，西藏百万农奴获得了解放，成了自己和国家的主人，拥有部分生产资料(土地和牛羊)，被赋予政治权利，有了做人的尊严。藏、汉文艺工作者同翻身农牧民和驻藏人民解放军"心心相印，息息相伴"，一道切磋技艺、相互学习，创造出大量反映翻身农奴新生活的名篇佳作。这类作品有着纯真的感情，别致的民族格调，因而有持久的艺术魅力。如歌曲《在北京的金山上》、《毛主席的光辉》、《请喝一杯酥油茶》、《怎么叫我们不歌唱》，舞蹈《丰收之夜》，表演唱《逛新城》，小歌舞《洗衣歌》，话剧《农奴》，音乐舞蹈史诗《翻身农奴向太阳》，等等。这些作品在当时几乎传遍了全国各地，甚至在国外也产生了一定的影响。这个阶段的西藏文艺开始向表现普通百姓的人情、人性为内容的现代形态转变。

第二阶段“文化大革命”结束后至90年代初，党的民族政策、文艺和知识分子政策得到恢复与落实，“文化大革命”期间“左”倾文艺指导思想被彻底纠正，文艺生产力获得了解放，艺术工作者的创作热忱被激发出来，他们充分利用、发掘生活积累，创作出一批很有生活气息的文艺作品，如雪顿节恢复创演的藏戏《汤东杰布》，新曲艺相声《歌舞的海洋》，歌舞《央玛》等作品，给观众留下了深刻而又亲切的印象。

第三阶段社会主义新西藏加快发展的新时期。自中央召开第三、第四次西藏工作座谈会以来，各级党委、政府像抓经济社会和思想道德建设一样抓文化建设，把进一步繁荣文艺创作作为加强我区精神文明建设、增强文化软实力的重要途径，作为构建小康西藏的重要内容、打造特色旅游城市的重要举措，探索、完善文化管理机制，积极开拓文化市场。同时，热情鼓励文艺工作者深入生活、思考生活、表现生活，努力拓展创作领域，在纷繁复杂的现实生活中善于把握社会现象的本质，敏锐发现并艺术再现更多的新人物、有影响的社会事件，从中发掘并宣传更多有意义的新思想、有价值的新观念。当然，在艺术家那里社会生活需要一个沉淀、提炼的“发酵”过程，然后才能孕育出鲜活的艺术形象，从而物化出各式各样的文艺作品。所以，这个阶段的文艺创作的一个明显特征是现实题材与历史题材并重。代表性的作品有藏戏《文成公主》、乐舞《珠穆朗玛》、电影《益西卓玛》、话剧《情满草原》，等等。

在我分管文化工作8年里，文化厅的主要领导换了三届(强平厅长、西珠朗杰厅长、德吉措姆厅长)，我跟每位厅长相处得都很好，尽我所能支持他们的工作。我的工作重点就是指导全区性文化政策的制定及落实，积极协调、解决实际工作中的难题。大家齐心协力狠抓弘扬主旋律及优秀作品创作，广泛开展健康的丰富多彩的群众性文化活动，引导与吸引人民群众参与其中，努力实现文艺工作者的文艺创作同人民群众生产生活实际及其文化活动之间良性互动。人民群众不仅是文艺作品的被动接受者，而且是文艺创作的知情者、参与者与评判者，“人民需要艺术，艺术更需要人民”。一定程度上说，组织好群众性的文化活动，确立人民群众在文化活动中主人公的地位，以及人民群众在包括文艺创作在内的文化创造、文化传播和文化消费过程中裁判员的身份，是发挥文艺、文化功能，推动其健康发展的正确做法。

新形势下，文学工作如何更好地围绕党的中心工作，更好地坚持“为人民服务”、“为社会主义服务”的方向与坚持“百花齐放、百家争鸣”的方针，如何更好更快地培养和造就更多“面向现代化、面向世界、面向未来”的，“民族的、科学的、大众的”社会主义文艺新人，这是我分管文化和文联工作期间始终思考的大课题，也时常向有关专家请教这类问题。新世纪伊始，江泽民同志提出了“三个代表”的重要思想，要求把文艺建设与文艺繁荣，同经济社会发展与提高最广大人民群众的物质文化生活水平有机地统一起来。这就为新世纪做好西藏文艺工作打开了思路。我主动同艺术圈、文化界的同志交朋友，与他们一起探讨艺术发展规律，期望他们多加熟悉党的各项文艺方针政策，在弘扬主旋律、提倡多样化方面下工夫，真心实意地到基层去，到人民群众中间去，了解人民群众所想、所需、所盼。人民群众的生活是文艺创造取之不尽、用之不竭的唯一源泉，真正的文艺作品永远是人民群众生活的真实反映，真正的艺术家永远是人民群众的忠实代言人。这些道理大家都明白，都能讲上一阵子，但是，真正落实起来就不是那么容易了，深入社会，特别是到艰苦的地方体验生活，同农牧民同吃、同住、同劳动，会遇到很多不便或想象不到的困难，要忍受很多的环境与生活的艰辛，可能会有人受不了这份苦。然而，文学艺术发展史告诉我们，那些真正反映了社会生活、揭示历史演进规律、深深打动读者的文艺作品，都是那些具有献身精神、与人民群众休戚相关的文艺工作者用心、用情甚至用血写出来的文字！我国当代有位著名的女诗人说:“痛苦使艺术光辉。”这是一句值得玩味的创作体验。世界上有哪一件经得起推敲的作品是休闲之时侃大山侃出来的？我这样讲，并不是要求从事文学艺术工作的同志们，都去险恶的生存环境里去冒险、重新体验原始先民那种茹毛饮血的生活，而是说要了解事物的本真面目还就得深入到庐山之中下一番考究的工夫呢。只有来自现实生活的文艺作品，才能对现实生活产生反作用；而闭门造车，胡编滥造的应景之作只会让读者对现实产生幻觉。另外，在西藏，要特别注意认真执行党的民族政策和宗教政策，尊重各民族风俗习惯，在自己的作品中准确反映少数民族生活的本质内容和主流文化，自觉维护祖国统一、民族团结和社会进步，要重视借鉴民间文艺，善于从优秀的民间艺术中获得灵感与创作方法。因此，我们既要鼓励艺术家立足藏区、面向现实，创作出反映时代强音的艺术作品，推出思想健康、具有知识性和趣味性强、富有艺术魅力的作品；又要提倡有宽广的文化视野和博大的人文襟怀，虚心学习其他民族文学艺术的优长，加以民族化与乡土化，创作出更多更好的具有浓厚区域风情与高品位文化内涵的戏剧、音乐、舞蹈、美术、书法、曲艺、摄影等作品。这些是摆在我们面前的新课题、新任务。

■ 前排左三为作者

我知道，要想领导好包括文艺在内的文化部门的工作，就必须了解其特点，特别是文艺工作的特点。文艺作品靠典型形象来说话，成功的艺术形象都是情与理二重因素的有机体。塑造出一批栩栩如生的、真实而深刻的反映改革开放和社会主义现代化建设伟大历程的艺术典型，以振奋民族精神、丰富人民群众的文化生活、陶冶公民的道德情操、培育大众的审美情趣，引导人们追求“真、善、美”，寓教于乐，使读者在艺术欣赏的过程中获得有益的知识、接受思想教育、激发工作与学习热情，这是时代赋予我区广大文艺工作者的神圣使命。而领导艺术形同于创作艺术，要在尊重规律的基础上发挥主观能动性，明确自己应该采取的工作方式方法，为文化部门创造必备的工作条件，为他们施展才华提供机会和舞台。因此，主管文艺、文化工作的领导就是当好后勤部长，而不做绊脚石。

我们要下大力气培育文艺人才，为艺术人才提供施展其才华的机会。文艺现代化，根本的问题是文艺创作队伍的现代化，首先是他们思想观念的现代化，这是提升文艺生产力水平的第一要素。在这个方面我区面临的问题是现有的文艺团队后继乏人，需要加大培养力度。西藏歌舞团、话剧团等主要的文艺部门进人，在采取招录新生的主渠道的同时，不拘一格选贤任能。在培养使用上不断完善相关机制。

再强调一下继承传统文化遗产、振兴民族优秀文化的问题。遵循“古为今用”、“推陈出新”的文化方针，继承与发扬民族传统文化中的精华，区分与剔除其封建性糟粕，这是文化部门从业人员的另一项重要任务，在文化宣传和文艺创作过程中需要认真落实的。我区的文艺作品一定程度上存在着消极对待民族传统文化，片面理解民族特点的问题，把一些落后的习俗，甚至是与社会主义现代化建设事业不着边际的过时的东西，当作民族特色搬上舞台，在社会上产生了不良影响，致使一些不了解西藏的人对西藏产生误解，给人们留下了西藏是一个荒蛮之地、藏民是颟顸无知的错误印象。这是个原则问题。文化工作者务必引起注意，要学会辩证看待传统文化和现代文化的关系，要具有鉴别力，传统的民族文化需要继承，但必须经过“扬弃”，不能满足于停留在老祖宗留下来的文化堆里修修补补，要根据人民群众的实际需要，结合当下文艺工作的实际，对传统文化下一番批判分析的工夫。我们文化工作的根本任务是建设西藏的新文化，既要植根于优秀民族传统，又要面向现代化，既要满足群众需要，又要培养、提升群众的积极健康的文化情趣、文化欣赏层次。这一点，对我们建设和发展有中国特色社会主义新西藏文化尤其重要。因此，继承必须有所选择，有所批判，有所改造，要随着时代的变化而不断增添新的内容，这就是整理提高、不断创新的过程，只有这样才能真正有益于我们文化产业的发展，有益于文艺创作的发展。

西藏文艺工作者承担着自治区广电厅主办的春节、藏历新年文艺晚会，完成自治区重大活动期间的文艺演出以及组织文化下乡活动等应急工作。同时为全区乃至全国藏区提供融思想性和娱乐性为一体的文艺节目。经过大家几年的通力合作，创作出不少的优秀节目，得到自治区党委、政府的充分肯定。如 30 年大庆主题歌舞《大雁颂》、话剧《雅砻之恋》、歌剧《魂系高原》、全国第六届民族运动会拉萨分赛场开幕式大型文艺节目，都深受人民喜爱。这方面的经验值得总结。

我主动协助自治区文化主管部门，在全区文艺人员中开展教育学习活动。倡导一切有利于爱国主义、集体主义、社会主义的思想和精神，倡导一切有利于改革开放和现代化建设的思想和精神，倡导一切有利于民族团结、社会进步、人民幸福的思想和精神，倡导一切凭借诚实劳动过上美好生活的思想和精神，激发西藏各族人民艰苦创业、建设新西藏的热情和智慧，倡导发挥少数民族文化特色，繁荣少数民族文艺。但是，这一切绝不能流于标语口号，我们做宣传的、做领导的要找到合适的载体，我们的宣传、教育不能流于形式化，更不能庸俗化，而文艺工作者要用作品说话，拿出了有分量的作品，一切尽在不言中。

实施“五个一工程”建设，推动群众性文化活动，努力做到雅俗共赏，寓教于乐；建设边疆文化长廊，进一步丰富城乡人民的精神文化生活。精神文明建设“五个一工程”，是弘扬主旋律、推动优秀作品生产的重点工程。因此，从政府的角度要求自治区各有关部门，支持和重视文化工作的规划，重点工程都精心组织，注重提高质量，更好地发挥这一工程在精神产品生产中的示范作用。我们重点抓了具有西藏特色的剧目，多出群众喜爱的优秀节目；努力促进内容健康、知识性与趣味性强、富有艺术魅力的少儿作品创作。推出更多更好的戏剧、音乐、舞蹈、美术、书法、曲艺、摄影等方面的优秀作品。

在这期间，我们还狠抓了西藏展览中心的筹建工作。根据我区和拉萨市社会发展的实际，为充分发挥社会、经济、环境效益，自治区政府考虑将展览馆和科技馆合并建设成西藏展览中心。2000 年 7 月 26 日，自治区成立以我为组长的筹建领导小组，负责协调自治区综合部门审查编制优选项目。当时定的总建筑面积控制在 21000 平米左右，总投资预计为 1.3 亿元，申报国家投资建设项目。为了做好项目前期准备，自治区计委安排 200 万元前期工程费，于 2001 年 1 月 24 日批准立项。我积极协调落实建设用地，先后邀请杨传堂、向巴平措、徐明阳三位同志和拉萨市的负责人，研究落实展览中心的建设用地。最终于 2001 年 2 月 12 日确定在罗布林卡路选下最好地段，定在拉萨市园林局茶园边上。经与拉萨市有关部门反复协调，下达了规划意见书和建设用地红线图。我们把方案设计委托给自治区设计院进行了可行性论证，基本完成展览中心的前期筹备工作。

西藏自治区财力有限，文化投入相对不足，这是制约文化事业发展的重要因素之一。除了协调解决部分资金需求问题，我还带领文化厅的领导到文化部、国家文物局、国家新闻出版总局争取资金项目，动员全国文化、文物、新闻出版系统支持西藏，先后组织了文化援藏、文物援藏和新闻出版援藏会议，采取落实相关措施实现西藏的文化资源与内地的人才、技术、资金有效配置，共同开发合作项目，取得了显著成效。1995 年 11 月上旬，全国边疆文化长廊建设现场会在拉萨召开，对西藏文化事业的发展起到了积极的推动作用。

自治区新闻出版工作

自治区新闻出版局起初作为文化厅管辖的二级局(县级建制)，1995 年前在文化厅大楼内办公。随着我区改革开放日趋深入，新闻出版事业快速发展，其业务范围急剧扩大，承担着巩固和拓展社会主义思想文化阵地，加强精神文明建设，净化全区出版物市场和文化娱乐场所，打击社会丑恶现象以及“扫黄、打非”等重大而繁重任务。可见，自治区新闻出版局的机构建制级别与其所肩负的任务及所履行的职能不相称，一定程度上影响了其职能的发挥。

我分管自治区新闻出版工作后，一方面积极向自治区党委、编办反映新闻出版的工作性质、职责范围以及升格的重要性；另一方面与文化厅西珠朗杰厅长一起向国家新闻出版总署汇报工作，并提出全国新闻出版系统对口支援西藏的要求。经过研究后，于 1995 年，藏党发 18 号文件批准了西藏自治区新闻出版局升格为副地级建制，除党组工作外，业务上和财务上相对独立。随后，藏机字[1996]45 号文件明确了出版局的人员编制、内设机构及其业务范围。1997 年 2 月，从文化厅大院搬出来，在西藏人民出版社西侧不足 100 平米的办公室挤着办公。为了保证新闻出版局必要的工作条件，经过协调争取由政府解决了 50 万元，其余缺口资金由出版总署和全国出版系统援藏会议帮助解决了。为了解决他们的工作用车问题，我同自治区国资委协商，从他们收缴的旧车辆中为出版局选了一辆。1998 年 6 月，我同旺久社长专程赴北京参加了新闻出版总署援藏工作座谈会。全国出版系统援藏会议议定了给西藏的出版社提供 1000 万元用于图书出版，资助自治区书店建店。

我区新闻出版局认真贯彻落实“一手抓管理，一手抓繁荣”的工作方针，结合我区反分裂斗争的形势和出版物市场、文化娱乐场所的实际，深入调查摸底，掌握有关真实情况，针对出版物市场存在的制黄、贩毒和非法出版活动猖獗等问题，会同有关部门重拳出击，依法取缔政治性非法出版物，组织力量有力反击达赖集团及西方反华势力对我藏区实施的政治思想文化教育反动宣传，清剿“法轮功”等邪教出版物，严厉打击卖淫、嫖娼、赌博、吸毒、非法经营出版物等社会丑恶现象，当好西藏社会主义思想文化阵地上的忠诚卫士。

体育工作

我于1993年开始协助吉普•平措次登副主席做体育工作。

首先是熟悉体育工作情况，特别是我区竞技体育、群众性体育、登山运动以及我区体育人才和体育设施等情况。1995年政府领导调整分工时，把体育工作交给我分管。在我从协管到分管体育局工作期间，体育局主要领导历任两届，洛桑达瓦书记和姬嘉局长搭班，洛桑达瓦同志退休后，群增任书记，姬嘉任局长。无论哪位同志在岗，我都全力支持他们的工作，对于他们在工作中遇到的难题主动协调解决。按照中央第三次西藏工作座谈会精神，积极与国家体育总局联系，申请援藏体育项目，促成1997年在拉萨召开体育援藏项目会，落实对口项目资金、代培运动员和教练员计划、选派体育科研人员和援藏干部协议，以及西藏攀岩登山训练馆的建设项目、促销体育彩票及其提成比例中大头留给西藏用来弥补体育经费不足的计划。

协管与分管体育工作近10年里，我亲历了我区体育事业的长足发展。一是全区体育场馆经过改建扩建其功能逐步完善，通过援藏项目的实施，新建了规格比较高的西藏体育馆，新建了日喀则体育场、江孜县和乃东县等封闭式体育场以及那曲地区和当雄县等赛马场。二是全区群众健身运动深入开展，竞技体育取得了较好的成绩，各族体育健儿在全国运动场上顽强拼搏、勇夺奖牌，在第7、8两届全国运动会上所获金、银、铜牌数量都超过了历史纪录，自治区政府给予了嘉奖。据统计，参加经常性体育锻炼的“常规队伍”就有30多万人。1995年以来，我们开展了拉萨地区离退休职工“长寿杯”运动会、“三八”妇女节长跑、拉萨地区职工篮球联谊赛、全区中老年健美操活动，还组织了普及第7套广播体操等群众性体育活动。在此基础上，我们选拔、训练各类运动的特长人员，组建体育代表队参加了全国农民运动会、工人运动会、大学生运动会、残疾人运动会、城市运动会等体育赛事，都取得了较好的成绩，为西藏人民争了光。三是在自治区党委、政府的关心与培育下，特长人员坚持常年的刻苦锻炼，经过各级各类体育运动赛事的反复磨炼，我区涌现出了一大批优秀运动员、教练员和裁判员；所开设的体育项目在逐渐增多，常规项目就有田径、足球、射击、射箭、男子摔跤、女子柔道、拳击、武术、马术、艺术体操、登山等11类。这些为促进西藏体育事业的发展和我区精神文明建设做出了积极贡献。四是我区优势项目登山探险运动成绩卓著。西藏登山队已经成长为世界登山界的一支劲旅，队员圆满实现了攀登世界14座8000米以上高峰的奋斗目标，为世界登山事业的发展做出了杰出贡献，付出了艰辛的努力和极大的代价。1960年，贡布同志与国家队员一起登上了珠峰，成为我国第一代和世界第一个从北坡登上珠峰的登山英雄。1975年，从北坡登上珠峰的潘多成为世界上第一个登顶的女性，从此揭开了我国登山运动的光辉篇章。1995年正式成立了西藏登山探险队，此后在国家登山队的大力协助下，登山器材逐步得到改善，队员发扬奋力拼搏精神，为国争光，为西藏争光，连续几年都成功登顶1～2座8000米以上的高峰。1993年我区登山队参加了海峡两岸攀登珠峰活动。1994年国际女子联合登上了希夏邦马峰，我区登山队的桂桑和吉吉双双登顶成功。1995年7月，用2天时间突击登顶成功，创造了中国人首次登上位于中巴边界的世界第13高峰——迦舒布鲁姆峰的纪录。1996年5月，也用了2天突击登上了世界第8高峰——马纳斯卢峰，受到了国内外登山界的高度赞扬。1999年5月27日上午，西藏登山探险队的10名队员，从海拔8300米的突击营地出发，经过五个多小时的艰苦攀登，终于全

■ 二排中为作者

部登上了珠穆朗玛峰，在海拔 8848 米的顶峰，成功地采集到了第六届全国少数民族体育运动的圣火火种，“中华民族圣火熊熊燃烧在世界第一高峰——珠穆朗玛峰顶上”。这次成功登顶的 10 名队员中桂桑成为第一位两次登上珠峰的女性，仁那和吉吉成为我国第一对同时登上珠峰的夫妻。5 月 30 日，我和民运会筹备组的有关同志在海拔 5200 米的珠峰北坡大本营，带着期盼，带着祝福，早早等候着登山健儿们凯旋归来。这一天 12 点左右，登山采集圣火的队长次仁多吉手捧圣火火种与队员们带着成功的喜悦和自豪昂首向大本营走来，我快步迎上前去，和登山英雄们一一握手、拥抱，满怀深情地向她们敬献洁白的哈达，表示祝贺和感谢。

我没有忘记，6 月 1 日这一天，我们从日喀则迎接圣火火种，当天下午 3 点半在礼宾车队的护送下，我手捧熊熊燃烧的“中华民族圣火”火种，在圣火采集队的登山健儿的簇拥下，走进布达拉宫广场，早已在那儿等待着的自治区主席列确同志接过火种，他在喧天锣鼓声中庄重地把“中华民族圣火”火种交给了武警礼宾的手中。武警礼宾手捧圣火火种，绕布达拉宫一周后将火种送存在自治区人民政府礼堂里，并于 1999 年 8 月 18 日和 9 月 9 日分别点燃第六届全国少数民族传统体育运动会拉萨分赛场和北京主赛场的火炬。

随着群众性体育运动的广泛开展，全区体育协会、登山协会、农牧民体育协会，还有摩托车、健美操、桥牌、棋类、气功、信鸽等协会先后组建起来，我区各类体育爱好者有了自己的组织。

在此期间，我同西藏登山协会负责人一同赴日本，与日本长野登山协会在前 10 年协作的基础上签署了后 10 年的登山合作协议。

西藏体育事业近年来发展较快，为我区的“两个文明”建设与全民健身运动的广泛开展发挥了积极作用。

广播影视工作

1994 年政府调整工作分工时，让我分管自治区广播影视工作。我分管期间，广电厅的主要领导书记是杜泰同志，厅长是格桑朗杰，后来是群觉书记、李永法厅长。

我还是首先当学生。认真学习，尽快熟悉广电业务，学习中央及自治区对广播影视工作的指导思想与总体要求，逐步贯彻落实到实际工作中去。

二是把好舆论导向，用好宣传工具。广播电视是现代社会最先进的宣传舆论工具，它覆盖面广、影响力大，借助于生动、形象、直观的听觉和视觉画面对受众产生强烈的听视感官冲击力。但是，它既可能给听众、观众产生积极有益的作用，也可能对其造成消极有害的影响，广播影视媒体对公众究竟会产生什么样的效应，将社会舆论朝着什么方向引领，这取决于其负载的精神文化内容的性质和它的运行方向，所以把握好其内容和方向是做好包括广播影视在内的文化宣传工作的关键。我们始终不渝地坚持用马列主义、毛泽东思想和邓小平理论指导广播电视工作，将这种高级的舆论工具掌握在党的手中，听党指挥、为党服务，让这种强大的思想武器永远地、忠实地捍卫着社会主义的思想文化阵地。我们始终不渝地坚持西藏发展广播电视事业要面向农牧民群众，为西藏社会的稳定与社会主义现代化建设服务，在舆论宣传上压倒境内外的分裂主义势力，给西藏各行各业的劳动者、建设者和服务者提供精美的精神食粮与工作动力。我们始终不渝地坚持把服务于经济建设和精神文明建设作为广播电视工作的重心，保证转播好中央和西藏自治区的第一套节目，这是一项基本的政治任务。

三是强调坚持“三贴近”，努力打造精品栏目和节目。使主管部门和业务部门的领导认识明确、行动一致，工作务必落到实处，从栏目建设抓起，规范节目制作流程，充分发挥栏目和节目创作、制作和演播人员的创意，把好每个栏目和节目质量关，要求广播影视工作者，办栏目办节目不仅是逐年增加其信息数量，更主要的是让所办栏目和节目的内容贴近群众、贴近生活、贴近西藏实际，形式上更加丰富多彩、生动活泼。

四是力争把广播影视事业纳入自治区中、长期发展规划中。加大农村、牧区广播网的建设力度，利用与创造一切机会和条件解决农牧民听不到广播、看不上电视的难题；实施政府和财税部门对广播影视系统的优惠政策，支持各地市广播电视译制拍摄能力建设，达到让农牧民群众听懂看懂影视节目的目的。同时，投入一定财力和人力建设乡镇卫星地面收转站，管理与建设县级调频台，为乡镇提供信号服务。

五是配合广播电视厅领导向国家广电部专题汇报工作，向国家广电总局提出了全国广电系统支援西藏广电系统的援藏项目申请。广电总局何栋材副局长和相关司局领导在百忙中听取了我们的工作汇报，他们高度重视西藏广播影视工作，进一步落实中央在第三次西藏工作座谈会上提出的加快发展西藏广播电视事业的各项任务。根据中央的指示精神，自治区党委、政府提出，到2010年将“实现广播电视人口覆盖率达到或接近100%，广播电视1天24小时连续播出，有效压制境外藏语广播的渗透干扰的目标”。我和广播电视厅的领导在调查研究的基础上搞了一个实施规划，政府原则同意了该规划。当时，我们的实施方案投资较大，自治区财力有限，经国家广电部协调纳入国家投资计划。

■ 作者接待国家广电总局工作组

为了贯彻落实好中央第三次西藏工作座谈会精神，加大全国广电系统对口援藏力度，广电部召开了对口援藏省市区的会议。广电部于1996年6月组织了对口省市广电系统领导来藏考察。为了加快西藏广播电视事业的发展，1996年10月，广电部在北京主持召开了“全国广播影视系统援藏工作会议”，制定了日后一个时期内广播影视系统援藏工作的方针、政策、原则和任务，以及广播影视系统在经费、设备、物资、节目、技术、人才援藏工作计划，落实了一批援藏项目，总投资达1.4亿元。援藏会议在北京怀柔广电部培训中心召开，参会人员80余人，会议名称为“全国广播影视援藏会议”，设领导小组，由10名成员组成，何栋材部长担任组长，我任副组长。会议内容主要是学习中央第三次西藏工作座谈会精神，交流经验，落实一批援藏项目。中央三个台对口支援自治区广播电台、电视台、有线台，14个省市对口支援我区7个地市。为了给西藏各地市落实援藏具体项目，何栋材部长亲自一个省一个省地做工作。这使我深受感动。除此之外，何栋材部长还决定在农牧区推行电影“12312”工程。经过多方努力，以政府名义正式下发文件，改变过去管理模式，对我区各地市电影队实行全额拨款，保证了“12312”工程的实施。从 1994 年开始，自治区广电厅所属电视台每年承担了组织春节、藏历年电视晚会。我从政府分管工作角度积极支持电视台的工作，协调参演单位落实节目及参演人员，落实排练演出所需经费，指导并亲自参与节目审查。

六是积极支持两届广播电视厅领导的工作。对于他们工作中的难题，我就从政府工作角度予以协调解决。

西藏人民广播电视事业经历了从无到有、从弱到强的发展历程。旧西藏没有广播电视，西藏人民广播电视事业是伴随着和平解放的进程逐步发展壮大起来的。1959 年 11 月 1 日，在拉萨人民广播电台的基础上，正式成立了西藏人民广播电台。从此，西藏人民有了自己的广播事业。随着新西藏经济建设步伐的加快，1976 年国家投资兴建了新的转播台和电站等配套工程，增大了西藏人民广播电台的发射功率，还相继在山南、日喀则、林芝、那曲等地区建立了转播台，广播事业在全区形成了一定的规模。

早在 1973 年 9 月，西藏人民广播电台开始藏、汉语两套节目播出，在其中一段时间内，还开办了藏语昌都方言节目。党的十一届三中全会以来，西藏人民广播事业与其他各项事业一样发展得越来越快。西藏人民广播电台的栏目和节目自觉地为我区经济建设服务，重点宣传党在社会主义建设新时期的路线、方针和政策，宣传四项基本原则，宣传改革开放以来的建设成就，加强反分裂斗争的教育，适时为西藏各族群众的生产生活提供有价值的信息，适量递增健康向上、轻松愉快的娱乐节目，这些节目内容经过精心策划、巧妙安排，成为了广播宣传的基本板块。目前，西藏人民广播电台有藏、汉语两套广播，开办了《西藏新闻》、《新闻联播》、《对农牧民广播》、《高原时空》、《西藏之窗》、《空中雪莲》、《对国外藏族同胞广播》、《高原子弟兵》等节目，不少节目采用了主持人形式，有的节目还实现了栏目化。《空中雪莲》节目和藏语板块节目对农牧民广播，形式活跃、内容丰富，在广大听众中产生了良好的社会效应。西藏人民广播电台还办有调频广播，设有《新闻》、《早安！拉萨》、《城市广角》、《开放的拉萨》、《午间快车》等栏目，听众反响热烈。西藏人民广播电台藏、汉语节目和调频立体声广播全天播音时间达 35 小时，播音时间比初建台时增加了 10 多倍，并完整地转播中央人民广播电台一、二套节目和藏语节目，每天总播出时间居全国电台的前 10 名。

随着精品意识的增强，记者、编辑深入基层，走进农牧区进行采风，同群众作零距离接触，问计于民，征询意见与建议。于是好新闻、好作品不断涌现，一批优秀作品相继在国内外获奖。据不完全统计，仅在 1994—1995 年两年时间里，西藏人民广播电台选送的新闻专题和文艺节目等作品，在国内、国际优秀作品评选活动中，有 50 多篇作品获奖。

1985 年 9 月，西藏电视台正式成立，标志着西藏人民电视事业迅速进入了全面发展时期。

西藏电视台成立 10 多年来，经过业界同仁的不懈努力，节目译制、制作能力明显增强。西藏电视台用藏、汉两种语言播音、配音，办有《西藏新闻联播》、《经济信息》、《一周要闻》、《每周报道》、《在西藏》、《七色风》、《今晚九点》、《西藏旅游》等栏目，所有栏目都采用了主持人形式。《在西藏》和《七色风》等栏目及节目体现鲜明的西藏特色与时代特征，采编制作水平不断提高，深受西藏各族观众欢迎。新闻和专题节目在国内外都有一定影响。十几年来，我耳闻目睹了西藏电视台译制了大量的电视剧和文艺节目，其中藏语译制片《女奴》、《西游记》等，深受农牧民群众的喜爱。西藏电视台与中央电视台首次合作举办了西藏自治区成立三十周年大型文艺晚会《多彩的哈达》，引起国内外观众的关注。1994—1995 年，西藏电视台制作的节目在北美地区分别放映了一个月，真实地向世界展示了发展中的社会主义新西藏，当地观众观后反响热烈。

西藏电视台建台以来，先后有 60 部自制的与合作的作品在国内优秀作品评选活动中获奖。其中，电视剧《孔繁森》获得全国电视剧特等奖，并被评为“五个一工程”精品；电视专题片《领导干部的楷模——孔繁森》获全国电视新闻专题类一等奖；《十一世班禅转世灵童金瓶掣签仪式》获全国电视新闻一等奖和全国首届藏语广播电视新闻专题一等奖。

与此同时，西藏各地的电视台和电视转播台也自办新闻和少量的专题节目。

1984 年 9 月，拉萨卫星地球站开通，10 月 1 日，西藏人民第一次从电视里看到国庆盛典实况。1990 年 10 月，西藏电视台藏语节目和藏语电教节目上传卫星播出。1990 年西藏人民广播电台的汉语节目也上了卫星节目。有线电视发展很快，现在流行数字电视，拉萨可以收视 100 多个台。

西藏广播电视事业的迅速发展，是与党和国家的亲切关怀分不开的，是与兄弟省市区的无私援助分不开的。40 多年来，国家一直把西藏的广播电视事业当作一件大事来抓，全国各兄弟省市也将发展西藏的广播电视事业作为自己义不容辞的责任。据不完全统计，1959 年以来，国家累计投资西藏广播电视事业的资金 5.3 亿元，国家有关部门和全国兄弟省市也支援了大量资金和各种器材、物资。1994 年第三次西藏工作座谈会以后，援藏的力度进一步加大了。

除了资金和物资外，中央和全国各兄弟省市区还从技术和人才上给予西藏以无私的援助。为了使西藏广播影视事业尽快壮大，国家从有关大专院校分配了一批又一批毕业生进藏工作，为西藏的广播影视事业注入了新鲜血液。

西藏也积极通过多渠道、多形式培养了大批专业人才。在山西和四川开办了相关专业中专班，在西藏大学开办了新闻班，并委托北京广播学院等院校招收部分本科生、大专生，毕业生分配到西藏广播电视战线工作。另外，西藏每年还选派部分人员到内地有关院校进修，一些藏族专业技术人员已成为高级记者、主任记者、主任编辑、高级工程师，还有不少藏族专业技术骨干成为了名记者、名编辑、名播音员、名节目主持人。一支以藏族工作人员为主体的西藏广播电视队伍已基本形成。

近年来，通过实施广播电视专项建设工程，进一步解决了农牧区群众听广播、看电视难的问题。自治区确定的“三项目标”早已实现，西藏已形成较为完整的广播电视覆盖网。

现在，我区广播电视事业发展得又好又快，不仅达到了中央第三次西藏工作座谈会上提出的预定目标，而且正在广泛推广数字电视，广播电视事业实现了超前发展。对此，我感到由衷的高兴。

教育工作

我虽然分管教育工作时间不长，但是体会很深。

第一点体会是自治区党委、政府非常重视全区教育工作，优先发展教育，把教育工作摆到政府议事日程。1993 年自治区党委、政府发布了《关于改革发展西藏教育的决定》，重点突出了基础教育，积极发展职业技术教育，改革教育管理体制，加强师资队伍建设。1994 年自治区党委、政府发出《关于〈中国教育改革和发展纲要〉的实施意见》，要求全党动员、全民动手、全社会兴办教育，明确提出了到 2000 年基本实现县县有中学，乡乡有完全小学，适龄儿童入学率达到 80%以上。同时，还批准了自治区教委关于改革发展全区高教工作的意见，以及关于进一步加强与改进学校德育工作的意见。在同年 10 月召开的全区第五次教育工作会上，江村罗布主席作了“努力开创我区教育工作新局面”的专题报告。1999 年 7 月，在全区教育工作会议上，自治区领导明确提出，在全区普及六年义务教育，进而在全区普及九年义务教育实现扫盲目标，提高西藏劳动者整体素质。在此期间，我同教育厅领导一起参加了在昆明召开的全国教师住房等会议。根据国家和自治区党委、政府的要求，自治区政府及全区教育部门在“两基攻坚”巩固提高的基础上，加快农牧区寄宿制学校和全区中小学规范化建设，特别是落实好农牧民子女义务教育阶段的“三包”政策，并且逐步提高其标准，保障农牧民子女在校期间的生活和健康成长，保障义务教育任务的圆满完成。

■ 作者与农牧区的孩子们在一起

第二点体会，是结合我区实际大胆对农牧区教育进行综合改革。1998 年自治区下发了《深化我区农村教育综合改革的意见》，并在贡嘎县、乃东县、龙德庆县、日喀则县开展了试点工作。随后把试点县扩大到 18 个。从试点工作看，成效明显。一是办学指导思想发生了一定的变化，使更多人接受了“治穷必须先治愚、富民必须先兴教”的观念。“不求人人升学，但求个个成才”的新思想逐步深入人心，同时促进了学校教育质量的提高。二是加快了农牧区职业技术教育的发展步伐，试点县将“农、科、教”结合了起来。采用“三教统筹”的教育方式，开展形式多样的实用技术培训，在提高劳动者文化素质的同时，让受训学员掌握了实用技术，为农牧民脱贫致富奔小康提供了智力支持，也解决了部分学生“升学无望、就业无路”的难题。三是加快了农牧业使用技术的推广力度，促进了农村经济的发展。试点县及学校通过推广先进技术带动生产，取得较好的经济效益，这就促进了“农、科、教”结合，也培养了一批新型的农艺师。自治区政府于 2000 年 9 月在山南乃东县召开了全区农牧区教育综合改革工作现场会，各县都积极探索办学路子，改革办学模式，推动农牧区学校由应试教育向素质教育转变。有的县创造了在恶劣的生存环境中依靠科教脱贫致富的奇迹，有的县形成“普教职教的双向普九模式，改变基础教育单一的局面”。总之，农村教育必须走综合改革的道路，必须树立为“三农”服务的意识，实行农村教育和基础教育、职业教育、成人教育三教统筹是农村教育综合改革的方向，也是农牧民脱贫致富的出路，要切实转变农牧区教育片面追求升学率的观念。

残疾人工作

自治区党委、政府历来重视残疾人工作。1994 年我接管残疾人联合会的工作。我一边坚持学习党中央、国务院关于残疾人事业的法规和政策，一边主动深入残联机关及其基层工作单位了解我区残疾人工作中存在的问题和困难。

经过一番实地调查，我了解到当时我区残联工作的现状。

一是我区残疾人总数约 15 万，占全区人口的 6.2%，是全国残疾人占人口比例最高的省区之一，关联着全区三分之一的家庭，约 70 多万人口的亲属。其中，60%的残疾人靠家庭和亲属供养，其余的靠国家和集体救济生活。他们是一个弱势群体，生活处于贫困之中，我区特困人口中绝大多数是残疾人及其亲属。

二是残疾人入学率和就业率极低。因为残疾人社会生活能力有限，加上我区残疾人服务工作做得还不够，所以在我国适龄残疾人入学率和残疾人就业率已达到 97%的情况下，我区的适龄残疾人入学率低于 20%，残疾人群体文盲率在 60%以上，就业率只有 11%。同国家关于进一步做好残疾人的教育和就业工作的基本要求相距甚远。

三是我区残疾人绝大多数得不到康复治疗和残疾特殊教育。由于我区残疾人康复和残疾人特殊教育工作尚处于起步阶段，致使我区绝大多数残疾人在区内得不到康复治疗和特殊教育(比如接受哑语、盲文等方面的教育)，也得不到他们生活中特殊需要的最基本的自助用具、补偿器具以及训练指导。

四是我区残疾人组织机构不健全，自治区残联机关是从民政厅分离出来单设的。机关驻地借用了一个民营企业(岗旋学校)的房子，自治区财政每年付 15 万多元的租房费，工作人员只有 6～7 人，各地市没有相关机构或工作人员。

为了尽快改变我区残疾人事业起步晚、起点低的落后状况，我就全力协助自治区残联领导，抓了如下工作。

一是编制《西藏自治区残疾人事业“九五”计划纲要》，经政府批转执行。二是加强残联的机构建设。一方面向自治区申请基建计划，包括残联机关的选址和项目设计，争取建设项目投资；另一方面带领残联的负责同志赴京，向中国残联邓朴方主席汇报工作并争取资金和援助项目。与此同时，向自治区提出增加人员编制、健全内设机构等申请。三是狠抓队伍建设。通过中残联帮助培训提高现有工作人员的综合素质。四是会同民政部门指导我区残疾人企业兴办福利事业。五是同残联的群培理事长参加了中残联组织的挪威学习考察团，回来后积极争取并通过中残联要来了外援项目，弥补残疾人事业经费的不足，积极与相关部门协作，积极配合开展残疾人“三项康复工作”与拉萨特殊教育学校的筹办工作。六是通过外援、香港友人和香港303区狮子会的支持，积极开展“白内障”复明手术活动，设立残疾人用品、用具供应和残疾人康复服务中心，创建了第一个假肢厂。七是认真组织残疾运动员参加全国残疾人运动会，在有的项目上取得了优异成绩。

经过几年的扎实工作，自治区残联有了自己独门独户的办公楼、康复中心和

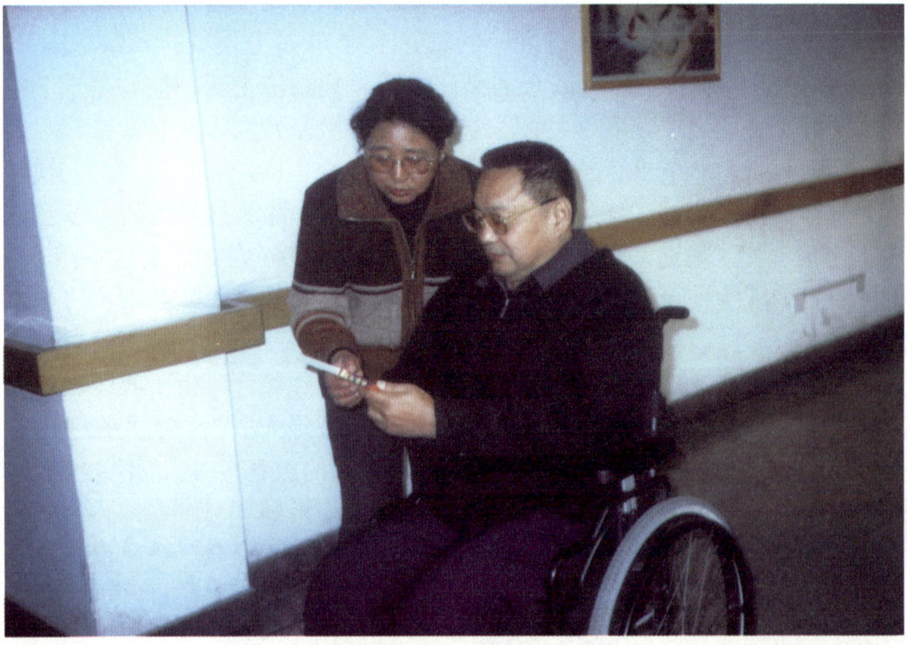

■ 作者与国家残联邓朴方主席合影

假肢厂；自治区党委、政府批准同意西藏自治区残疾人工作机关升格为副厅级机构，核定了人员编制和内设部门，从别的部门选配了优秀领导干部，充实了残联领导班子。依照“精减、统一、效能”的原则，努力促进了残疾人文化、艺术、体育等方面的工作。

我对残联工作有三点体会。一是经过几年的不懈努力，我区残疾人事业有了一定规模和成绩。每当我想到一批又一批残疾人会因为我们的务实工作而逐步过上正常人的生活，他们以及他们的家人因为我们的付出得到更多帮助、感受到人间温暖的时候，我和我的同事们就会与他们和他们的家人一道分享幸福与快乐。二是我认识到了残疾人弱势群体的特殊性、人员构成的复杂性、需求的多样性、参与社会领域的广泛性。我区经济文化发展较落后，残疾人物质文化生活水平低下。每当想到这些我都会感到不安与心酸。三是在我区建立社会主义市场经济的过程中，扶助社会中最困难、竞争中处于不利地位的残疾人这个弱势群体，创造条件让他们在社会事务中实现“平等、参与、共享”目标，有助于促进经济发展，维护人类公平正义，保持社会和谐稳定，体现社会文明进步。这是时代的要求，也是我区残疾人组织的基本任务。况且，在西藏这个政治敏感地区，解决好残疾人问题，对于保障人权和争取对外宣传的主动权都具有极其重大的现实意义。残疾人工作是人民事业的重要组成部分，残疾人的疾苦需要每个社会成员悉心体察，这既是我国社会主义优越性的具体体现，又是人权事业全面发展的内在要求，更是我们中华民族的传统美德。因此，积极发展残疾人事业，关心爱护残疾人，为残疾人提供各种服务是我们义不容辞的责任。我们应该从现在开始积极行动起来，动员与教育每一个公民，多为残疾人事业办实事，多为残疾人家庭做雪中送炭的好事，营造出一个残疾人事业被齐抓共管、残疾人备受尊重与精心照料的良好社会氛围！

文物工作

我从1995年至2003年分管西藏文物工作。既然接手了这项工作，就得做到“守土有责”。我区历届政府都非常重视文物工作，指定一位政府副主席来分管。文物局是二级局，归属文化厅，属一个党组，但其工作、事业经费等相对独立。我区是全国文物大省区之一，文物资源丰富，保护文物的任务相当繁重，自治区政府把这个重任交给了我。文物保护工作与维护西藏社会稳定的政治任务有着密切关系，所以我不敢有丝毫马虎与懈怠，把切实加强与改善对文物工作的领导、保护好与利用好文物、帮助文物管理部门解决实际困难等，作为我分内的事情。近7年的工作体会是，做好文物工作必须做到认识、资金、制度、管理“四个”到位，并且要处理好文物保护及其利用的相互关系。

首先做到认识到位，把文物保护工作摆到议事日程上。认真学习领会《文物保护法》和国家及自治区党委、政府对文物工作的一系列指示精神，了解掌握文物工作的方针和指导思想，提高对文物工作重要性的认识。文物是中华民族文化的象征。西藏历史悠久，文物丰富而辉煌灿烂，保护、研究与利用西藏文物，对于正确认识西藏历史、继承与发扬优秀的民族文化传统，有着不可替代的作用。所以，我们把文物的保护与利用视为辩证统一的关系。就是说保护是前提，利用是目的，只有保护好文物才能谈得上利用好它。

树立人才为本的意识。为了实现西藏文物全方位的保护同西藏优秀传统文化的继承与发扬的有机结合，我们要有创新思路，要有大手笔、大视野，这就要紧紧抓住国家开放、西部大开发的机遇，采取“送出去，请进来”、“学术交流”与定向办班的形式，加强对我区文物在职人员的培训与后备人员的培养，同时加快适用型人才的引进步伐，按照“不求所有、不求所在、但求所用”和“三个离不开”、“五湖四海”的原则，诚设黄金台，广揽天下客。吸引越来越多的文物专家、文化能人、市场通才来西藏干事创业，共同谋划与管理具体的文物工作。当然，这项工作才刚开头，还没有充分展开，但是我们一定要把这件事当成头等大事加以落实。我们务必明白，先进的文化理念、科学的管理模式与带有创意性的开发利用，是做好我区文物保护与利用工作的第一要素。

欲指导好工作自己须懂得或熟悉该项工作的相关业务，这就得去调查摸底。我们先后对阿里、拉萨、日喀则、山南等地市的各大寺庙和文物保护单位进行实地考察。比如，对阿里扎达县境内的古格王遗址、皮央洞窟、强巴林寺、萨迦寺等文物保护单位进行实地调查。无论是下基层调研，还是陪同领导(或客人)考察，我总是十分留意文物保护工作，也进一步领会了我区是文物大区的含义。各寺庙的文物古迹众多，馆藏文物极为丰富，馆藏的经书浩如烟海。只有拥有第一手资料才有发言权，才能有的放矢地指导工作，做出符合我区文物保护实际的决策。

大处着眼，实行领导责任制。按照国家文物局提出的“五纳入”的要求，动员与协调各地(市)、县及有关部门，把文物工作纳入经济和社会发展计划，纳入各地(市)、县的城乡建设计划，使文物保护与利用同其他各项社会事业协调发展。我们把文物工作置入领导同志的责任制内，层层签订文物保护责任书，进一步明确各级政府保护文物的职责，宏观上搞好指导与协调，微观上及时研究与解决工作中出现的新情况、新问题，不断开拓文物工作的新局面。

按照区党委、政府的指示精神，抓好西藏重点文物保护维修工程的筹备工作。1997年我们组织专业人员开始对山南藏王墓和沙迦寺重点文物保护单位进行实地测图与保护规划。1998年国家文物局先后委派了以全国文物古建筑专家为主要成员的多学科专家组来藏，对布达拉宫、罗布林卡和沙迦寺存在的险情提出了考察意见。2000年自治区政府决定正式成立西藏自治区重点文物保护工程领导小组，领导小组下设三个工程办公室，我为组长，做了前期准备工作。后来这个领导小组升格为国家所属单位，组长是张文彬局长，副组长由国家发改委和自治区政府常务副主席徐明阳等领导担任，决定邀请南京建筑工程院的师生对三个维修点分别进行测绘，还正式组织中国文研所、河北古建研究所、河南省古建研究所，分别对布达拉宫、罗布林卡、沙迦寺实地勘察，形成了保护维修方案。此总体方案经领导小组多次研究修订，报自治区政府后由我负责召开政府专题会，就此听取自治区财政、计委、建设厅、拉萨市政府等部门的意见。汇集相关部门的意见、建议，经再次修改报请区党委、政府研究，该方案通过了审批。

三大重点文物保护维修工程总体方案经自治区政府常委会研究后报请国家计委和国家文物局核准。2000年8月，李岚清副总理率领的中央工作组再次来藏考察，总体方案确定了下来。根据党委、政府主要领导的指示要求，我们领导小组加紧了工程前期的准备工作。首先充实加强了三大重点文物保护维修工程办公室的工作人员，从区建设厅、区计委、区文物局抽调了责任心强、懂业务和有较强组织与协调能力的同志充实到领导小组办公室。二是组织力量提出三大工程经费总预算和分项预算。三是编制了布达拉宫总体规划和维修平措堆朗及配电室的建设方案，还有布达拉宫壁画保护方案。四是根据李岚清副总理指示精神，我们研究制定了布达拉宫老城墙内的单位(文物局、档案馆的房屋)搬迁问题，雪城内的303户居民以及雪城内的商品房、茶房等的搬迁问题的方案。协调落实了单位搬迁点和搬迁资金。我从政府的角度召开协调会，解决了搬迁资金及其他相关问题；研究提出雪城内的单位和居民搬迁后的整治维修计划，三大重点维修工程所需木材备料和木材防腐加工等问题，督促研究布达拉宫珍宝馆前期规划设计等前期必备的各项方案。2002年6月26日，在布达拉宫雪城内举行了西藏三大重点文物保护维修工程开工典礼，由我主持，国务院高强副秘书长、国家发改委于广州及自治区的主要领导出席并讲话。

积极贯彻“保护为主、抢救第一”的文物工作方针。党中央、国务院十分重视西藏文物保护工作，自治区党委、政府和国家文物局历届领导给予了大力支持，西藏的文物保护工作取得了举世公认的成绩。20 世纪 60 年代以来，国务院公布了 18 个西藏辖区内的全国重点文物保护单位，自治区人民政府先后三批公布了自治区重点文物保护单位，各县(市)人民政府也公布了 60 多处县级文物保护单位。1989—1994 年，中央政府投资 5300 万元对布达拉宫进行了第一次保护性维修。1996 年 11 月 15 日，在北京召开了阿里地区文物保护工作座谈会，国家文物局张柏副局长和我参加此次座谈会。会议形成了纪要，决定对古格王遗址、托林寺、皮央洞窟实施抢救性保护维修。

后来，我率领区文物局的同志到北京向国家文物局汇报了阿里地区扎达县境内的古格王遗址、托林寺、皮央洞窟的文物壁画险情和破损情况。为了做好这项抢救性加固工作，当时研究决定，一是成立阿里抢救领导小组，张柏副局长为组长，我为副组长；二是国家文物局解决 1000 多万元抢救资金，自治区政府解决"抢修办"的交通工具；三是派文物专家指导具体工作；四是施工队由西藏招标。对托林寺壁画和皮央洞窟遗址实施了十四项抢救性加固工程。1996 年 11 月 20 日，将始建于公元 1081 年的山南扎朗县扎塘寺确定为全国第四批重点文物保护单位。国家拨专项资金对山南琼结藏王墓、扎朗县扎塘寺、桑耶寺进行保护维修。还对日喀则地区的扎什伦布寺、德庆格桑颇章、江孜宗山及江孜白居寺等进行了抢救维修，尽量做到修旧如旧，保持原貌。针对拉萨的大昭寺、色拉寺、哲蚌寺的电线老化问题，对线路进行更新改造。铺设甘丹寺的道路，修复金顶、壁画，维修了其殿堂。僧众和信教群众对此十分满意。

党和政府把西藏博物馆作为国家援助西藏的 62 个项目之一，投资 9000 多万元将其建设成为现代化博物馆。1999 年 10 月 1 日，自治区党委、政府举行了由江泽民总书记题写的"西藏博物馆"馆名揭牌仪式，接着于 5 日举行了隆重的开馆仪式，向世人展示西藏优秀文化遗产。

自治区文物局局长甲央同志接到国家文物局的来函，说联合国教科文组织年会提出了三个问题：一是布达拉宫前后是否明确非建设地带与是否明确保护范围；二是将大昭寺作为布达拉宫保护的扩展项目；三是布达拉宫管理办法落实了没有。对此，我从分管角度提出了明确意见(获得同意)：布达拉宫前后不允许有建筑物，政府已将广场列入扩建计划，布达拉宫脚下现有的商房要拆除，雪城内的群众拟搬迁。我们要求把大昭寺列入布达拉宫扩展项目，我们正在准备材料，拟申请纳入世界文化遗产扩展项目。布达拉宫管理办法正在修改完善当中，完毕后拟请以主席令方式确定下来。经过多方努力，完成了作为世界文化遗产的布达拉宫扩展项目大昭寺的文字、图片、录像等资料的申报检查工作，与 2000 年 11 月 30 日在联合国科教文组织世界遗产委员会第 24 届全委会上获得通过。

■ 作者代表西藏自治区政府领回世界文化遗产证书后留影

坚持“有效保护、合理利用、加强管理”文物保护工作的原则，积极发挥文物在我区精神文明建设中的重要作用。保护文物目的在于利用。目前，我们保护文物的实际水平较低，对文物利用只能合理有度，合理的前提是“有效保护”，既不能因为利用而妨碍对文物的保护，又不能片面地强调保护而轻视对文物的利用。在我随自治区主要领导陪同李岚清副总理一行考察布达拉宫的过程中，李岚清同志查看布达拉宫馆藏文物时指出，“这么多国家珍贵的文物，锁在库中与世人隔绝，失去了文物的价值，一定要再修建一个布达拉宫珍品馆”，还对国家计委副主任于广州同志说，“将此项列入布达拉宫维修计划”。

为此，我们做了四项工作。一是发挥文物在宣传西藏、开展对外文化交流等方面发挥窗口和桥梁的作用。自治区文物局积极与自治区电视台、广播电台、报社等新闻媒体联办文物保护和文物法、文物条例等宣传节目，制作了电视片“文物警示录”，用藏汉两种语言在电视播出，收到了很好的效果。二是利用文物开展爱国主义教育。会同自治区党委宣传部和自治区文明委，把布达拉宫、江孜宗山抗英遗址、江孜帕拉庄园作为爱国主义教育基地，对我区青少年进行爱国主义教育、进行反分裂斗争和民族团结的教育。三是积极发挥文物景点在我区旅游产业中的资源优势作用，支持文物管理部门大胆探索、大胆创新，努力发展文物产业，不断增强文物主管部门自身造血功能，逐渐提高自我发展的活力。四是在有效保护的前提下，摸索了一些合理利用文物的途径和形式。比如文物走出区门，先后在上海、美国等地进行交流展出。

为了纪念西藏和平解放50周年，向内地和海外展示辉煌灿烂的西藏民族文化，上海市博物馆和自治区文物局联合举办的《雪域珍藏——西藏文物精展》与2000年7月30日至10月31日在上海市与观众见面。本次展出的文物70%是首次走出西藏的，让上海观众真正领悟到藏传佛教文化的精华。这次文物展览得到上海市委、政府和自治区党委、政府高度重视，中央政治局委员、上海市委书记黄菊同志和市长徐匡迪同志出席并讲话，我区列确主席亲自带团赴展并讲话。出席开展仪式的还有上海市委常委、宣传部长殷一璀、副市长周慕尧、国家文物局局长张文彬。

加强文物法规建设，制定、完善、宣传相关法规。根据《中华人民共和国文物保护法》，结合西藏的实际，早些时候制定了《西藏自治区文物保护管理条例》，经自治区人大通过而颁布实施。依法保护文物，各级文物部门还制定了文物管理与利用的一些规章制度，使文物管理工作步入了法制轨道。精心组织文物保护宣传月活动，并对宣传的时间、形式、规模、任务等相关方面做了明确要求，把文物法规宣传搞得有声有色。狠抓文物执法建设与加强文物保护的内部管理工作，督促各级政府和文物保护管理部门依法行政、依法对文物加强管理，不断增强全社会文物保护的法制意识和法律观念。随着时间的推移和各方面形势的变化，1990年通过的《西藏自治区文物保护管理条例》的部分条款已不适应新时期文物工作的实际需要，经过深入调查，广泛征求意见，协调相关部门提出了《西藏自治区文物保护管理条例》修正案，经政府研究，同意提请自治区六届19次人大常委会审议，获得通过。自治区人民政府于1998年12月以主席令的形式，颁布了《布达拉宫保护管理办法》，为依法保护文物提供了强有力的法律保障。

当前文物安全配套设施急需改善，我们积极推动文物的建档工作。鉴于西藏文物古迹众多，馆藏文物极为丰富，大量文物主要集中在各个文物保护单位和寺庙中，比如扎什伦布寺已有560多年的历史，是历代班禅大师的主寺，该寺共有大小殿堂128个，收藏的历史宗教文物数以万计。而这些文物保藏单位的保管条件差，馆藏文物没有登记建档，管理人员对文物家底不清，安全设施不到位，很容易丢失。文物不登记、建档，丢了都不知道。比如1993年4月，拉萨卓玛拉康的“强巴阿扎玛佛像”被盗，落入走私文物团伙手中后辗转到美国，我们的管理人员却毫无察觉。经过几年的努力，才于1997年11月20日通过海关渠道追回。12月18日，自治区在聂当卓玛拉康举行珍贵文物移交仪式。因此，我们从

1995年起提出加强文物管理工作，从登记建档基础工作抓起。全区文物主管部门与相关部门积极配合，对全区文物保护单位和各大寺庙的馆藏文物进行登记造册，对每一件文物都进行拍照，鉴定文物等级，文物年代等，逐一登记，科学建档。

为了推动这项基础性工作，经自治区党委、政府批准，1996年11月，在日喀则地区召开了文物工作现场会，推广了日喀则地区文物登记建档工作的经验和做法。在日喀则地区文物工作者和扎寺僧众的共同努力下，对殿堂的陈设和库藏文物，按照规范化要求登记造册，为科学建档奠定了基础。又如世界文化遗产、举世闻名的布达拉宫管理处自筹资金组织专门人员对布达拉宫的馆藏文物进行了分门别类的梳理，登记造册、拍照，分年代按文物等级建档。

我分管文物工作以来，着力加强文物保护内部管理建设。我们以政府专题会议纪要形式要求全区文物保护单位，对现有馆藏文物按照文物类别、规格、内容、历史年代、质地等项目登记造册，赋予文物照片建档。对此项工作，日喀则现场会要求各级政府给予人财物的支持。为了做好布达拉宫的文物建档工作，除了自治区政府每年拨给的专项经费外，我们多渠道筹措资金，及时解决工作中的困难。布达拉宫文物建档工作得以顺利进行。另外，对布达拉宫、罗布林卡著名旅游景点，始终要求把整治与美化环境，不断更新宣传形式，为旅游者提供热情周到的服务，吸引更多的国内外游客，宣传西藏，让世界人民真正了解西藏，等等，作为文物利用的主要工作，抓实抓好。

协调解决重要文物保护的安防问题。布达拉宫、哲蚌寺、色拉寺、大昭寺(一宫三寺)是我区重要的古建筑群和文物比较集中的地方，做好其保护工作具有重要的政治意义。国家和自治区加强了对“一宫三寺”的安全消防工作的领导，政府先后投资4000多万元为其安装了灭火自动报警、水电安装和电视监控自动报警综合系统，结束了我区文博单位“技防”手段落后原始的历史。

1997年8月初，自治区政府与国家文物局联合在拉萨召开了西藏文物安全工作座谈会，国家文物局张柏副局长和政府分管领导分别讲了话，要求把文物安全放在各项工作首位，政府允诺每年拨一定的安防资金，同时国家文物局将给予很大支持。中央召开第三次西藏工作座谈会之后，我们向国家文物局提出了全国文物系统支援西藏文物工作的要求。国家文物局局长张文彬、副局长张柏等同志都十分重视西藏文物保护工作，重视我们提出的意见。国家文物局于1997年7月25日至8月5日，动员组织了全国15个文物系统的单位(部门)领导和专家来藏，先后到山南、日喀则地区和拉萨市进行了考察，与自治区文物局进行了座谈，洽谈了援藏项目。从国家文物局到各省文博单位都力所能及地支持了西藏文物单位，从资金、技术、设备到人才培养等方面给予了援助。除此之外，督促落实文博单位“四有”工作(有管理机构、有保护范围、有管理人员、有建立档案)。政府以法规形式明确了布达拉宫保护范围，确保了布达拉宫的安全、环保的良好形象，形成我区文物保护工作“以国家保护为主，同时动员全社会共同保护文物”的新机制。

在这篇文章的最后，我想向大家重申一下。我们在依法保护文物的基础上，从发挥文物社会效益和经济效益的角度出发，积极开展文物的展示和对外交流活动，除了重点文物保护单位长期对外开放之外，为了使文物成为我区开展社会主义精神文明建设和发展旅游事业的重要资源，我们先后在北京、上海、南京等地举办了西藏文物精品展览，在日本、美国、法国、意大利等国成功地举办了西藏文物展览，促进了藏民族文化与祖国兄弟民族文化以及世界其他民族文化的交流，为让国际社会全面客观地认识西藏、了解西藏开辟了新的宣传窗口。

科技工作

1998年自治区政府拉巴平措副主席因新添寺教办的工作，于是就把他分管的科技工作转交给了我。

能否尽快地把我区的科技工作搞上去，一个前提条件在于负责科技工作的领导是否善于领导科技工作。“领导”的本意不就是指他在该项活动中走在了其他人的前面并对其他人进行正确指导、协调动作而共同完成某项工作任务的意思吗？领导既要带头，又要能恰当指导其领导的对象。过去，毛主席一再教导我们，“以其昏昏，使人昭昭”是不行的，也是不可能的。领导干部总不能长期处于外行，更不能不懂装懂，态度首先要老实，“知之为知之，不知为不知”，知不足而后发奋，才能逐渐由外行转变成为内行。这就需要请教、需要学习，虚心向内行请教，向自己的同行和部下学习，这本身就是领导工作中的必要内容。我们是学而知之者，不是生而知之者。不学无术、装腔作势，永远都是领导者的大忌！我常常这样告诫自己，也这样忠告我的同事和部下。我们在相互学习，甚至在就某个问题辩难中成为了好朋友。

不论分管什么工作，我都一直不放松请教、学习，分管的部门越多、工作对象转换得越频繁，我请教的内容就会相应地增多、学习的节奏也就会加快，搞调研、听汇报这类日常工作都成为我请教、学习的机会。我的非专业老师比我在学校时的专业老师要多得多。我自知成不了通才，行行在行是不现实的，但是，对自己分管的业务部门一窍不通是绝对不行的。就接手科技工作来说，我就得认真学习中央和自治区对科技工作的方针、政策和相关要求，了解科技工作的现状和存在的主要问题，明确我区科技工作发展的阶段性目标及其实施的策略、步骤和举措，等等。只有这样，才能有的放矢，抓准工作的重点，在充分依靠和发挥现有科技人员作用上有效地开展相关工作。也许，这就是古人讲的“知己知彼，百战不殆”的道理吧。

我工作的一个重点或者说一项主要内容，经常性的就是跑腿、跑项目、跑资金、跑协调，跑成一个就会与相关部门的同事们着实高兴一阵子，我们的相关工作就会随之打开一个局面或登上一个新台阶。由于自然条件及历史的原因，西藏科技工作及科学发展水平比较滞后，亟待解决的问题较多。遵照领导的指示，我分管科技工作首先是搞调查研究，弄清全区科技发展与应用的现状，做到心中有数；其次是积极支持科技厅领导的工作，力所能及地协调解决一些亟待解决的问题；三是带队到科技部汇报工作，疏通关系，争取更多科技项目的立项及资金支持，倡议召开科技援藏会议；四是要求通过科技部向国家申请专项经费，解决西藏阿里地区无电的县、乡、村老百姓的照明问题。我努力的最初结果是利用太阳能光电技术解决了用电问题，落实了西藏太阳能光电建设项目和高效日光温室推广项目的支持资金。

西藏的科技从无到有、从小到大，缓步走过了四十多年的发展历程，为西藏的社会经济发展做出了应有的贡献；在第三次西藏工作座谈会之后，西藏的科技加快了自己的发展步伐，而且积极面向农牧业生产。自治区党委、政府提出了“科教兴藏”战略，把科学技术推向了经济社会发展的前台，重点加以扶持。经过西藏各族科技人员的艰苦奋斗、刻苦攻关，我区的科技事业迎来了大发展的黄金时期，初步形成了一个具有高原特色的科研及其推广体系，取得了一批重大科研成果，我感受较深的有如下几点。

一是科技投入不断增加，全区科技经费由 1995 年的 750 多万元增至 2000 年的 1541 万元。

二是加强科技厅和各地市县科技局的班子建设，为全区 60%以上的县配备了科技副县长。

三是加大了科技推广、科技兴农的力度，提高农业生产科技含量。农村牧区科技工作的重点放在实用技术的推广上，广泛吸收、消化与应用国内外成熟、实用的先进生产技术和管理经验，重点抓优良作物和牲畜品种的引进、选育，全面提高实用技术的综合应用水平和科技成果转化率。实用科技综合示范区的成功建立和运作，显示了科技对经济社会发展的巨大推动力，其经济效益十分可观。各地纷纷组团前来参观、学习，真正发挥了科技示范区的示范辐射作用。在推进技术普及率和农牧业科技成果转化率的过程中，我们把拉萨市城关区作为科技示范县，要求形成产、学、研一条龙的示范模式，注重科技兴农项目的实效，重点放在引进、选育、推广农作物新品种上，使良种在我区覆盖面积达到70%以上。同时，我们提出农作物高产田栽培、低产田改造、科学施肥、蔬菜地膜覆盖、经济真菌开发等农业发展的新项目，扩大了林周县万亩千斤示范小麦种植范围，推荐、推广高效日光温室种菜技术，保证拉萨冬季蔬菜供应。

经政府同意，科技厅召开全区冬小麦、春青稞高产示范经验交流会议。各地市有关部门和相关科研单位交流了依靠科学技术发展农业的成功经验和先进做法，参观了林周县冬小麦万亩千斤示范基地。与会代表认为，引进高产优质品种、进行良种培育与推广、改善种植结构，实现了由传统粗放自然农业向现代集约生态农业的转变，科技服务因此开始由无偿向有偿的转变。这就促进了农业产业化，为市场提供丰富的高质量的农产品，还可以通过对农产品深加工提高农产品的附加值。要实现科技与农牧业协调、持久的发展，一个重要的条件就是向农

■ 作者同自治区有关领导视察林周万亩青稞试验田

牧民提供及时而准确的信息服务，引导他们积极参与市场竞争，帮助他们成为市场经济主体，达到运用市场规则来协调科技与农牧业的相互关系，实现相关资源有效配置的目的。于是，科研院所、农牧业生产基地与农贸市场就连成一个有机体。我们把拉萨市城关区定为自治区科技综合示范区。

四是狠抓了诸如诺迪康药业、奇正藏药、自治区藏药厂、雄巴拉曲藏药厂等高新技术企业的科技项目建设。这些企业的产品交易额在首届中国国际高新技术成果展交会上达 6 亿元。当时，朱镕基总理、吴仪副总理、李长春常委、中科院路甬祥院长及科技部朱丽兰部长、邓楠副部长等领导亲临我区展厅，给予了高度评价。特别是传统藏药运用现代科学技术和工艺手段，改进了制药工艺，规范了质量标准。依托我区自然资源和藏药的独特疗效，开发了一批藏药新品种，形成了具有一定规模的藏药产业。

五是加强了同国内外科技应用的合作，主要包括与联合国计划开发署合作的“太阳能光伏电站建设”项目，与美国新一代基金会合作开发拉萨湿地保护的前期调研立项，与德国合作的太阳能设备引进项目。同时在全区范围内启动了科技普及宣传、一年一度的“科普一条街”建设与科技下乡活动，组织出版四套藏汉对照的科普读物，策划与实施实用技术培训计划，提高农牧民使用科技的能力。

六是解决了阿里农牧区的用电问题。1994 年 4 月，政府安排我组织、率领自治区工作组深入阿里，调研村寨的用电状况。工作组所到的村寨、牧区因为没有电，老百姓听不上广播、看不上电视。当时地区领导反映，由于群众居住分散，拉电网的投入会太大，建议通过建设太阳能光伏电站或者利用太阳能蓄电来解决照明、收听广播、收看电视等方面用电问题。太阳能的业务归科技厅负责，我恰好分管此项工作。回到拉萨后，我们通过科技厅向国家科技部反映了阿里地区缺电状况及我们的建议。阿里地区共辖 7 个县，其中，革吉、改则、措勤、扎达和普兰五县已在 1990 年被国家确定为无电县，国家拨专款通过国家水利部、电力部解决了县城的电力问题，但农村牧区的群众基本上靠油灯照明。我当时想到利用太阳能来解决阿里农牧民群众的照明、听广播的用电问题，因为阿里地区有丰富的太阳能资源，而且从推广情况看，光伏电站技术成熟、安全可靠、操作相对简单，能够保障人口住居相对集中的乡政府和村委会所在地的基本用电，而对于居住分散的村户用电，主要得用体积小、质量轻便的太阳能蓄电板。这是解决阿里群众缺水少电的最有效办法。

后来，国家科技部汇集了我们的意见向国务院写了专题报告，国务院把科技部的报告转给国家发改委和电力总公司，国家电力总公司同意科技部的意见，向国务院专报了《关于解决西藏阿里地区用电问题的报告》。李岚清副总理做出批示："这个问题是今年开人大会时，我参加西藏代表团小组讨论时，代表同志提出的一个重要问题，现国家电力公司提出了一个统筹方案，我同意，请告西藏自治区党委和政府。"国家确定组织实施此方案，总投资 4000 万元，并要求国家发改委、国家电力公司和科技部分别投资该项工程。于是，国家发改委拨 2000 万元，电力总公司拨 1000 万元，科技部拨 1000 万元。为了组织实施好此项目，让阿里人民尽快用上电，我曾多次召开协调会议，同西藏自治区计委、科技厅、电力工业厅等单位研究落实阿里太阳能项目，提出建立相应的管理、运行、维护体系，一劳永逸保证正常供电。总算为阿里的农牧民办成了一件实事。

旅游工作

1995 年下半年，我开始分管旅游工作。接手一段时间之后，我才真正认识到旅游业是一个跨行业、跨部门的产业，其文化底蕴深厚，社会性与综合性很强，涵盖了吃、住、行、游、购、娱六大要素。通过我区旅游这一窗口或平台，

■ 作者做客中央电视台经济栏目，推介西藏旅游（右二为作者）

可以向中外游客展示稳定和谐、日新月异的新西藏。

众所周知，西藏地处“世界屋脊”，被世人称为地球“第三极”，特殊的地理构造、奇异的雪域大川地形地貌、天然的生态环境与形形色色的生物物种以及博大深邃与色彩斑斓的民族传统文化、独特的民风民俗与藏民族热情好客的友善态度……构成了西藏得天独厚的旅游资源，让中外游客充满无限遐想，进而产生不入藏地一游誓不罢休的强烈愿望。自治区党委、政府十分珍视自身的优越条件以及面临的发展机遇，确定了把旅游业定为支柱产业而给予大力发展的方针。但是，我区当时旅游资源开发层次低、旅游景点开放少、旅游线路单一以及旅游饭店和旅社总量少、档次不高、布局不太合理。我心里着急，感到工作压力大，常常是夜不能寐，定时不定时地与自治区旅游局领导一起搞调研、进行实地考察，向领导汇报、提建议，大家集思广益，达成了诸多共识。

一旦认定了方向、看清了路子，就要果断出手，大刀阔斧、一往无前，快速打开工作新局面。

深思熟虑之后我们决定，为了适应我区旅游事业发展的新形势、新任务，必须开发新的旅游线路和景区，从而形成从拉萨—日喀则—措勤—狮泉河—扎达—古格遗址—普兰—萨嘎及其分布在主线周边的神山、圣湖为支线的旅游网点；疏通与改善经藏北主要公路去阿里地区的旅游线路；积极创造条件开办樟木、定日一地游业务；稳妥开展江河漂流、探险活动，理出拉萨—林芝—加查—泽当环形旅游线路；充分利用业已开放的山峰，精心组织登山、探险、徒步、山间旅游活动；开辟拉萨—甘丹寺—桑耶寺徒步线路、山南桑日—琼果结徒步旅游线以及定日—定结、岗巴—江孜(或日喀则)旅游线路，逐步开放川藏、新藏、滇藏三线，协调三省区(云南、四川、西藏)共同打造中国大香格里拉旅游线，等等。与此相配套，在区内鼓励旅游商品的研发、生产与销售，从政府角度把开发系列旅游商品纳入民族手工业发展规划，并突出特色、强化质量。同时积极引进外资，采取合资、合作经营管理等形式，提高服务档次，增加服务文化内涵，去北京、上海、深圳等城市策划旅游推销活动。登门到国家旅游局的各司局级部门，争取项目、资金、人员援藏。

2000 年 4 月，首届中国昆明国际旅游节开幕式暨民族艺术大旅游节在春城昆明隆重举行。政府派我带领自治区旅游局领导参加了这次旅游节。除了学习兄弟省区(市)的经验之外，借此会议，我们再次要求国家旅游局领导帮助西藏编制西藏旅游规划，解决导游人员青黄不接的难题。

我们自 2001 年开始编制西藏旅游发展规划。国家旅游局孙刚副局长和我分别担任规划编制领导小组正副组长，具体负责规划编制工作的是自治区旅游局副局长李少华同志。我们本着旅游开发和生态环保同文化遗产保护相协调的原则，坚持走统一规划、科学发展、有效保护、合理利用，以实现经济效益、社会效益和生态效益相统一的规划路子。经过几年的努力，西藏自治区旅游发展中长期规划初稿基本搞定。

在国家旅游局主要领导的关心与亲自过问下，自 2002 年开始，来自全国旅游系统的百名导游人员陆续来藏。据说在他们进藏前，中央领导亲自为之壮行，到了拉萨受到区党委书记郭金龙等主要领导接见与欢迎，并对他们提出了殷切希望，一下解决了我区导游人才缺乏的燃眉之急。

西藏旅游业生机勃发，迅速步入快速发展阶段，而且旅游产业的整体素质全面提升，逐步转为集约型产业。通过旅游业的发展，我区文化事业的潜力得到了充分挖掘，我区民族手工业、饮食服务业、民间文艺迅速红火起来，旅游富民的愿望真正实现了，走出了一条富有西藏高原特色、造福西藏各族人民的旅游发展之路。

过去我对旅游工作接触不多，没有多少感性认识。2000 年云南省举办“中国昆明国际旅游节”，邀请西藏自治区政府派一位领导参加，政府决定让我出席。我和自治区旅游局明加书记出席了当年 4 月 10 日首届昆明国际旅游节的开幕式，随后参观学习了云南旅游工作的经验，深受启发。云南的旅游具有“多节事、多赛事、多会事、多展事、多演事”的特点，形式多样，内容丰富，具有浓郁的云南多民族的历史文化特色，而且常常寓于经贸洽谈等活动之中。旅游节办得非常成功。

主动参与云南旅游业的交流与合作。在昆明期间，我们与云南省分管旅游工作的副省长邵琪伟同志(现任国家旅游局长)商议共同开发“中国香格里拉生态旅游区”和茶马古道旅游线路等问题，商定于 2001 年在拉萨召开四川、云南、西藏及国家旅游局等领导、专家参加的协商座谈会。我们回到拉萨后向自治区政府主席办公会做了汇报，政府原则同意我们的意见。

虽然分管旅游工作时间不长，但是令我感到欣慰的是做了几件有意义的事情。

一是研究制定西藏旅游发展规划。争取国家旅游局的支持，特别是资金和技术支持；聘请专家参与西藏旅游规划的起草工作；成立规划领导小组，下设办公室，责成区旅游局副局长(中科院援藏干部)李少华同志负责编制规划、协调规划等有关工作。

二是向国家旅游局汇报了工作并要求落实旅游援藏相关项目。2001 年上半年，我与区旅游局张万生局长一同赴京，向国家旅游局何光文局长汇报了西藏自治区党委、政府重视旅游工作，把旅游业作为支柱产业，旅游工作开展情况，以及工作中遇到的困难，依照中央第四次西藏工作座谈会精神，要求国家旅游局支持西藏旅游工作。根据西藏旅游业发展的实际需要，国家旅游局决定每年夏季选派 100 名导游援助西藏旅游工作。

三是组织西藏旅游宣传工作。西藏每年向国外组织推介一次，但西藏旅游工作的重点应放在国内各大城市。据了解，内地游客非常神往西藏，因此，把旅游推介同时转向内地大城市。我亲自带队到北京、上海推介，效果非常不错。2002 年至 2003 年，来我区旅游游客一下子突破 50 万人次大关。

四是举办了首届“中国香格里拉生态旅游区座谈会”。2002 年 5 月，我在拉萨主持召开了三省区和国家旅游局参加的专题会议。四川省王怀臣副省长、云南省邵琪伟副省长分别率团专程前来参加，国家财政部、旅游局等部委负责同志莅临指导。会上，四川、云南、西藏三省区党委、政府共同倡导，提出了联合创建中国香格里拉生态旅游区的合作项目。该项目被视为在我国实施西部大开发战略和全球经济一体化的时代背景下三省区强强联合、共同打造世界生态旅游胜地的重大课题。建设开发这个项目，对于加强区域间的经济合作、推动经济结构调整、增进民族团结、稳固西南边疆，实现三省区共同繁荣与发展、改善当地人民生活条件都具有十分重要的现实意义和战略意义。

联合创建“中国香格里拉生态旅游区”是川、滇、藏三省区实施西部大开发的新举措。生态建设是我国西部大开发的主要内容，也是三省区大力发展特色旅游经济，促进经济社会持续健康发展的重要任务。创建“中国香格里拉生态旅游区”是一项复杂的系统工程，所涉及的领域较宽、行业较多，因此，必须在国家的大力支持下，实现三省区联合协作，相互支持，互惠互利，共同构建中国香格里拉生态旅游区，共同谋求三省区的经济社会的发展与繁荣。特别是川西南、滇西北、藏东南地区是亚洲主要河流的发源地，这里的冰川、湖泊、冰林、森林、小溪，汇聚而形成了亚洲主要河流的水源。金沙江、怒江、澜沧江、雅鲁藏布江都是亚洲主要河流的上游河段或支流，其中金沙江是长江的上游河段。千百年来，源源不断的江水养育着两岸的各族儿女，使她成为中华民族母亲河的主要水源之一。怒江、澜沧江分别是湄公河、萨尔温江的上游河段，雅鲁藏布江是布拉马普特拉河的主要支流。这些河流分别是东南亚各国的主要河流的源头，这使她们成为我国连接东南亚各国人民的纽带。近几年来，全球的气候在温室效应的作用下，气温不断上升，造成全球性冰川消融、雪线上升、草场退化、土地荒漠、夏秋两季持续高温、冬春两季沙尘暴肆虐，以及洪水、飓风、泥石流、山体滑坡等自然灾害，给沿江、沿河两岸人民生命和财产带来了巨大的威胁。因此，对川西南、滇西北、藏东南地区进行大规模的生态建设，是历史赋予我们这一代人的神圣使命，是21世纪世界和平和人类进步的重要标志。

发展特色旅游经济，使之成为国民经济新的增长点，推动经济社会持续健康发展，引导当地农牧民群众增收致富，这是三省区广大人民群众的共同心声，也是三省区各级党委、政府的共同愿望。过去，川西南、滇西北、藏东南地区的农牧民收入和当地财政税收主要来源是依赖于对森林资源的砍伐和矿产资源的开采，许多地方因此出现了乱砍伐、滥开采现象，对自然环境造成了严重破坏。于是，我国全面实施西部大开发战略，加大了对西部地区基础设施建设的力度，尤其是把生态建设与特色旅游开发列入西部开发的重要内容，在长江中上游实施了“天保”工程，并在许多区域实施了退耕还林、退耕还草等政策。新的形势下，如何适应西部大开发战略要求，积极调整经济结构，引导农牧民群众治穷致富，实现当地经济社会科学发展，已摆在各级党委、政府的主要议事日程上了。川、滇、藏三省区在实施西部大开发战略中都将生态环境建设与旅游经济发展紧密结合起来，在实施国家“天保”工程基础上，建设与开发并举，以开发旅游资源为突破口，大力发展特色旅游经济，进一步促进当地经济结构调整与优化，开拓社会就业渠道，增加农牧民的经济收入，同时将旅游业的新增收入与当地生产能力投向生态环境建设与改善上，以在新的起点上把特色旅游业做强做大，实现环境建设与旅游资源开发良性互动、协调发展。既能让当地群众眼前受益，又可泽被后世。

由于川西南、滇西北、藏东南地区是我国及东南亚主要河流的发源地，全球气候的变暖和对自然的人为破坏，曾对该地区的生态环境造成了严重的毁坏。1998年的长江洪水泛滥，西藏易贡山体大滑坡至今让我们记忆犹新。因此，这一地区的生态建设直接影响到中下游人民的生产、生活，也影响到中华民族在国际上的形象和地位。

几年来生态环境建设与旅游经济发展的实践经验表明，生态建设是旅游经济的主要内涵，旅游经济是在搞好生态建设的基础上形成的持续发展的经济模式，两者存在着相辅相成的辩证关系。在生态资源和旅游产业方面有着得天独厚条件的川西南、滇西北、藏东南地区，只有认真搞好生态建设，保护好丰富的文化遗产，共同建造一个山川秀美的香格里家园，才能吸引更多的国内外游客，才能更好地发挥特色旅游经济的带头作用，从而激活、带动社会其他行业的发展。那种只顾局部的、一时的个人利益或集团利益，不讲大局、不从长计议，杀鸡取卵，只想索取而不思回报，一味地开发掠夺，违背自然规律，不能主动地建设与修复生态环境，把国家的大开发政策狭隘地理解为新形势下向自然界进行新一轮的掠夺，实属于一种短见，一种自欺欺人。人类历史发展中的悲剧、闹剧不能重演，我们应当从历史教训中学得聪明，永远牢记自然界曾经给予我们人类的各种惩罚。善待自然就是善待我们自己，保护环境就是保护我们自己。回报自然、改善环境，留给子孙后代一个山清水秀的自然环境、安全卫生的食品和饮水，是我们每一个人的义务。国外与内地在发展经济中出现的一些后果、风险在我们西部经济社会建设中必须自觉加以规避，眼前经济越发展我们越要冷静，收获越多越要想着感恩与报答，感恩自然，报答环境……

我国已正式加入世贸组织，国门已经向世界敞开，市场不再是封闭的市场，在新的机遇与挑战面前，我们必须清醒地认识到我们的经济社会发展还十分滞后，而在经济欠发达的区域实施大规模的生态建设与旅游资源综合开发，这就要求我们必须具有一个长远的战略眼光。把川西南、滇西北、藏东南地区建设成国际一流的绿色生态区域，使之成为国际一流的生态旅游胜地，这是我国改革开放的需要，也是时代的要求，问题在于我们该如何行动。

川、云、藏三省区交界之地，天造地设，是一块令人充满遐想的地方。每当想到这里，人们会自然地联想到古老传说中的“香格里拉”。香格里拉这一概念源于藏传佛教经典，藏语称之为“香巴拉”，意思是“怀抱在幸福之源的地方”。公元1775年，六世班禅大师洛桑华丹益西根据大藏经中的经典，就撰写了一部通俗的《香巴拉王国指南》。该书内容分三部分，第一部分介绍了前往香格里拉的旅途；第二部分描述了香格里拉王国的景致；第三部分主要记载了香格里拉的历史和预言。这部经典所描绘的香格里拉王国是一个由神人主宰的仙境，她四面雪山环抱，是冰川、峡谷、森林、草甸、湖泊、金矿以及纯净空气的荟萃之地，也是明朗、安然、闲逸、悠远、知足、宁静、和谐等一切人类美好理想的归宿。1933年英国著名作家詹姆斯•希尔顿出版了他最著名的作品《消失的地平线》，小说一经出版立刻轰动了饱受战争困扰的欧洲。那些热爱和平与向往美好生活的人们，从此在全球范围内掀起了一股寻找理想王国香格里拉的热潮。如今，许多国家和地区都根据希尔顿小说中的描述，先后宣布发现了香格里拉，如在云南丽江、四川稻城、帕米尔高原以及塔里木盆地、吐鲁番盆地、甚至尼泊尔巴尔蒂斯镇和木斯塘、西伯利亚等地。经云南省同志的不懈努力，国家批准了云南省的中甸县改为香格里拉县。

20世纪末，我国冰川地质工作者在昌都、林芝考察探险过程中，特别是在帕隆藏布流域(即雅鲁藏布江波密—米林段)发现，其区域自然景色中的雪山、冰川、峡谷、森林、草甸、湖泊、金矿及人文景观，与书中的香格里拉并无二致，而且其规模、品位绝不亚于先前发现的香格里拉。真正的香格里拉到底在哪里？我们认为这个问题并不重要，关键是我们已经认识到了香格里拉这一美好的概念，表达了人类向往与大自然的和谐相处、向往和平与美好生活的崇高愿望与人们对真善美的强烈追求。

我国计划用50年的时间再造一个山清水秀的中华大地，这更加激发了我们建设美好家园的强烈愿望。目前，国家在这一区域内逐步实施了天然林保护工程以及退耕还林、退耕还草等措施，已初见成效。联合创建“中国香格里拉生态旅游区”，坚持“以人为本”，用科学发展观统筹城乡发展、区域发展、经济社会发展、人与自然和谐发展以及国内发展与对外开放，以实现一体化协调发展。具体到联合创建中国香格里拉生态旅游区，就要大力推进川西南、滇西北、藏东南地区旅游资源整体开发，把我们的美好愿望与深切忧患一并付诸到我们具体的社会实践中，立足现实而面向未来，把我们的命运与我们后代的命运紧紧联系起来，出路和办法来自我们对历史的思考中，来自我们当下的科学行动中。

妇儿工委工作

我在政府工作期间，主管过妇女儿童工作，兼任西藏自治区妇儿工委主任。

当时国家制定了21世纪初“两纲”规划(2001—2010年)。《妇女纲要》明确了劳动和社会保障领域妇女发展的基本任务，在提高妇女就业水平、建立健全生育保险制度、提高妇女劳动安全卫生标准、依法保障妇女合法权益等方面提出了具体要求。《儿童纲要》提出了24项目标，涉及卫生工作的就有18项：降低婴儿及5岁以下儿童的死亡率、降低麻疹发病和死亡率、普及安全饮水、消灭脊髓灰质炎、降低儿童腹泻死亡、降低孕产妇死亡、降低儿童营养不良、普及卫生厕所、降低妇女缺铁性贫血、降低急性呼吸道感染死亡、保持计划免疫覆盖率、提倡母乳喂养、消除新生儿破伤风、预防艾滋病、消除碘缺乏病、降低低出生体重、消除维生素A缺乏症、享有孕期保健和安全接生(新法接生)。

我区妇儿工委身负重任，协调相关部门有效开展工作。2000年全国婴儿死亡率为33.5‰，5岁以下儿童死亡率为40.6‰；而同年的西藏婴儿死亡率为

126‰，5 岁以下儿童死亡率为 62.24‰。那一年全国孕产妇死亡率为 47.4/10 万，而当时西藏孕产妇死亡率 339.31/10 万。无论是从“两纲”的目标要求，还是从现实差距看，我们工作任务都十分艰巨。做好农牧区特别是贫困地区的妇儿工作，既是实施两纲规划的重点和难点，又是全区能否全面贯彻落实规划目标的关键。西藏由于经济社会发展长期滞后，农牧区信息闭塞，受传统观念和宗教的影响较深，农牧区妇女儿童工作的基础十分薄弱，妇儿工委的工作相当繁重。各地市政府和自治区有关部门特别是成员单位能够从战略角度着眼，以负责的态度，把“两纲”里的相关要求纳入本地(市)县和部门发展的总体规划中，能够从多方面给予妇儿工作以积极支持，做了很多有意义的事情，取得了一定成绩。

为了切实完成“两基”任务(基本普及九年义务教育和基本扫除青少年文盲)，全区教育部门按照“积极进取、实事求是、分区规划、分类指导、分步实施”的原则和要求，启动了面向 21 世纪基础教育现代化课程体系工作，加快西藏普及九年义务教育的步伐，把扶持儿童教育作为执法督政的一项重要内容。

1998 年 4 月，国务院妇儿工委在杭州召开了全国妇儿工委工作会议，国务委员吴仪同志和全国人大副委员长彭佩云同志出席了会议。吴仪同志讲：为了实施好“两纲”目标，保证所需专项资金到位，国务院拿出了一亿元专项资金用于“两纲”规划的实施。国家教育部、卫生部和国家统计局等领导以及各省、市、区部分领导同志在会上交流了各自的经验。我和自治区妇联(妇儿工委办公室负责同志)出席了会议。我们出席会议的几位同志认真学习全国妇儿工委工作的成功经验，但面对日后的目标任务感到压力大、责任重。

我们回来后向自治区政府作了汇报，召开自治区妇儿工委工作会议，传达了会议精神，研究下一步工作方案。一是加强妇儿工委工作班子。二是保障专项资金，自治区财政在每年预算内各安排 90 万元专款。三是编制西藏自治区“两纲”的实施细则及切实可行的实施办法，力争尽快报自治区人大立法。四是加强领导，自治区在做总体规划的同时将分解的目标任务落实到各相关部门的责任制中，要求把具体工作抓细、抓实，一级抓一级。五是搞好监测评估工作。对“两纲”中的儿童目标、妇女目标的各项具体任务分步实施、分类指导，把全面监测与专项监测结合起来，也就是实现监测统计与评审工作相结合，政府妇儿工作委员会办公室工作与自治区妇联维权工作相结合。

在负责妇儿工委工作期间，我注重发挥政府的主导作用、妇联的桥梁作用，整合相关部门的集体力量，力争把相关工作落到实处，在实施“两纲”目标任务的过程中起到鼓劲、推动、指导的作用。“两纲”实施的第一个五年规划执行得很顺利，为第二个五年规划的编制及实施打下了坚实的基础。

民族宗教工作

民族宗教工作，我主要是协助吉普•平措次登同志，协管一些民族宗教方面的工作。主要做了两件实事。

其一，1992年底我在做主席助理的时候，根据江村罗布主席的指示，除了协助吉普副主席工作之外，我还要抽一点时间到各大寺庙了解情况。我用了一个月时间，与自治区民宗委原党组书记、主任平措朗杰(已故)、拉萨市民宗局的负责人一同到色拉寺、甘丹寺、哲蚌寺、大昭寺进行了调研，同各寺的民管会负责人、各寺扎仑及僧人代表座谈。在调研工作过程中认真执行《宗教事务条例》，按照“划清两个界线，尽到一个责任”的政策原则和工作要求，牢牢把握“两条底线”，积极引导宗教与社会主义社会相适应，号召寺庙僧人爱国、爱教、遵纪守法，为维护祖国统一、民族团结做贡献。同时我们把各寺提出的几件亟待解决的问题写成调查报告。比如色拉寺用电存在火灾隐患，各个经堂内到处私拉明线，老化电线很容易失火，经堂内价值连城的国家级文物没有安全保障，色拉寺因缺燃料不少青年喇嘛进城买煤油，同社会上的人频繁接触。对此甘丹寺的民管会喇嘛们强烈要求政府拨专款修路、维修主寺，等等。我将以上问题向江村罗布主席作了详细汇报。征得主席同意后，在拉萨市、区财政厅、民宗委和区石油公司共同努力下，色拉寺的用油问题、用电隐患得以解决，避免了喇嘛出寺；另外从主席基金中拿出专款给甘丹寺修了公路、兴办了饮水工程；1993年底，自治区财政拨专款(2600多万)维修了甘丹寺措庆大殿。

其二，1995年自治区筹备第二次民族团结进步表彰大会，因吉普主席出差不在拉萨，我协管了此事。按照自治区党委的指示要求，协助民宗委认真做了会议的各项准备工作。为了贯彻落实国务院第二次民族团结进步表彰大会精神，自治区党委、政府决定授奖123个先进单位和170个先进个人，通过表彰先进、树立典型，激励全区各族人民维护祖国统一与民族团结，积极推进我区经济发展与社会各项事业的进步，为振兴西藏而努力奋斗。当时国家民委李晋有副主任出席了会议。

精神文明工作

在兼任自治区文明委副主任期间，我主动与该部门的同志们打成一片，对于他们的生活与工作以老大姐的身份给予关心与支持，对于他们遇到的问题或困惑给予热情帮助与思想沟通，大家一道学习邓小平建设有中国特色社会主义理论以及党在新时期文化工作的方针政策，一道畅谈对主流社会生活和时代前进要求的正确认识与主动适应，并从政府角度引导理论、文艺、出版等部门的工作者自觉反映西藏改革开放与社会主义现代化建设的现实生活，热情讴歌人民群众创造历史的奋发精神，依据社会生活中涌现出来的先进人物、感人事迹着力塑造生动感人的艺术形象，对艺术形式和艺术表现手法进行大胆探索与创新，以真实感人、催人奋进的作品激励我区各族群众积极投身到建设社会主义新西藏的伟大事业中去。为此，我们重点抓了如下工作。

一是认真实施“五个一工程”。中央文明委自1991年开始组织开展“五个一工程”评选工作，要求每一年各省市区推荐“五个一工程”文艺作品参评。“五个一工程”是弘扬主旋律，推动优秀作品生产的品牌工程。因此，我们本着坚持标准、保证质量的要求，鼓励文艺界努力创作出思想性、艺术性、趣味性和观赏性高度统一的、深受广大群众欢迎的文艺作品。

二是提前做好“抓实当年、策划明年、构想后年”规划工作，使选题策划与创作活动实现可持续发展。同时，虚心向内行请教，尊重文艺规律，尊重作家、艺术家的创作个性及他们的劳动成果，倡导作家艺术家深入生活、做好选题规划，支持他们沉下心来、潜心创作，以“十年磨一剑”的坚韧毅力攀登艺术高峰，对艺术作品进行千锤百炼，精益求精，力争把最好的精神食粮奉献给观众听众。

我区文艺工作者先后创作出《回归颂》、《向着太阳》、《德吉村的宣传队》、《沉甸甸》、《雪中情》、《拉巴家中的烦恼》、《乡野的回声》、《古韵生辉》等艺术作品，反映了改革开放以来西藏新气象、新变化，西藏农牧民的新生活。这些作品极具民族特色，体现了对藏民族古老文化的继承与创新，激发了人民群众的爱国热情、振奋了民族精神，唱响了“祖国颂”、“民族团结颂”、“社会主义颂”、“改革开放颂”。这些作品生动活泼、寓教于乐，使读者与观众在轻松的欢声笑语中受到教育，得到启发。

三是根据全国文明委发出的文化、科技和卫生“三下乡”的通知精神，我们开动脑筋，调动有关方面的积极性，把该项活动搞得既轰轰烈烈又实实在在，动员、发挥相关部门的优势，定期不定期的、专项的或综合性的，物品、技术和人力一起推出，把人民群众需要的、用得上的文化产品、实用技术及新知识送到农村、牧区、边防哨所，为农牧民和部队官兵提供货真价实的文化、科技、卫生等公益性服务。

我们尽其所能，真心实意，借助“三下乡”活动既给人民群众奉上脱贫致富的知识和信息，又为他们送去了欢笑和力量。

社会科学工作

西藏社科院于 1978 年 6 月开始筹建，1985 年 8 月正式成立。深入了解该项工作以后，留给我深刻印象的是：我区社科工作者的治学态度、研究方法、求实精神，以及理论联系实际的学风、贯彻“古为今用”的自觉性。

我区社会学家及有关方面专家能够自觉而又善于运用辩证唯物主义与历史唯物主义的世界观、方法论，认真研究我们民族文明史发展过程及其某个领域、某个侧面的历史演进轨迹，都树立了整体观念，注重考察其过程。比如不少藏学家研究我国藏族的起源、形成、发展及其社会、经济、政治、宗教文化、科学技术等方面，通常采用了综合性研究方法，把西藏社会基本关系作为研究对象，着重考察社会生产力发展历程，追踪生产力水平提高所引起的社会分化及其人们的政治、经济、宗教等各种关系的变化，物质文明发展刺激与推动精神文明更新与进步，全面完整把握社会现象，防止片面性，在此基础上抓主要矛盾和主要矛盾的主要方面，避免主流与末流不分或本末倒置的偏颇。这种治学态度和研究方法既符合马克思主义科学思维方式与研究方法，又符合现代科学理念与研究范式。他们试图从纷繁复杂的社会现象中揭示西藏历史发展的本质和规律，总结出历史发展过程中客观规律与人类主观能动性之间的关系，以及盛衰兴亡之道，民心向背与王朝兴替的联系，从历史中汲取力量指导实践，指示未来，促进当代社会经济发展，把历史事实与现实精神贯穿起来，学以致用，表现出对现实社会的责任感与使命感。恰如英国当代历史学家汤恩比所说：一切历史都是现代史。这句话所揭示的正是社会科学研究的真谛与特点。

多年来，社科院藏、汉两族学者们的研究领域涉及人类学、历史学、社会学、文化学、哲学、经济学、宗教学等各类学科，所涉猎的内容十分广泛，通过著书立说，把丰厚的研究成果落实下来。每年出版的藏汉两种文字的《西藏研究》季刊，深受读者的欢迎，一大批研究成果引起了国内外学界的广泛关注。社科院历届领导围绕党的中心工作科学选择研究课题，立足西藏的历史和当前西藏经济社会发展的状况，着眼人民幸福、民族团结和社会稳定的大局，十分尊重民族文化传统，重视借鉴历史经验，或者是惨痛的历史教训，从历史中汲取前进的智慧和力量，告诫今人避免前人曾经走过的弯路，目的是为党和政府的科学决策提供参考，减少决策失误，也能启迪公众，提高劳动者的文化素质，推动社会主义新西藏经济社会健康持续的发展。为维护祖国统一、加强民族团结和保障西藏社会稳定方面发挥了重要作用。

我区社科院承担了国家民委等部门交办的给西藏古籍编目任务，积极与内地的社科部门进行学术交流。2000 年全国社科院长联席会暨首届社会科学研讨会于 8 月 7～10 日在拉萨召开，30 多个省市区的分管领导及相关专家学者 70 余人参会，交流了经验并签订了合作意向协议。

我区社科院还组织抢救与整理出版了藏族文学名著《格萨尔王》，将格萨尔王的民间故事以唐卡形式继承下来。

社科研究凝聚着社科院的专家、学者们的科研智慧与辛勤劳动，作为分管领导只能为他们提供必要服务。一方面落实好党对知识分子的政策，另一方面协调解决他们工作中的困难，为他们创造较宽松的工作环境。在这方面我做了一些工作，尽了一份心。但是，我总感到有些地方不尽人意。如社科院科研大楼到我卸任时尚未动工，一些科研成果因资金短缺没能及时出版等。

齐心协力筹办第六届全国民运会

我在自治区政府担任副主席期间，除了分管文化、文物、科技、计生、社科、妇儿工委、残联、红十字等工作外，还从 1994 年起协助吉普•平措次登副主席（党外同志）协管体育工作，1996 年之后就接管了该项工作。1996 年 7 月自治区人民政府决定成立全国第六届少数民族体育运动会拉萨分赛场筹备委员会，让我担任筹委会主任，抽调了一些干部参加筹委会相关部门的工作。

筹办第六届全国民运会拉萨分赛场，表面上看是在组织一次运动会的分赛场，其实是在从事一项综合性文化活动，举办一次有地域特色与民族特色的56个民族大团结的盛会，所以其意义不只是在体育本身，更重要的是它将对西藏的政治、经济、文化、民族关系、社会稳定等各个方面都将产生积极的深远的影响，由此真正打开西藏的大门，让全国人民进一步认识西藏，同时让西藏人民进一步了解祖国内地兄弟民族，增进民族团结与友情，这场民运会毫无疑问将发挥“桥梁”或“窗口”的作用。认识到这一点，我们就会带着使命感、光荣感投入到民运会的筹备工作中去。

拉萨分赛场经过4年多紧张筹备，到1999年7～8月间政府机关“三讲教育”步入关键阶段，民运会筹备工作同样进入冲刺阶段。超负荷的工作，我只能在早、晚“休息时间”准备“三讲教育”的学习内容、撰写个人材料，白天要在筹备工作岗位上坐镇指挥，体验到了艰辛与疲倦。自治区党委、政府和国家民委、国家体育总局对拉萨分赛场的工作进程及工作质量表示了满意与赞扬。

不平凡的民运会申办历程

全国民族运动会是我国的一项传统体育盛会，每四年举办一次，国家明确表示，承办者首先是5个自治区，其次是少数民族比较多的省区，再次是其他省市。能够承办民运会既是一种荣誉，也是综合实力的体现。新中国成立不久，天津市1953年11月举行了全国民族形式的体育表演及竞赛大会，共有13个民族近400名运动员参加了此次比赛。后来，国家体委和国家民委把这次运动会定为第一届全国少数民族传统体育运动会，并经国务院批准，决定这个运动会每四年举行一次，由此形成惯例。呼和浩特市1982年9月举办了第二届，乌鲁木齐市1986年10月举办了第三届，南宁市1991年11月举办了第四届，昆明市1995年11月举行了第五届。那么，1999年第六届民运会在哪里举办？当时要求申办的省市区的确不少。

虽然位于雪域高原、气候欠佳，经济不够发达、交通不够便利，但是作为中国行政的一个民族自治区、中华民族大家庭里的一个重要成员，西藏自治区不仅有资格而且有能力申办1999年第六届全国少数民族传统运动会！1999年是新中国成立50周年的喜庆之年，恰逢西藏自治区民主改革40周年，在这双喜临门的一年里，如能在我区举办全国民运会，必将极大地推动我区体育文化事业的发展，大幅度提高人民健康水平，深化我区改革开放，振奋各族群众建设美好家园的精神，向世人全方位地宣传西藏，有力驳斥以达赖为首的分裂主义分子及国外敌对势力对西藏的歪曲及其所散布的各种谬论，都具有现实意义。中央第三次西藏工作座谈会以来，西藏经济得到了快速发展，为拉萨分赛场创造了物质条件。自治区党委、政府带领全区各族人民积极贯彻党的十三届三中全会以来的各项方针政策和新时期西藏工作指导思想、方针，作出了一系列适合西藏实际的重大决策，有力推动了西藏经济社会的发展。

西藏社会局势稳定，为在拉萨市举办第六届民运会拉萨分赛场创造了良好的社会环境。几年来，自治区党委、政府认真贯彻中央关于对达赖斗争的方针政策，积极开展反分裂斗争，采取的措施坚决果断，民族团结进步事业和其他各项社会事业取得长足进展，全社会科学文化素质和思想道德水平以及社会综合承载能力显著提高，为拉萨设立分赛场奠定了社会基础。

自治区人民政府经过慎重考虑，区体委和民宗委经过周密调研论证后，自治区人民政府下定决心申办第六届全国民运会，并于1995年2月10日以政府文件的形式向国家民委、国家体育总局提交了申办报告。

当然，申办第六届全国民族运动会不只是西藏一家，各省市区都表示高度重视，热情参与。这无疑增加了我们西藏申办的难度。自治区政府决定加强对申办工作的组织领导，成立了以原自治区主席江村罗布为首的申办领导小组。特别值得一提的是，尽管西藏举办全国民运会存在各种困难，但是自治区人民政府还是庄严承诺：如果我们能够申办成功，一定让国家民委、国家体育总局及其他体育组织满意，为发展全国少数民族传统体育事业做出最大的贡献；一定让运动员满意，建设合格的体育场地，营造较好的训练和比赛环境，为使各族运动健儿们欢乐地相聚并创造最好成绩提供良好的条件；一定让新闻界的朋友满意，为他们营造舒适的工作环境、配备上先进的通信设施，使他们能够迅速、准确地把全国民运会的盛况传遍全国；一定让旅客和观光者满意，使他们享受到热情周到的服务，在拉萨在西藏度过一段难以忘怀的时光；一定让各位嘉宾满意，使他们感受到拉萨的宜人，感受到祖国大地上处处都是温暖的。这五点承诺，充分表达了西藏各民族人民申办民运会的热情，办好民运会的决心。

1995年2月28日，自治区驻京办事处举行欢度藏历木猪新年茶话会。申办团在茶话会大厅两侧悬挂了两条10米长的横幅："在京藏族儿女支持西藏申办1999年全国民运会"，"1999年56个民族体育健儿和嘉宾相会圣城拉萨"。两条横幅引起了参加茶话会各界人士的关注与兴趣。应邀出席茶话会的部分领导同志，纷纷走到申办团领导同志的座位前说：“你们的申办，宣传舆论工作做得好。在北京的人，现在大都知道西藏在申办民运会。这是个好的开端啊！”茶话会的每一张圆桌上，都发放了申办宣传画册。当时中共中央政治局常委胡锦涛同志，全国政协副主席阿沛•阿旺晋美先生，国务委员、国家民委主任司马义•艾买提先生，中央统战部王兆国部长和西藏在京的领导同志陈奎元、热地、江村罗布、布穷、生钦•洛桑坚赞(已故)、拉巴平措以及有关方面领导同志阴法唐、多吉才让、多吉才旦、伍精华、图道多吉、田聪明、牛瑞騆等走进大厅就坐后，首先翻看了这本精美的画册，饶有兴致地指点评说画册中的一些内容。胡锦涛同志一页一页地看完画册后说：“申办民运会是西藏社会生活的一件大事，具有重要的意义，希望社会各界给予支持。”热地同志接着说：“这是西藏历史上的第一次，我们一定尽力申办好。”参加茶话会的藏族同胞对西藏申办民运会充满了热情，希望在21世纪到来之际，能够在自己的家乡举行民族大团结的盛会。

1995年3月4日，中共中央政治局委员、国务委员李铁映同志在中南海接见全国体委主任会议代表时指出：“西藏提出申办第六届全国民族运动会，这是一件很好的事，各省市区要支持。”国家体育总局袁伟民主任和国家民委李晋有副主任多次充分肯定我区申办工作并表示积极支持，多次来藏考察指导。

经过精心筹划，《西藏自治区人民政府关于申办1999年第6届全国民运会的报告》递交仪式，于1995年3月17日在北京钓鱼台国宾馆隆重举行。全国政协副主席阿沛•阿旺晋美和全国人大副委员长帕巴拉•格列朗杰出席了递交仪式。已故原自治区人大常委会副主任生钦•洛桑坚赞和自治区副主席吉普•平措次登参加了该仪式，郑重地向国家民委副主任李晋有、国家体委副主任张发强同志递交了申办报告。申办领导小组组长、自治区主席江村罗布同志发表了热情洋溢的讲话，表示申办如能获准，我们一定全力以赴，开成一个各族人民大团结的盛会，开成一个弘扬与发展少数民族传统文化的体育运动盛会。国家民委和国家体育总局的领导都表了态。李晋有副主任指出：“西藏能够提出来申办第六届全国民运会，这对全国民族工作是一个贡献，对全国少数民族体育运动也是一个推动。这个意义是不可估量的。”张发强副主任指出：“对于西藏自治区人民政府提出申办第六届全国民运会，我们一是支持，二是以积极的态度进行研究。”1995年11月经国务院批准，由北京市和拉萨市共同举办第六届民运会。这在全国民运会的历史上还是第一次，拉萨市获准举办分赛场，后来实践证明这个决定是完全正确的，这个方案是一个最佳方案。

尽心尽力地做好筹备工作

西藏获得在拉萨举办全国民运会部分比赛和表演项目的权利，可以说是在经过长期不懈的努力之后申办工作的成功。但是，获得了举办权利的同时，我们也承担起了重大的责任。我们能不能在高原古城拉萨办好这次民族团结的盛会，能不能让来自全国各地的宾客在拉萨住得舒适、吃得满意、玩得高兴、表现得出色，能不能通过全国民运会这扇窗口充分展示今天的新西藏，在申办全国民运会成功的同时，这些问题也明明白白地摆在了我们面前。在不到四年的时间里，我们要在缺少举办大型运动会经验、原有体育设施简陋、资金短缺等情况下，把各项筹备工作做得最好，确实是一件不容易的事情。西藏自治区的五点承诺，应该说是自治区人民政府代表全区各族人民向祖国和全国各族人民作出的郑重承诺，可以说是一诺千金。我们必须把筹备工作做到最好。为此，我们做了如下工作。

一是加强了筹委会的班子建设。拉萨分赛场的筹备工作，始终是在自治区党委、政府的统一领导下进行的。从申办到筹备，自治区党委、政府召开的各类办公会议和专题会议达二十多次，并要求筹委会每月向自治区政府汇报一次工作。自治区政府年初列出的工作要点，多处是有关办好第六届全国民运会拉萨分赛场的措施与设想。1996 年 7 月 1 日，西藏自治区人民政府决定，成立全国民运会拉萨分赛场筹备委员会。随着筹备工作的具体任务不断增多，工作范围随之扩大、深入与细化，筹委会的组织机构也在不断扩大与完善。1998 年 5 月，自治区人民政府增派几位同志，充实、加强筹委会的领导班子。1999 年 6 月，自治区党委、政府再次对筹委会进行了调整，组成了高规格、强有力的领导集体，其中区党委书记陈奎元、常务副书记和人大主任热地同志担任名誉顾问，列确主席担任筹委会主任，我是常务副主任兼秘书长，尼玛次仁副主席、乔元忠秘书长等 7 名领导同志担任副主任，区内各有关部门抽调了 28 位领导同志担任筹委会委员，还有 8 位同志担任副秘书长。筹委会根据整个筹备工作的需要，陆续设立了办公室、宣传部、集资部、工程部、竞赛表演部、大型活动部、财务部、接待部、安全保卫部，自治区有关部门的主要领导同志担任各部门的负责人。整个筹委会有职有权、各负其责，使筹委工作全面细致、井然有序地展开。

二是慷慨解囊与多方筹资进行体育场地、场馆建设。按照自治区人民政府提出的“有多少钱办多少事”与国家民委对拉萨分赛场提出的“隆重、热烈、精彩、圆满，不求最大、但求最佳”的原则要求，从西藏的实际情况出发，从整个体育场地的建设规模及其配套设施以满足运动员的实际需要和今后拉萨地区体育赛事的未来需要出发，决定取消建设体育中心和大学生体育馆的计划，赛马场的建设规划也大大缩小。经过筹委会和建设厅、设计院、财政厅等单位的负责同志共同反复修改、核算与严格把关，赛马场建设总投资限制在 3300 万元以内。1998 年 4 月 23 日，经过前期的准备工作，赛马场举行了隆重的奠基仪式。赛马场这项工程包括了 33 个子项目，主要的工程有场地平整、综合楼、马厩、接待楼、1000 米跑道的赛马场，以及场地绿化等项目。自治区政府为这项工程调拨了 2200 万元资金，其余的 1400 多万元要靠筹委会自筹。从奠基到竣工，赛马场建设用了一年零 2 个月。在这个期间，为了保证工程按质按量如期完成，我们不知开了多少个现场会，现场解决了多少个实际问题。现在的赛马场已经完全不是原来的荒凉景象，一眼望去便是美观大方的综合楼、宽阔的赛马场、壮观的主席台、现代化的马厩、布满整个赛马场的绿地草坪，满眼是花木扶疏，相信它必将成为拉萨市民休闲娱乐的好去处。

拉萨市体育场经过了彻底的改扩建，南北两侧增修了看台，把体育场封闭了起来。铺设了色彩鲜明的塑胶跑道——这是西藏第一个拥有塑胶跑道的体育场，将为在这里举行的开幕式增添光彩。新种植了茵茵草坪。西藏体育馆经过维修，面貌焕然一新。拉萨市几条街道也在改造整饬中，各项市政工程建设的完成，使拉萨市容市貌更加整洁、大方。

三是狠抓服务窗口单位的建设。增强服务行业的服务意识，改善相应的服务设施，提高整体服务质量，这是筹委会工作的另一个层面。窗口单位、服务行业是社会文明程度的标志，有的服务企业直接承担了本次民族运动会的接待任务，能否优质高效地为各方宾客提供满意服务，不仅关系到个别服务部门的形象与信誉，而且关系到西藏的整个形象，因此它们对西藏社会文明状况具有展示与示范作用。我们始终以举办第六届民族运动会拉萨分赛场为契机，认真总结几年来加强精神文明建设的成功经验，寻找差距，堵塞漏洞，发扬成绩，克服不足，以加强职工职业道德建设为核心，以提高服务质量为目标，适时采取有效措施，努力推动我区窗口单位、服务行业的精神文明建设更上一个新台阶。

四是认真组织我区各族群众广泛参与全民健身的宣传教育活动，让大家以良好的精神状态迎接民族运动会的召开。全区 240 多万各族人民是西藏社会的主人，理所当然是第六届全国民族运动会的东道主。民族运动会是各民族体育比赛的盛会，更是展现各民族精神风貌和文明素质的平台。作为东道主，我们要倍加珍视西藏社会稳定、发展的政治局面，一如既往地保持良好的社会治安状况，为第六届全国民族运动会拉萨分赛场营造出安定和谐的社会环境；作为东道主，我们要以主人翁的积极态度，以昂扬的精神面貌，从每个人做起、从身边小事做起，有一分热发一分光，为筹备工作做出应有的贡献；作为东道主，我们要维护西藏各民族的整体形象，以热情的态度、文明的语言和优美的城市环境迎接八方来宾。我们动员发起了拉萨、山南、林芝等市地的市民以及在校学生，人人动手清理道旁路边的所谓“白色”垃圾的群众性卫生运动，对城区城郊公共地面来一次“不留死角、不留盲区”的卫生大扫除。洒扫庭院，擦拭桌椅，满面春风，笑迎宾朋。

五是采取多种形式广泛筹措资金。当时测算筹办民运会拉萨分赛场大约需要资金7300万元。这些资金的来源，除国家给予少量的开办费外，主要靠主办者自筹。自治区政府为赛马场工程拨款2200万元，购买马匹花费了150万元，运动会开办、接待费1000万元。应该说，政府已经尽了最大的努力。其余的资金缺口，按照国内外举行大型运动会的惯例，要靠集资方式来筹集。筹委会为此成立了集资部，在北京、成都、上海设立了工作站，全力开展集资工作。集资的主渠道是社会，比如接受社会捐赠，出售全国运动会专利使用权和广告发布权、发行体育彩票等，都是集资的传统手段。在集资工作中，涌现了许多感人的故事。自治区交通厅征稽局的一位职工专门来到筹委会，个人捐赠了500元钱。他说他是在看了新闻之后了解到民运会的情况，和家人商量之后决定为民运会捐款，他要求不公开他的姓名。1997年7月底，一位叫张德文的北京离休老干部，在79岁的时候到拉萨旅游。他听说拉萨在筹备民运会，就主动到集资部为民运会捐助了500元钱。在1999年5月10日——距全运会开幕还有100天——的宣传日活动中，布达拉宫广场附近的个体工商户共370人捐款5000元，西藏科技企业河帮创业公司李平总经理一次捐款40万元，西藏矿业发展总公司捐赠5万元，拉萨市一小全体师生捐款12200元，另有湖北省石油总公司汉美有限公司总经理范国海捐赠2万元，以及其他诸多小额捐款。我们还广开财路，借鉴兄弟省市区举办大型运动会的经验，在区内采用抗磨节能剂等商品的促销方式为民运会拉萨分赛场创收1180多万元。

六是抓紧落实拉萨分赛场大型活动开幕式、闭幕式与在布达拉宫广场举行民族大联欢的节目组织工作。拉萨分赛场开幕式定于1999年8月18日上午10时，在拉萨市体育场举行。开幕式是大型活动中的重头戏，有道是，办好了开幕式，运动会就成功了一半。开幕式包括开幕仪式和大型文体表演两部分。如果说开幕式是运动会的重头戏，那么大型文体表演又是开幕式的重中之重。本着突出“民族性、群众性和业余性”的原则，筹委会决定从拉萨、那曲、日喀则、山南、林芝五地市抽调近六千名群众，参加大型文体表演“吉祥颂”的演出。他们穿着自己最喜爱、最漂亮的衣服，跳起自己最熟悉、最有特色的舞蹈，展示翻身农奴今日的风采，将西藏各地不同风格的文艺、舞蹈和民族服饰搬上民运会的大舞台。大型主题文艺节目“吉祥颂”，与以往任何文艺节目不同的是，它突出了群众性、业余性的特点，3000 多名演员参加演出，95%为群众演员，采用独特的民俗、民风，将民族传统文艺形式与现代艺术表现手法相结合，分五个章节把欢腾的古城展现在世人面前。演出中，场地上的演员和 1 万多名观众挥舞洁白的哈达，呈现出波澜壮阔、起伏万千与一片欢腾的盛大场面。这在西藏的历史上是首次，对我们来说是一个新的尝试，因此，需要抓好组织落实。

我们成立了大型活动指挥中心，由我担任总指挥，安排了十位副总指挥，分别成立了开幕式指挥、表演活动指挥、后勤接待保障指挥、安全保卫指挥和新闻宣传指挥五个分中心。从各相关厅、局、委抽调了得力的领导干部各司其职，相继研究制定了各中心的工作方案，并将各部门的工作实施方案具体化、细化，使之具有可操作性。

开幕仪式上有各代表团入场仪式、运动员宣誓等内容，各代表团经过主席台时都会有即兴的歌舞表演，尽情展示其极具特色的民族风情。开幕式上大型文体表演完全是西藏悠久历史文化和民族团结的集中展现。除此之外，我们于 8 月 22 日晚在布达拉宫广场举行“民族大联欢晚会”，56 个民族的中华儿女相聚在雄伟壮观的布达拉宫广场，一起载歌载舞，共同拉开民族大联欢的序幕。夜幕下，华灯辉映，文化古城里，歌舞升平，淋漓尽致地展现祖国 56 个民族兄弟姐妹的亲情友情。这项活动将是全运会中精彩的一幕。8 月 23 日晚，西藏体育馆的闭幕式上有颁奖仪式，区内的艺术家们将要联袂表演精彩的西藏歌舞，庆祝全国民运会拉萨分赛场圆满成功。

除了上述大型活动外，拉萨分赛场还有一项重要活动就是采集与传送全运会民族圣火的火种。登山健儿们在世界之巅的珠穆朗玛峰顶上采集了全运会圣火的火种，我们在定日县、日喀则市和拉萨市分别举行了隆重的迎接仪式。在 8 月 18 日开幕式上，要用这个火种点燃拉萨分赛场的火鼎。9 月初，我们还要专程把火种送到北京，1999 年 9 月 9 日 9 时 9 分 9 秒，在北京天坛举行点燃民族团结圣火火鼎的隆重仪式，党和国家领导同志出席该仪式，国务院副总理李岚清亲自点燃了圣火火鼎。之所以选择这样一个时间，是取中华民族“九九归一”的意思，象征着民族大团结，让采自西藏的全国民运会的圣火燃烧在首都北京的赛场上，映照在全国人民的心中。

另外，我们对参加入场式的旗队、花队及各代表团前面的引领小姐进行组织、培训与教育。

我们坚信这个大型活动肯定会以鲜明的特色给全国人民留下深刻而美好的印象。

大张旗鼓地开展宣传工作

在全运会开幕倒计时100天、50天和30天三个时间点上，由筹委会宣传部牵头分别掀起三次大的宣传活动高潮。5月10日——倒计时100天，自治区各有关部门积极参与，成功组织了以“讲文明、树新风、为民族运动会做贡献”为主题的宣传日活动。拉萨市区主要通道悬挂标语，设立宣传点，出动宣传车对市民巡回宣讲，散发宣传资料，窗口行业、服务场所、主要宾馆饭店都在开展优质服务活动。这次宣传活动把我区筹办民运会的宣传工作推向了一个新的高潮。

以治理社会环境为主题的倒计时50天宣传活动，得到了自治区、拉萨市和城关区各级机关、学校、驻藏部队、武警官兵的热烈响应，拉萨公交沿线、公共场所、店铺摊点前后，随处可见干部、群众手持扫帚扒叉，清扫污物、拾捡垃圾，使拉萨城区的市容市貌进一步改观。

距开幕式30天之际，民运会宣传部在区工会、文化厅、团区委等单位的配合下，调动组织了19个单位的2000多名干部、职工、农牧民群众、青少年学生、解放军武警官兵等各界代表，在布达拉宫广场学唱民运会和拉萨分赛场主题歌，群情振奋，场面热烈，表达了全区干部群众喜迎拉萨分赛场开幕的喜悦心情。

各大新闻媒体非常重视对民运会的宣传工作，中央和自治区、拉萨市新闻单位都派出专门的报道组，优先安排醒目版面与广播电视黄金时段，加大对民族运动会的宣传报道力度。

热情周到地做好接待与服务工作

1999年的时候，拉萨市区的宾馆、饭店屈指可数，其内部条件多数较差。我们组委会在8月10～24日同一时间段内，接待了来自各省市区的参赛运动员、观摩团、政府代表团等近4000余人，同时安排了除拉萨市外的4个地市的600余群众演员的食宿，还要组织协调好卫生保健、安全保卫、交通运输等方面的工作。为了保证各项工作不出偏差，我带着接待部、办公室、财务部、安全保卫等部门的负责人，对承担接待任务的宾馆、饭店进行了全面实地考察，对所有床位签订了合同。另外，筹委会专门组织了一个穆斯林接待小组，对厨师的选派、阿訇的安置、屠宰场场址的选择都做出详尽的筹划。在吃、住、卫生、礼仪等方面严格把关，让每一位光临拉萨分赛场的穆斯林宾客满意、放心。在民运会期间，接待部还对各代表团、观摩团游览拉萨著名景点做出安排。

中央召开第三次西藏工作座谈会后，以62项工程为主要内容的建设高潮迅速形成，短短几年里，拉萨的城市面貌发生了巨大的变化，基础设施有了很大的改观，特别是道路状况得到非常大的改善。娘热路、江苏路等通往赛场的环城道路，其路面得到了全新改造。自治区和拉萨市的公安系统、工商管理部门、卫生系统等陆续出台了相应的措施和方案，对拉萨城区的交通、摊点、卫生、治安进行了整顿，对周边环境进行综合治理，使拉萨以崭新的容颜迎接八方来客，并展示西藏各族人民全新的精神面貌。

集中安排这么多人在如此短的时间内出入西藏，在当时是一个难题。各代表团进出藏的机票，由我们筹委会和西藏民航管理局全权负责与西南航空公司联系定购。8月份是成都—拉萨航班进出西藏的高峰期，除了新开辟的西宁至拉萨新航线外，增加了西安、重庆等航线的运量，全力为各代表团、观摩团作出最迅速的进出藏安排。

从全国各地来拉萨参加民运会的有31个省市区和解放军、武警总队共33个代表团，来宾共计3000余人，其中运动员、裁判员共有1274人，其余的是主办单位国家民委、国家体育总局、北京市组委会等部门的客人。这是西藏历史上，同一时间内集中接待区外客人最多的一次，而且能够保证客人吃、住、行、比赛、游玩等各方面的安全，没有出现任何问题，达到了“高兴而来，满意而归”的预期目的。我们竭尽全力，想方设法，尽量为各族的来宾提供热情周到的优质服务，以西藏民族的真诚与好客，弥补我们硬件条件方面的不足……

这次民运会拉萨分赛场之所以取得了圆满成功，是因为我们有党和国家对西藏的特殊关怀，有全国各族人民对西藏人民的信任，有国家民委和国家体育总局的大力支持与具体指导，以及各省市区、解放军和武警总队代表团的积极参与与默契配合；是因为我们有自治区党委、政府的高度重视与坚强领导，有全区各族人民的全力支持、全员参与、无私奉献与团结协作。

为了办好本届民运会，圆满完成党和全国人民的重托，自治区党委、政府始终把筹办民运会视为一项重大的政治任务，投入了巨大的人力、物力和财力。区党委、政府联席会议和政府常务会议多次听取筹备工作汇报，不定期召开专题会议研究解决筹备工作中的重大问题，并号召全区机关单位、各行各业和社会各界对民运会的筹备工作给予关心与支持。自治区领导陈奎元、热地、郭金龙、列确、杨传堂、徐明阳等同志，亲临现场或打来电话有针对性地指导工作，尤其在筹备工作进入尾声转入组委会的关键时候，自治区作出决定：调整与完善筹委会

■ 开幕式结束后作者与组委会部分成员合影

组织机构，自治区党委书记陈奎元、常务副书记热地担任筹委会名誉主任，自治区主席列确担任筹委会主任，批准了筹委会关于下设办公室、宣传部、集资部安全保卫部等部门的提议，使各项筹备工作得以按部就班、扎实有效地开展。民运会的筹备工作如同其他任何工作一样，始终得到了全区各级组织、社会各界和广大人民群众的大力支持。自治区党政军领导带头，人大代表、政协委员、解放军指战员、武警官兵、机关干部、青年学生、城市居民以及企业单位、个体商户广泛参与，积极参加了比赛场地建设的义务劳动，“当好东道主，办好民运会”成为西藏各族人民的共同心声。大家以高效、周密、科学的组织工作，确保了各项筹备工作的顺利完成。

自治区党委和政府让我负责历时近四年的筹备工作，还让我担任筹委会常务副主任(主任是自治区主席)兼秘书长，筹委会后期改为全国第六届民运会组委会副主席兼拉萨分赛场主席，这是对我工作能力的认可和信任。当我回忆起在近四年的筹备工作中体验到的艰辛与兴奋的时候，让我至今都觉得回味无穷。值得欣慰的是，这项工作得到自治区党委、政府的充分肯定，得到了全国各代表团和体育健儿们以及全区各族各界人士的高度赞扬。全国第六届少数民族运动会拉萨分赛场的筹备工作给我留下了难忘而美好的记忆！

担任孔繁森事迹报告团团长

1994 年 11 月 29 日，孔繁森同志不幸遇难，为西藏阿里地区的社会发展与人民幸福献出了宝贵的生命，在西藏自治区引起了强烈反响，各族人民痛惜失去了一位好干部、群众的贴心人。自治区党委、政府决定在全区深入开展向西藏人民的公仆、进藏干部的楷模孔繁森同志学习的活动，还决定从区直和市直单位抽调人员，组成孔繁森事迹报告团，指定我负责报告团的组建，先在区直、市直机关和部队试讲，在此基础上组建赴山东巡讲的孔繁森同志事迹报告团，我任团长。

在西藏，很快掀起了向孔繁森同志学习的热潮。一是利用报刊、电台、电视台等各种新闻媒体介绍孔繁森同志的先进事迹，大造舆论声势；二是组织专门班子撰写纪念、宣传文章；三是编排上演话剧、电视剧等文艺作品；四是及时组建孔繁森事迹报告团，在拉萨市的机关、部队、学校、事业单位等举行专场报告会。

1995 年 3 月初，我们一行 12 人受区党委、政府的委托，从青藏高原来到黄河之滨的齐鲁平原，访问了孔孟之乡的古城聊城，并走遍了大半个山东，向孔繁森同志家乡的人民汇报他在西藏工作十多年间所建树的不朽业绩，高度评价他的一生是革命的一生、奋斗的一生、全心全意为人民服务的一生。

齐鲁大地是孔孟故里、礼仪之邦，山东是出“红嫂”的地方。儒家文化奉行“民本”、“仁爱”思想，主张民贵君轻、爱惜民力，这与我党新时期所倡导的“以人为本”、“执政为民”治国理政理念有渊源关系。儒家道德规范凝聚了中华民族的传统美德，采取“穷则独善其身，达则兼济天下”的人生态度，追求“先天下之忧而忧，后天下之乐而乐”的人生境界。在我党领导的新民主主义革命时期，革命老区的男儿古道柔肠，常怀匡世济民之志，舍生取义；姑娘媳妇深明民族大义，内含人情人性之美，坚韧能干。山东的父老乡亲为新中国的建立做出了重要而宝贵的贡献；在社会主义革命与建设时期，为我们养育、送出了像焦裕禄、孔繁森、李素芝等一大批好干部。

孔繁森同志是一个富有理想与激情的人，一个无私的、纯粹的与勇于献身的人。他以自己的模范行动实践了共产党员“全心全意为人民服务”的宗旨，谱写了党的领导干部为了人民的事业鞠躬尽瘁、死而后已的壮丽篇章，塑造了一个优秀共产党员和人民公仆的光辉形象，在人们心中树立起了又一座丰碑。在孔繁森同志的身上，儒家文化的优秀成分与马克思主义的科学理论完美结合在一起，他

■ 作者率孔繁森先进事迹报告团在福建省演讲时与省委书记贾庆林同志在一起

是在儒家文化耳濡目染、在党的教育培养下成长起来的新时代领导干部的楷模。

党中央发出“向孔繁森同志学习”的号召后，中组部和中宣部组织了孔繁森先进事迹报告团，把我抽去继续担任团长，在全国巡讲。并提出明确要求，一是抓好宣传，努力营造崇尚英雄、学习先进的社会氛围；二是求真务实，切实使领导班子思想作风建设富有成效；三是树立典型，在广大干部中形成“比、学、赶、帮”蓬勃向上的局面。我们先后在北京等 15 个省市区进行巡回宣讲，所到之处备受欢迎。

无论在西藏还是在全国，一是通过学习宣讲孔繁森，推动干部队伍树立正确的世界观、人生观和价值观；二是通过学习宣讲孔繁森，筑牢广大党员、干部的政治立场，深化当代理想信念教育；三是通过学习宣讲孔繁森，解决好民族团结和维护祖国统一的“坚持三个离不开”的问题；四是通过学习宣讲孔繁森，增强各级班子和领导干部的革命事业心和责任感；五是通过学习宣讲孔繁森，以孔繁森为标尺，从一切服从组织安排的模范行为入手，加强党员干部组织纪律性，完善领导班子的管理机制；六是通过学习宣讲孔繁森，在新的历史条件下继续发扬“特别能创业、特别能奉献”的老西藏精神，艰苦奋斗，励精图治，把学习模范的行动落实到各项具体实际的工作中，形成推动西藏社会稳定、民族团结、文化教育、经济建设等各项社会事业快速发展的强大动力。

通过学习宣传孔繁森先进事迹，各级干部理论学习的自觉性有了明显增强；各级领导干部对自己的要求更严格了；一些领导干部身上存在的思想作风问题得到一定程度纠正。我能为促进领导干部工作作风的转变，增强党在人民群众中的凝聚力，推动干部队伍管理制度建设，加强领导班子组织纪律性等方面尽了一份责任感到安慰。

我作为一名共产党员，虽然能够几十年如一日，忠诚于党，热爱人民，一点一滴地实践着全心全意为人民服务的根本宗旨，一心一意地为西藏经济社会发展进步忘我工作，但是与孔繁森这个先进典型相比差距很大。我要学习他，进一步坚定共产主义的理想信念，自觉加强马克思主义理论修养，不断给自己充实现代科学知识，在自己工作岗位上真正做到为官一任造福一方；我学习他，认真学习领会党的基本理论，忠实贯彻党的基本路线，抓好落实党和国家的各项惠民政策，把党和政府的阳光雨露化为百姓的柴米油盐，送入农牧区的千家万户；我学习他，严谨务实的工作作风，深入基层调查研究，问计于民，为群众排忧解难，做百姓的贴心人，密切党同人民群众的血肉关系；我学习他，为大家而舍小家，以自己亲民爱民的实际行动来诠释“老吾老以及人之老，幼吾幼以及人之幼”的中华民族传统美德，把一腔报国热血倾洒祖国西部边陲，彰显中国共产党人的人生观与价值观……

在我与孔繁森同志共事的日子里

1988 年孔繁森第二次进藏担任拉萨市副市长，分管教育、医疗卫生、计划生育等社会事业。他在拉萨市工作不到半年就走遍了全市各县乡，掌握了第一手

■ 1994 年作者率自治区工作组赴阿里抢险救灾时与阿里地委书记孔繁森同志合影

材料，了解了群众的疾苦与愿望，然后向市里、自治区各业务部门反映并要求解决问题。我当时是自治区卫生厅厅长、自治区计划生育领导小组副组长兼办公室主任。他经常到卫生厅反映拉萨各县乡农村卫生状况及解决问题的清单，还讲述他下农村为群众看病的情况。频繁的工作交往我们就熟悉了，此后多次一起下基层搞调研，一起接待联合国儿童基金会、瑞士红十字会、英国救助儿童基金会和无国界医生组织等项目的官员。

深入到农牧区，我们每到一地、一村一户，繁森对当地每个村、户的生活情况，那里有多少户人家，多少贫困户，多少病人，什么病情，等等，都很清楚。我们每到一地，他总是先走进群众家中了解与掌握农牧民的生产、生活情况以及亟待解决的问题，时常念叨“执政之道在于安民，安民之道在于察民疾苦”。说真的，他始终没有忘记自己的使命与初衷，默默地实践着他认定的这一朴素而厚重的道理。

1989 年自治区政府在山南地区召开全区计划生育妇幼卫生工作经验交流大会。当时我感到奇怪，拉萨市的领导没有参会，后来知道他在拉萨至山南的途中因车祸没能到会。我回到拉萨，专程去了拉萨市人民医院看望他。我看到他脸上、头部都是未愈合的伤疤，医生劝他到内地治疗，他却憨憨地笑了笑：等把手头的急事处理完再说吧。

1993 年繁森怀着对西藏人民的深情厚意与对党的事业无限忠诚，毅然接受了到阿里担任地委书记的重任，一到任就赶上百年不遇的灾情。阿里地区位于西藏的西部，与印度、尼泊尔和克什米尔地区接壤，被世界上最高大的喜玛拉雅山、岗底斯山和喀什昆仑山所阻隔，平均海拔 4500 米，被称为“世界屋脊的屋脊”，辖境约 30 多万平方公里，地广人稀(当时人口仅有 6 万多人)，是中国也是世界上人口密度最小的地区，这里常年冰封雪冻、空气稀薄，原始的经济条件差，使许多人视作畏途，望而却步。

1994 年 3 月，自治区政府接到阿里地区紧急电话，报告说阿里地区遇上了 50 年不遇的大雪大风灾害，特别是基本上属于牧业区的东三县受到烈风暴雪的影响，导致大批牲畜冻死、饿死，群众生产生活陷入困境，要求自治区人民政府派工作组，并解决抗灾抢险的物资。

我们了解到 1991—1993 年，阿里地区气候反常，连续三年发生旱灾，持续时间长，受灾面积大，是自平叛与民改以来损失最重的一次。1994 年春季阿里东三县(措勤、改则、革吉县)发生严重风灾，随即出现了强降温，使本来十分脆弱的农牧业生产更是雪上加霜，造成了牲畜大量死亡，群众损失惨重。

救灾如救火。自治区党委、政府迅速决定组织自治区抗灾抢险工作组，让我带队，组织党办、政办、农委、民政、卫生等部门参加的自治区工作组，火速赶到阿里。我们一行赶赴阿里，走了1000多公里到达阿里措勤县郊时，繁森带着阿里工作组早早在此等候了。我们就地向他一行传达了自治区党委、政府专程派工作组协助阿里地委、行署抗灾抢险的重要指示。随后，当我们一同驱车前往措勤县县城时，看到县机关和当地群众站在大风里夹道欢迎我们，欢迎队伍中有人高呼"中国共产党万岁！"

刹那间我的眼眶湿润了。我当时在想，人民群众对我们工作组的期待有多大，为解决他们的疾苦抱着多大的希望！我们工作组带着党和政府的重托，全力帮助阿里受灾群众摆脱困境，我恨不得一下子解决掉所有的问题。当晚我们与孔书记一起听取了县委、县政府的灾情汇报，第二天我们兵分两路下到牧民家中了解灾情、疫情。我们走进群众的帐篷和家中看到人的口粮已断，牲畜更是严重缺乏饲草料，已有大批牲畜相继死去。一开始群众还将死亡牲畜的皮毛剥下，希望能卖点钱，后来死得太多了，加之牲畜过于瘦弱、皮包骨头，皮毛也难以剥下。

这次东三县连续三年没有下雪，天气异常干燥，1993年冬至1994年初又连续刮大风，草场干枯，干草(裸露)被大风连根拔起吹跑了。饲草的严重不足，导致阿里的措勤、改则、革吉三县当年死亡牲畜80多万头(只、匹)，更为严重的是病死的灾民接近百人。我们在东三县连续奋战近20多天，走村入户，所到的乡村平均海拔在5000米以上，空气稀薄，含氧量极低。在如此恶劣的自然环境下，大家的生活却没有保障。

本来患有感冒的繁森，双眼充血，嘴唇发紫，并不断咳嗽。我们劝他回地区治疗，他却坚决不肯。我们从措勤县到改则县，途中到了改则县监湖区听了区里灾情汇报，得知亚热区的位于海拔6200米的曲聂村(即神山的背后)灾情严重。我们决定工作组分两路，一路去亚热区曲聂乡，一路去革吉县的雄新乡。繁森坚持带人去亚热区，但他感冒渐重，还在发烧、咳嗽，所以我坚决不同意他去。经大家一再劝说，也不能说动他，最后我把他的车钥匙拔了，请工作组副组长、自治区农委副主任王春喜同志带领一部分同志前往亚热区曲聂乡。我和繁森一起到海拔5000多米的雄新乡开展救灾工作。我们除了工作，随时强迫繁森接受治疗。

他关心别人胜过自己。有一次我们去普兰县路经门土区，中途他的车突然停下了，他下了车，转身从车子后箱里提出一袋粮食和几件衣服，走进了一间矮小的民房。我们跟了过去，房子又黑又矮，里面一张脏污的床上坐着一位双目失明的老阿妈。我紧跟在他一旁进了屋，帮他做翻译。老阿妈听出了他的声音后，转过脸来激动地说："好书记来了，我好想你呦！"繁森询问了老人的身体状况，他也不嫌脏，一会儿给老人捏捏腿，一会儿梳理一下老人的乱发。从屋里出来时，繁森说：“党的温暖，靠我们这些党的干部送到人民群众中去，我看到这些老人，就想起我 90 多岁的老母亲，在这里孝敬这些老人，也算忠孝两全了吧。”我听了后很受教育，尽管我也经常下基层探望老人，做了一些善事，但比起繁森，我感到了差距，没能像他那样对待老人如同自己的父母，那么贴近，那样尽心。他是一个汉族同志，又是地委书记，但对农牧区的百姓是那样的亲切，不是亲人而胜过亲人。在阿里与他相处近一个月，我进一步了解了他的为人，他对自己严格要求，而对同志、对群众表现出无微不至的关心与爱护。

自治区工作组与繁森同志一起从 1994 年 4 月 18 日至 5 月 10 日，深入到阿里七个县、14 个区(乡)、28 个行政村及边防哨卡了解灾情，慰问当地的干部群众、边防部队，在分析评估灾情的基础上与地委、行署及各县共同商定了抗灾救险的措施，帮助地、县制订灾后恢复与发展生产的计划。所到之处都把党中央和区党委、政府以及地委、行署的关怀和温暖带给灾民。除了解决一些眼前应急的粮食调拨、组派医疗队等问题外，还提出了试图从根本上解决阿里地区防灾抗灾问题的有价值的报告，上报自治区党委、政府；把阿里地区工作中需要自治区有关部门帮助解决的问题写成了专题意见和建议，并以政府名义送交自治区各有关部门。

最难忘的一件事。当工作组即将离开阿里的那一夜，繁森心情很沉重地告诉我：“家里年迈的母亲盼我早一点回去，体弱多病的妻子有难以克服的困难盼着我早日回家，但阿里的工作千头万绪离不开我，加之灾区人民的生活这样困难，不改变阿里人民的生产、生活面貌，我怎么能安下心走呢，卓嘎大姐你说我该怎么办?”作为中年女性，我能理解他的心情与苦衷，我能懂他；但作为自治区副主席，我只能同情他，并劝慰他，我表示回去后向自治区主要领导反映他的实际困难。第二天我们离开阿里回拉萨，繁森书记、丹增曲扎副专员(现交通厅副厅长)等地区领导一直把我们送到神山脚下。在我们与繁森同志在神山脚下依依离别时，这位山东大汉流下民族情谊的热泪。

1994 年 6 月 8 日，自治区主席办公会听取了赴阿里的工作组工作汇报，繁森书记和白玛欧珠副专员也参加了汇报会议。区党委、政府对阿里抗灾救险工作给予了高度的评价。时隔不到半年，我却听到繁森同志不幸因公殉职的噩耗，感到万分悲痛。繁森同志走得太可惜了，他的家人需要他，西藏人民需要他，齐鲁大地需要他，但人死不能复生，我们只能惋惜，只希望把他崇高品格与公仆情怀永远留在我们心中。他一生廉洁勤政，艰苦朴素，永葆劳动人民本色，是我学习的榜样，是我人生的一面镜子。

孔繁森同志去世的消息在全区引起了强烈的震撼，形成了一股强大的凝聚力和战斗力。自治区党委、政府决定“深入开展向孔繁森同志先进事迹学习的活动”。孔繁森同志牢记“领导干部一定要讲政治，讲政治很重要的一点就是讲党性”，党性决定了我们党是人民群众利益的忠实代表，坚定不移地执行党的群众路线。在一个月抗灾救灾活动中他面色凝重，每到一个县总是握着县委领导的手说：“共产党决不能让群众饿肚皮，一定要想方设法帮助群众渡过难关！”通俗亲切的话语至今萦绕在我的耳际。

1994年春奔赴阿里指导抗灾工作

1994年初阿里地区遭受了百年不遇的自然灾害。阿里的普兰、扎达、戈尔县因严重雪灾导致交通阻塞，人畜陷入饥寒交迫的困境；阿里的东三县(措勤、改则、革吉)遭遇了特大风灾，由于连续三年干旱，1994年1～4月大风不断，草都被连根吹走，致使大批牲畜死亡，百姓断粮。

自治区政府接到阿里地委、行署的电报“要求派工作组，协助抗灾抢险。”自治区党委、政府高度重视，立即从党办、政办、农委、民政、财政、卫生等部门抽调干部组成了赴阿里抗灾抢险工作组，政府决定由我带队。

我们一行19人肩负党委、政府的重托，于1994年4月18日至5月10日历时20多天行程5600多公里，先后到阿里7个县、14个区、28个行政乡村实地了解灾情，现场指导阿里地区抗灾救灾工作，慰问了灾区的干部群众，与地委、行署和地直有关部门的领导进行了座谈，掌握了大量的第一手资料，对灾情作了认真的分析评估，在此基础上与地委、行署及各县共同商定了抗灾救灾的措施，并分头行动立即付诸实施。工作组根据阿里灾情和调研情况，向自治区党委、政府呈报了《关于阿里地区灾情及有关问题的报告》，以及关于阿里地区基层组织建设、文教、卫生、能源交通、口岸建设等方面的专题报告。

基本情况。阿里地区位于西藏自治区西南边陲，总面积30.5万平方公里，境内河流纵横，雪峰林立，平均海拔4500米，边境线长达116公里，与印度、尼泊尔毗邻。全地区包括7县、36区、106乡、359个行政村，人口6.51万人，其中农牧业人口5.66万人，占总人口的86.7%。东部措勤、改则、革吉三县是纯牧业县，中西部戈尔、日土、扎达和普兰四县以牧业为主，农牧业结合的半农半牧县。1993年国民生产总值13219万元，其中农牧业产值12164万元，占92%，畜牧业产值11369万元，占农牧业总产值的93.64%。1993年地区外贸收购羊毛1080吨，山羊绒127吨，实现利润813万元，出口创汇180万元，畜牧业在地区国民经济中占有十分重要的地位。1993年幼畜繁活率55.7%，成畜死亡5.7%，出栏率18.7%，畜产品综合率35.7%，年末各类牲畜存栏269.5万头只。民改以来，特别是改革开放以来，在自治区党委、政府的直接领导与亲切关怀下，经过阿里地区各族人民的团结奋斗，经济社会面貌发生了一定的变化，农牧业不断发展，人民生活有所改善。

灾情。灾情严重的措勤、改则、革吉东三县属于高原大陆性干旱气候，年降雨量不到150毫米，植被稀疏，严重干燥，生境严酷，旱、寒、风、雪是其主要气象灾害。

旱灾。1991—1993年，阿里地区气候反常，连续三年遭受严重旱灾。西部地区，普兰县气象资料表明，该地区三年来牧草生长期6～9月份，降雨量比正常年景平均减少35.39%，其中1992年减少69.56%，1993年减少39.07%，特别是牧草返青期的6月份，三年平均降雨量只有1.17毫米，比正常年份的10.1毫米减少了88.42%，干旱使牧草返青受阻，减产三分之二。狮泉河气象资料表明，东部地区三年平均降雨量减少33.77%。改则县气象资料表明，东部地区三年平均降雨量减少28.92%。由于三年持续性干旱，阿里境内不少溪河断流，湖泊干涸，不少牧民反映是民主改革以来所罕见。干旱使草场产草量下降60%左右，牲畜因缺草常年处于半饥饿状态，死亡、空怀、流产增多。据统计，1993年全地区82个乡遭受旱灾，受灾率为77.30%，成灾率为57.55%。

雪灾。去冬今春阿里地区普遍发生了暴风雪。普兰县气象资料表明，1994年2月9～23日17天中，累计降雪积雪深度达120厘米，地面平均积雪50厘米，局部地区达75厘米以上。大雪使交通中断，草原被盖封，雪后随即出现强降温，大批牲畜冻死、饿死。据统计，全地区有71个乡遭受雪灾，受灾率为67%，成灾面为58个乡，成灾率为57%。

旱灾、雪灾造成的重灾面达到39个乡，重灾率为36.8%。

阿里地区草原生态环境原本十分脆弱，对灾害的反应十分敏感，加之这次特大自然灾害持续时间长，畜牧业基础设施薄弱、抵御灾害能力差，所以灾害造成的损失十分惨重。

灾害发生后，尽管地县两级党委、政府迅速采取了一系列救灾措施，力争将损失减少到最低限度，但仍造成了巨大的经济损失。据统计，截止4月20日，全地区因灾死亡各类牲畜 58.6 万头只，死亡率高达 21.8%，其中死亡大畜 4.2 万头(匹)，死亡小畜 54.4 万头(只)，流产和死亡新生仔畜 76.62 万头只，死亡率 49.92%，牦牛死亡 829 只，死亡率 68.38%，马匹死亡 46 匹，死亡率 36.8%。许多干部群众见到自治区工作组时，哭诉灾害给牧业生产造成的几乎毁灭性打击，并殷切期望加强畜牧业基础设施建设，改变靠天养畜、被动抗灾的状况。初步估算，以绵羊每只 100 元、山羊每只 80 元、牛每头 800 元、马每匹 1000 元计算，因灾造成经济损失 11128.94 万元，其中直接经济损失 10130.5 万元，间接经济损失 998.44 万元，尚未包括抗灾抢险所投入的大量人力、物力和财力。农牧民人均损失 1788 元，1994 年人均减少现金收入 176.40 元。

这次自然灾害的危害性还在于，使相当一部分牧民因牲畜大批死亡而丧失赖以生存与发展的生活、生产资料，重新沦为贫困户。如措勤县达胸区边山乡牧民嘎玛桑珠，全家五口人，33 头牦牛死亡 21 头，绵羊 132 只死亡 56 只，人均占有牲畜由原来的 32 只下降到 16 只。改则县麻米区登仓乡牧民布群，全家 6 口人，原来各类牲畜 432 头(只)，死亡 311，仅剩 121，口粮全部用于补饲牲畜，鸡飞蛋打，倒头来断粮、断炊。据统计，1993 年底全地区有 2136 贫困户、11316 人。目前因灾增加到 2558 户、17400 人，贫困面由 25.48%上升到 30.78%，上升了 5.3 个百分点。灾害不仅给经济发展增加了新的制约因素，而且给农牧民脱贫致富奔小康带来新的困难。

灾害的后果还表现在气候反常，气温变化剧烈，灾后群众生活水平和体质下降，流感、疑似百日咳、痢疾等传染病在较大范围内流行。革吉县 1993 年 9 月至 1994 年 5 月 14 日死亡 106 人，其中正常死亡 18 人，因传染病死亡 88 人，一名成年人、87 名儿童，给群众健康和生命安全造成威胁。

工作组回到拉萨，积极协调自治区有关部门，进一步落实阿里抗灾抢险物资以及灾后恢复生产的项目。同时向区党委、政府递交了书面汇报材料。自治区政府于 6 月 8 日召开了主席办公会议，认真听取工作组的汇报，阿里地委书记孔繁森同志、行署副专员白玛欧珠同志也参加了汇报会。主席办公会议认为工作组作风深入，工作扎实，做了大量的有意义的工作，对灾情的了解全面具体、情况准确，对灾情的分析实事求是，制定的措施切实可行，符合阿里的实际，圆满完成了任务。还对工作组提出的需要自治区帮助解决的问题，自治区政府逐一作了认真研究，并提出了解决的意见，同时把阿里地区灾情及有关需要解决的问题，政府专题向区党委作了报告。

圆满完成自治区党委、政府交给的抚慰任务

2000年10月1日，接到区党委办公厅、政府办公厅的“关于抢救任国庆同志的紧急通知”，我们立即赶往无锡第四人民医院，代表区党委、政府看望任国庆同志，并慰问了其家属。

随后应政府办公厅的通知要求，我于10月6日匆忙去成都参加区党委扩大会议，14日接到任国庆同志病逝的消息，15日再次赶往无锡，会同区党委组织部副部长巴桑顿珠、区广电厅副厅长明玛次仁、沪办副主任吕熊麟等同志，一起处理任国庆同志的后事，同时代表自治区党委、政府向在任国庆同志住院期间照料慰问他的江苏省委、政府，无锡市委、政府予以致谢。任国庆同志后事处理工作，令江苏省、无锡市和任国庆同志家属非常满意。

我在处理其后事过程中进一步了解了任国庆同志。任国庆同志是1979年5月响应党的号召，受中共江苏省委选派进藏工作的，在藏工作21年。他先后在山南、自治区广电系统工作。他对西藏人民、对祖国边疆无比挚爱，不计名利，无私奉献，为维护祖国统一与民族团结，为西藏广电事业的发展做出了突出的贡献。他被广电总局评为全国广播电视系统先进工作者，2000年8月被自治区党委授予“优秀共产党员”光荣称号。

我从任国庆同志身上看到了他的高贵品质。他在权、钱面前两袖清风，离开西藏时，唯一的行李是进藏时带来的一只小箱子，所以与其说在处理后事，倒不如说是受了一次深刻的教育。从他身上我切实认识到，一个共产党员始终把党和人民的利益放在首位，一切听从党的安排，堂堂正正做人，勤勤恳恳干事，表现了共产党人在功名利禄面前的革命本色。

中共西藏自治区委员会常委、自治区副主席、顾问杨宗欣同志，因病医治无效于2001年6月29日在江苏省徐州市逝世。根据区党委、政府的指示，我和时任老干部局局长巴桑顿珠同志赶往徐州市参加了杨宗欣同志追悼会，并负责处理其后事工作，同样令当地政府和宗欣同志的家属满意。

我与杨宗欣同志“文化大革命”前就认识，当时他是自治区外办主任，善于与党内外干部合作共事，自觉贯彻党的民族政策，重视培养民族干部，尽心尽力帮助群众解决实际问题。他为人踏踏实实，任劳任怨，生活俭朴，平易近人，把

自己的一生献给了党的事业，献给了西藏人民。

他于 1993 年 10 月离休，充分体谅西藏的困难，坚持不要专人护理，住院治疗期间始终坚持住普通病房，还多次叮嘱家人不要乱花钱。当我代表区党委、政府慰问他的老伴和孩子时，我看到了一个省级干部住着破旧狭窄的民房，家庭成员中 2 个孩子下岗，夫人身体不好，家庭生活确实困难。但是，他生前对子女要求严格，教育 2 个下岗子女克服困难，生活自理，从未向组织提出过任何要求。为了不给西藏增加负担，在杨宗欣同志病重期间，坚持不用贵重药品、不住套间，表现出一个领导干部的高风亮节。

我一直把杨宗欣、孔繁森、任国庆三位同志作为我一生中学习的楷模。

远赴澳大利亚和新西兰举办文化周活动

经中央批准，国务院新闻办于 2001 年底组织了大型图片展和艺术团演出阵容，派往澳大利亚和新西兰举办“中国西藏文化周”活动，国务院新闻办副主任李刚同志为团长，我为副团长。

我们为了加强对外宣传西藏的工作力度，向国外公众全面真实地介绍、宣传与展示西藏自治区在继承、保护与发展民族优秀文化方面所取得的丰硕成果，以及和平解放 50 年来发生的巨大变化，有力地批驳西方反华势力和达赖集团在国际社会制造、散布的种种谎言，国务院新闻办公室和西藏自治区党委、政府(以中国对外文化交流协会和西藏自治区对外文化交流协会名义)于 2001 年 11 月 19 日至 12 月 9 日在澳大利亚和新西兰两国五个城市成功举办了“中国西藏文化周”大型综合性对外宣传西藏战役性活动。由于中央和区党委、政府的高度重视、精心策划与充分准备，整个“中国西藏文化周”活动进展得很顺利，取得了良好的对外宣传效果，达到了预期的目的，特别是在新闻宣传报道方面实现了突破。

这次“文化周”活动引起了两国当地的主流媒体和华文媒体浓厚兴趣，他们对“中国西藏文化周”的各项活动给予了充分、全面、客观、及时的报道。正是由于媒体的广泛介入，一时间，澳大利亚的墨尔本、悉尼和新西兰的奥克兰等城市引发了一股西藏热。世界报业大王默多克旗下的澳新集团举行酒会招待代表团领导，并对文化周活动进行了正面报道。悉尼很有影响的《澳华时报》高层主动邀请采访李刚团长和我，我们利用“文化周”的开幕式、招待会、首演和接受新闻媒体采访等多种形式，如实地介绍西藏的发展变化，努力消除国际友人对西藏的误解。正如我国驻新西兰大使陈明明在欢送晚宴上所说：“这几天，‘中国西藏文化周’互动在奥克兰社会引起了较大的反响，引发了一股西藏热，市民的街谈巷议都在说西藏，这股热潮还将会持续一段时间，由此可见你们的文化周活动是非常成功的，影响力是大的。”据不完全统计，澳、新两国的40多家中外新闻媒体系统报道了“中国西藏文化周”活动。

《星岛日报》驻悉尼记者对我代表团活动进行了全场采访报道，发了大量消息。参与报道的国内新闻媒体有新华社、人民日报、中新社、中央电视台、中国国际广播电台、中央人民广播电台等中央新闻媒体和国内多家著名网站，我们接受国内外新闻媒体的采访达40多次。

我们还发放了20多种、2万多册宣传西藏的印制精美、内容丰富、可读(视)性强的具有一定收藏价值的印刷品，取得了较好的宣传效果，在一定程度上影响与争取了广大国外观众，向他们展示了一个开放、发展、进步、生机勃勃的新西藏；在一定程度上弱化了西方反华势力和达赖集团不实的宣传，阶段性地扭转了涉藏宣传上“一边倒”的局面，揭穿了西方传媒和达赖集团制造的种种谎言，挤压了达赖集团利用文化问题做反华文章的空间，树立了西藏改革开放、发展进步的良好形象，提升了中国的国际地位；增进了国外公众对藏民族优秀传统文化，以及对中国政府和西藏自治区继承、保护与发展民族优秀传统文化政策的认识；在客观上影响了国外主流媒体，国际涉藏舆论开始出现“两种声音”和有利于我方的客观报道；激发与吸引了国外公众到西藏旅游、投资的兴趣和热情。

拉萨市民族艺术团在墨尔本和悉尼市“中国西藏文化周”演出之前，我作了演讲，在各界人士的迎送酒会上我再次讲到，“在世界的东方——中国西藏，有一片广袤而古老的高原厚土，被称为‘世界屋脊’和‘世界第三极’，那里有巍峨的雪山，茂密的森林，辽阔的草原，奔腾不息的江河……以其独特的高原自然景观、古老悠久的历史与辉煌灿烂的文化闻名于世，带给您神奇、遐想与向往。今天，我们中国西藏拉萨市民族艺术团从遥远的雪域高原来到美丽富饶的‘千帆之都’，参加‘中国西藏文化周’，深感荣幸。在这美好的夜晚，请接受我们来自‘世界屋脊’的问候与祝福，并请朋友们聆听雪域高原的天籁之音，感受中国藏民族艺术的风采……”观众爆发出经久不息的掌声。我在澳大利亚的墨尔本、悉尼和奥克兰中国西藏文化周活动开幕式以及各界人士的迎送酒会上的讲话也都引起了强烈的反响与好评。

“中国西藏文化周”整个活动得到我国驻澳、新两国使领馆的高度重视与全

■ 作者率团赴澳大利亚和新西兰参加中国西藏文化周活动（二排左三为作者）

力支持，特别是武韬大使专程从堪培拉赶来出席我们的开幕式，并看望代表团全体成员。另外，墨尔本总领事、我国驻新西兰大使陈明明、驻奥克兰总领事赵祥龄以及作为承办单位的亚太文化中心和澳亚文化中心的负责人，都为我们文化周活动做了大量的组织协调工作。

“中国西藏文化周”活动圆满结束，我们返回祖国后，中央外宣办主任赵启正同志、中央统战部及国家民委的领导在北京接见了参加西藏文化周活动的全体同志，不仅表扬西藏的同志，发了荣誉证书，而且向区党委写了感谢信。

感谢信

西藏自治区党委：

我办和西藏自治区政府于11月20日至12月8日在澳大利亚的墨尔本、悉尼和新西兰的奥克兰成功举办了“中国西藏文化周”活动。这是我首次在国外西藏为主举办的综合性文化周活动，是我利用西藏和平解放50周年有利时机开展对外宣传的重要举措，也是我与藏独分子面对面进行斗争并取得胜利的一次重要实践。西藏自治区党委和政府对此高度重视、积极配合，区外宣办具体落实、精心组织，为文化周的成功举办在政治、思想、组织等各方面创造了良好条件。

西藏自治区参加文化周代表团的同志在整个出访过程中旗帜鲜明，立场坚定，在展示西藏现代成就、深入揭批达赖、努力解疑释惑方面做了大量的工作，表现出了高度的爱国主义热情和政治责任心，取得了很好的外宣效果。

自治区副主席次仁卓嘎同志作为代表团团长，积极主动地开展外宣活动，并亲自做国外藏胞的工作，动之以情、晓之以理，利用一切机会解疑释惑。同时，通过接受多家国外媒体的的采访、参加座谈会等，向国外介绍西藏各方面情况，表现出强烈的政治责任心和丰富的外事经验和应变能力，为文化周活动的成功和对外宣传西藏工作做出了重要贡献。

拉萨市民族艺术团在自治区外宣办副主任赵远志和艺术团团长洛桑三旦的组织领导下先后在澳、新演出 10 多场，以生动的形象反映了西藏各族人民的现实生活与精神风貌，当地引起不小的轰动。歌舞团成员在圆满完成演出任务的同时还积极参与了文化周其他活动。

现谨对西藏自治区党委及政府为该团出访所做的大量工作表示感谢，并通过你们对自治区参与文化周活动的所有同志予以表扬！

中央对外宣传办公室

2001 年 12 月 20 日

率领“中国西藏文化交流团”去瑞、法进行文化交流

经中央批准，国务院新闻办组织的“中国西藏文化交流团”，于 2001 年 4 月 2 日至 13 日分别到瑞典和法国举办为期 10 天的文化交流活动，这是为了配合西藏和平解放 50 周年对外宣传而开展的一次文化活动。我担任团长。

瑞、法两国在西方国家中一直与我国关系较好，瑞典与我国 1951 年建交，法国与我国有着较为广泛的合作关系。但是近十几年来，这两个国家与北欧、西欧其他国家一样，一直是达赖分裂集团渗透的重点。达赖流亡政府在这两个国家均有办事处，并长年开展活动。在瑞典，由于上层少数人多年支持，1990 年瑞

典将诺贝尔和平奖授予达赖；在法国，2000 年达赖到法国“讲经”，每张入场票近千法郎。在这种情况下，我们访问交流达到了展示成就、增进友谊、揭批达赖、解疑释惑的目的。

我们在国务院新闻办与驻两国使馆的周密安排、大力支持下，做了以下几方面的工作。

一是注重接触主流社会，交往层次高。代表团抵达瑞典的第一项活动即与瑞典外交部负责人权事务的托马斯大使会见、座谈。之后，先后会见了瑞典外交部政治司司长彼得松，议会保守党议员肯特•奥乐新，议会国际司司长奥贝格，瑞典学会副主任托马斯，瑞典隆德大学副校长阿仁•阿德博士，瑞典“西藏教育文化协会”主席索朗。在瑞典期间，还与瑞典文化协会进行了友好交流，并利用招待各界友人酒会的机会举办“今日西藏”小型图片展活动，介绍西藏经济社会发展变化的情况。

在法国，访问了法国科学研究中心下属的“喜玛拉雅社会和文化研究所”，与 9 位藏学家进行了座谈；会见了法国东方语言学院院长；参观了法国亚洲资料馆和吉美博物馆，并会见了两馆的馆长。在回答他们提出的问题的同时，还主动向他们介绍西藏的发展变化，展示西藏的建设成就，耐心解答他们的疑虑，用大量的事实揭批达赖的所作所为。在我驻法使馆文化处组织下，与法中友协、欧中友协等三十多名法国友好人士、专家、学者、记者举行了午餐会，还会见了法国“亚洲记者协会”7 家媒体记者，接受了法国国家电台等媒体的采访。这些会见、座谈与记者采访所涉及的问题，政治性、政策性、代表性都很强，具有一定的深度和层次。

二是交流形式多样、生动活泼。代表团在 9 天访问活动中，会见官员、学者 12 次，举办了 3 次由 200 多幅图片、18 个展牌组成的“今日西藏”图片展，播放了 2 次反映西藏 50 年发展变化的“今日西藏”纪录片，以及西藏民间文化“西藏服饰表演”的电视专题片。在这些活动中，既有系统的西藏情况介绍，又有针对性的问题回答，整个访问活动形式不拘一格，具有较强的吸引力与感染力。

三是内容广泛、主题突出。我每次演讲和情况介绍始终围绕西藏和平解放 50 周年、西藏是伟大祖国不可分割的一部分、增进瑞典和西藏人民的友谊三大主题来展开，内容涉及政治、经济、文化、教育、医疗、卫生、藏学研究、宗教政策、人口迁移与发展、藏医药、藏语文使用等各个方面。正如降德大学东亚研究中心沈万克先生所说，听了你们的介绍，看了相关的展览才了解西藏的真实情况，许多认识问题搞清了。

四是旗帜鲜明、坚持原则。由于达赖的影响，瑞、法两国的官员、学者和记者，对达赖是个什么样的人、达赖的和平阴谋、达赖利用宗教分裂中国等情况存在着诸多错误看法与模糊认识。为此，我们针锋相对地驳斥达赖散布的“政治干预宗教”、“汉人毁灭文化”等谬论；严正指出，达赖所谓的谈判，只是一种争取国际舆论、达到“西藏独立”目的的手段，但是他搞独立违背历史事实，违背西藏人民的根本利益；郑重声明，达赖搞“独立、半独立、变相独立”都不行，西藏人民都不会答应。

五是发挥优势、增强效果。我们针对听众、观众中存在的一些疑问，特地作了说明：我们生活在西藏、来自西藏，对西藏的事情我们最有发言权，我用自己的亲身经历讲人权、讲解放、讲西藏发展，亲切自然，说服力强。

我们针对瑞典、法国主流社会和媒体，在西藏的主权、宗教、中央政府与达赖的谈判等重大政治问题上，误解多于了解，偏见多与公正，多数人听信达赖集团的宣传，思想受迷惑、认识比较混乱等情况，坚持“以我为主、以事实为主、以正面宣传为主”的方针，旗帜鲜明、立场坚定，展示西藏经济社会的发展成就，深入揭批达赖、努力澄清是非曲直，致使我们接触到的有关人士不同程度地转变了看法。

■ 作者率团赴法国（左上）和瑞典（右上）参加中国西藏文化周活动

我国驻法国大使吴健民和驻瑞典使馆的工作人员对我们的工作给予了高度的评价，并在大使馆官邸宴请了我们。回国后，国新办的领导听取了汇报并表扬了我们。文化周活动取得成功，中央外宣办特向自治区党委致感谢信。

感谢信

西藏自治区党委：

经中央批准，西藏自治区党委、政府和我办共同组织的中国西藏文化交流团于4月2日至13日成功访问了瑞典和法国。这是配合西藏和平解放50周年开展的一个重要外宣项目，西藏自治区党委和政府高度重视，为此团的成功出访从政治上、思想上、组织上都做了大量工作。代表团中6位来自西藏自治区的同志在出访过程中旗帜鲜明，立场坚定，在展示西藏成就、深入揭批达赖、努力解释疑惑方面做了很多的工作，表现出了高度的爱国主义热情和政治责任心，取得了很好的外宣效果。

自治区副主席次仁卓嘎同志作为团长，政治强、业务精，具有丰富的外事经验和应变能力，在出访过程中积极向国外介绍西藏方面情况，表现出了强烈的政治责任心和精良的业务素质，出色地完成了所承担的工作，很好地发挥了代表团的核心作用，为代表团访问活动的成功和对外宣传西藏工作做出了重要贡献。

自治区政协副主席珠康·土登克珠同志以活佛身份出访，在隆德大学东亚研究中心做了“西藏宗教状况”的学术报告，在与藏学家座谈等几次重要活动中，积极讲解西藏的主权和历史，耐心解答听众的疑虑和问题，给人留下深刻的印象，影响大、效果好。苟天林同志对涉藏政策和外宣业务很熟悉，积极出谋划策，主动向外国爱众介绍情况，为此次出访活动做出了积极贡献。

现谨对代表团六位来自自治区的同志提出表扬，并对西藏自治区党委为该团出访成功所做的大量工作表示感谢！

中央对外宣传办公室

2001年4月20日

接待来藏考察的泰国公主斯林通一行

2001年8月，我正在昆明休假，突然接到自治区列确主席的电话，说，“泰国公主斯林通来藏考察，外交部要求有一位女副主席做陪同，你赶紧回来”。我立即联系订购机票，与8月15日回到拉萨。我17日带着工作人员前往机场，迎接并全程陪伴了斯林通公主一行。我们陪同斯林通公主参观团先后到日喀则、山南、拉萨各大寺庙和布达拉宫、罗布林卡等名胜古迹进行参观。由于事先做了精心周到的接待安排，公主一行表示十分满意。斯林通公主还为山南贡嘎县的一名女生捐资助学至大学毕业。

■ 作者（左三）陪同来藏访问的泰国斯林通（右二）公主游览景区

穿针引线跑成了太阳能新能源项目

1996 年 12 月 2 日至 8 日，我受自治区政府的指派，率领以自治区科技厅为主体的西藏考察团去德国斯图加特、柏林和法兰克福三大城市，与德彼得公司卡普余克座谈，根据西藏的实际需要，就节能板、光电板等项目签了意向性协议。

我们在德国进行了为期 6 天的太阳能资源利用技术考察与交流。因此了解到：德国政府对环保工作非常重视，德国本身并不需要发展太阳能，但太阳能作为绿色能源，国家将其纳入发展规划，制定相应优惠政策，促进其健康发展。国家大力倡导国民使用太阳能，对生产太阳能产品的厂家、商家实行免税，对购买、使用太阳能产品的国民，实行补贴、贷款贴息。由于政府的一系列优惠政策，尽管德国太阳能资源并不丰富，但是我们在德国考察期间随处可以看到居民的屋顶上装有太阳能光电板。我们也了解到，德国的各地电力公司将太阳能发电纳入了经营范围。

我们回国后，就与上海交大太阳能研究所联系，研究合作事宜。上海交大太阳能研究所，是一个承接国家科技部太阳能资源研究的机构。他们对西藏太阳能资源的研究、利用十分热心，表示愿意与我区共同制定太阳能开发计划，并积极参与西藏的太阳能研究、推广与应用工作。协商为阿里农牧区老百姓解决照明及收听收看电视广播所用的太阳能光电设备。2000 年 8 月底至 9 月初，李岚清副总理率领中央工作组来西藏考察，亲自到自治区科技厅所属的太阳能研究所视察，并指出：当今世界，太阳能光电产业可以解决能源不足的问题，特别是在西藏农牧区，偏僻的山区像阿里，推广太阳能以解决群众照明、村村通工程的电源问题，解决群众看电视用电问题。

后来在李岚清副总理的关怀下，国家和自治区共同投资 4000 万元为阿里人民解决了照明、看电视、听广播等用电问题。这个项目是由自治区发改委牵头，由自治区电力厅和科技厅太阳能研究所具体实施的。

■ 作者在德国考察太阳能项目时，在 P·K 公司前留影（左三为作者）

第五部

5 年自治区政协副主席工作

追述我在政协五年里的工作

我于2003年元月由自治区副主席转任自治区政协副主席，2008年元月政协领导班子换届，作为老党员、老干部，我服从党组织的安排，按中央的文件规定高高兴兴地退了下来。

在政协工作五年里，我头脑里没有滋生“船到码头车到站”的停滞思想，心里没有满足感，正像周恩来总理所教导的：一个人活到老就要学到老。如果思想停顿了，热情减退了，行动就会随之停止不前，至少不会像以前那么果断、有力了。我知道，思想的灰色源于思想的僵化，态度冷漠源于固步自封，自我感觉良好源于满足于过去的成绩。如果是那样，就无异于堕落，因为我依然肩负着人民的重托，党的期望。每当想到这些我就自我鼓励，再加一把劲，把平生的经验和学识都充分发挥出来，事业再上一个台阶，在新的岗位上一切还是从头开始，再接再厉，坚持学习党的现行方针政策、政协章程与党对统战工作的指导思想，注意做到“尽职而不越位，帮忙而不添乱”，摆正自己的位置，演好自己的角色，在政协组织中发挥了党的老干部应起的作用。我在政协5年工作可简要回顾如下。

把学习放在首位，不断提高履职的理论水平

社会的认可、群众的口碑是对我及我的工作的肯定与鼓励。我今天的地位和荣誉是党组织培养的结果，是人民给予的，没有理由居功自傲、停止不前。作为党培育多年的民族干部，工作变动、职务升迁，思考角度与工作方法可能会随之改变，但是共产党员的神圣使命、世界观改造、人生修养以及基本要求永远都不会、也不可能改变。理论研修、时政学习没有因为我退居二线而放松下来，而是尽我所能、自我加强，并写出有分量的理论文章与心得体会。

学理论学时政。坚持不懈地研读马列主义、毛泽东思想、邓小平理论和“三个代表”重要思想，满有兴趣地学习中共十六届五中、六中全会精神以及自治区党委六届五次、六次全委扩大会有关决定，特别是认真学习领会党在近期提出的构建社会主义和谐社会、社会主义新农村建设、科学发展观等新的理论成果，以及中央在新时期对西藏工作的一系列重要指示，在真学、真懂、真信、真用上下功夫，不断夯实理论根基，努力做到与时俱进，永葆思想之树常青，继续提高运用新思想、新观点、新思路、新方法来观察、思考、研究、解决新问题的实际能

力。不仅要牢固确立马克思主义的世界观、人生观和价值观，而且要正确树立社会主义的权利观、地位观和利益观，用最新的科学理论武装头脑，增强政治意识、责任意识、阵地意识和大局意识，在大事大非问题上做到政治立场坚定，旗帜鲜明，保持清醒的头脑，在各个方面与党中央和自治区党委保持高度一致。同时注意把理论学习与西藏的区情、政协工作紧密结合起来，做到说话、写文章有的放矢，有理有据。几年里我撰写了《充分发挥人民政协优势作用 努力构建社会主义和谐西藏》政论文章，发表在《中国政协》上，有的学习体会发表在《西藏日报》上，有的文章选录在人民日报社编写的精装本《构建社会主义和谐社会理论与实践》一书中。另有《加强党的领导是政协工作的根本 务实创新是政协工作的关键》、《深入学习、提高认识、坚定信心、发挥职能》等十篇工作经验与总结文章的结集。

人的大脑说也奇怪，在没有对理论发生兴趣之前，对理论书籍畏难发愁，而一旦徜徉在智慧的海洋里，就会让人亢奋不已，乐而不疲，每当读着一本理论经典真的就像与一位高尚的智者在对话，思维活跃，新的想法时时来光顾。一旦回到现实中来，再次面对具体的工作就有一种居高临下的感觉。在每一次区政协主席的学习会、常委会、全委会小组讨论中，我总觉得有话可说，就积极发言，讲出一些新的思想，有韵味的话语，有时写成书面发言稿，启发引导委员们发言，常常博得阵阵掌声或羡慕的目光。

作为代表出席中共西藏自治区第七次党代会，我聆听了自治区党委书记张庆黎同志代表区党委所作的题为“以科学发展观统领各项工作，为确保我区经济社会跨越式发展和长治久安而奋斗”的报告。报告通篇贯穿了更新发展观念、创新发展模式、提高发展质量与自主创新能力、转变经济增长方式等科学发展的新理念，明确了我区经济社会发展过程中“一加强，两促进，三个确保”的历史任务及其具体要求，号召全区党员认清形势，增强信心，群策群力，埋头苦干，为实现西藏经济社会跨越式发展与社会和谐、民族团结、文化繁荣、边防巩固做出自己的贡献。

认真学习了《中共中央关于加强人民政协工作的意见》等中央两个5号文件以及《自治区关于贯彻落实多党合作和政治协商制度的意见》；学习新时期党的统一战线理论、方针和政策。这些文件和专题文章明确了人民政协在新阶段的工作任务，对从事人民政协工作的党内干部提出了更高的要求，特别是要求我们在政治协商、积极推进民主监督、深入开展参政议政、切实抓好政协自身建设等方面发挥更大作用。作为在政协工作的共产党员要始终坚持做到与党外人士平等议事，求同存异，体谅包容，广交朋友，鼓励与支持他们开展工作，关心帮助他们，尊重他们，认真做好党外人士和知识分子的工作，引领政协中的非公有制经济人士和其他社会阶层同心同德，和衷共济，为我区统一战线事业健康发展多做有益的工作，紧紧围绕“团结”和“民主”两大主题，履行好职能，不折不扣地贯彻落实区党委对政协的要求和部署，以及政协党组的各项决定。我在政协五年工作中的感受是：议政而不行政，立论而不立法，献策而不决策，宽松而不放松。这是政协工作的基本特点。

学习现代科学技术知识与组织管理的领导艺术。我深感学无止境，越学习就越觉得自己无知，要学的东西就越多，学习时间就越显得不足。我们处在知识经济突飞猛进的时代，社会发展一日千里，只有不断地博览群书，汲取各方面的知识，才能适应新形势对我们这个层次干部的要求。“书到用时方恨少”，我切实体会到这句话的含义了。由于自己分管工作的领域较多，涉及科技、教育、文化、卫生、体育等部门的专业知识，如果放松了学习现代科学知识，就不能适应实际工作的需要，就可能讲外行话、办外行事，自欺欺人，为人耻笑。政治理论在不断创新，科技知识更新加快，终生学习已经成为社会发展对每个公民的基本要求，不注重学习思想就要落伍，不主动学习就难以做好组织与领导工作，决策失误必然造成错误行动，那样就会害人害己，误国误民。

永葆共产党员的先进性。站在事关党在西藏执政能力的提高与执政地位巩固的高度、西藏人民事业发展进步与各族人民幸福安康的角度以及西藏社会长治久安与团结统一的大局来深刻认识开展先进性教育活动的重要性和必要性。根据中央和自治区党委的安排部署，本人积极投身到这项教育活动中。一是认真学习规定的学习资料，自觉做到“六带头”和“四勤”；二是积极发言并撰写学习心得体会；三是自觉参加机关组织的各项活动，如收看优秀共产党员郑培民和李素芝等同志的先进事迹教育片，受到了一次灵魂深处的洗礼，收看警示片《王怀忠的两面人生》，从中看到他从党的高级干部蜕化为人民罪人的人生轨迹，思想受到很大震撼；四是坚持参加机关组织的辅导课和形势报告会，无论是“规定动作”还是“自选动作”我一课不落，课课都认真完成个人的“作业”。并且全程参加了机关党支部组织的民主生活会，向组织坦诚亮出真实的思想和意见，虚心听取其他同志的批评意见和建议。作为一名党的干部，自己的一举一动、一言一行，都不是单纯的个人行为，而都与党的形象、政府的行为密切相关，因此，我始终能够牢记党的宗旨，不忘党员身份，铭记党员标准，从大处着眼，而从一点一滴的小事做起，时时、事事、处处严格要求自己，切实做到以身作则。独立撰写学习体会和民主生活会的发言材料，写了《深刻认识开展先进性教育活动的重要性》，发表在《西藏日报》上，还写了《永葆共产党员的先进性》，刊登在《西藏政协》杂志上。

我们干部队伍来自五湖四海，为了共同的革命目标而相聚在一起并肩工作。因此，我十分珍惜同志间的团结，特别是藏汉民族、党内外同志之间的团结。大事讲原则，小事讲风格，维护班子的威信和权威；能够做到容人之短，用人所长，从不计较个人利益得失，把自己锻炼成为自身过硬，组织信任，下级钦佩，群众拥护的合格班干部。群众评价以优良为主。

围绕中心、履行职能、服务大局

自 2003 年到政协工作，同在政府里工作的情形相似，我分管社科文卫体等方面的工作。五年来在政协党组和主席的领导下，始终坚持把促进发展作为履行职能的第一要务，积极配合与支持主席的工作，能够主动地指导专门委员会的工作，较好地完成党组及主席会交办的各项任务。深入基层开展调研，了解社情民意，在为民排忧解难等方面做了一些工作。

充分发挥委员主体作用。八届政协换届时政协常委和委员中增加了不少新人，必须注重充分发挥他们的民主监督与参政议政的作用，紧紧围绕“团结”、“民主”两大主题，激发与汇聚委员们的力量和智慧。2004 年 6 月，党委召开科技、教育、文化、卫生、体育等方面委员会议。在这个会议上我作了动员讲话，目的是力争做到协商有高度，监督有力度，参政议政有深度，动员与号召委员们积极开展“提供一条信息，献上一条良策，参加一次视察活动，办成一件实事，引进一个项目(资金)”为主要内容的“五个一”活动，引导委员既要有前瞻性思考，又要关注热点问题，多为我区经济建设出力，更好地履行政协委员的职责。作为政协委员，我也认真思考问题，自己动手撰写了几份提案，比如，与乔元忠副主席联名先后写了《关于加强旅游文化建设的提案》、《关于加快建设文化大区的提案》、《关于加强卫生健康教育的提案》、《关于构建和谐社区管理服务体系的提案》。自治区党委、政府给予了相当重视，并采纳了其中的部分提案，评为优秀提案，我们受到了嘉奖。同时，同爱国人士、宗教界人士交朋友，协助区党委、政府多做解释、化解矛盾、理顺情绪、凝聚人心等方面的工作，减少阻力，增加助力，形成合力，最大限度地发挥了共产党员应起的作用。

围绕中心工作，选择重点课题，深入调研，积极建言献策，服务大局。调研活动是政协委员履行职能的重要方式，在从事政协工作的 5 年里，我始终坚持围绕党和政府的中心工作，每年都会选择一些党政部门需要、社会关注、人民群众关心、政协有能力做好的课题，本着量力而行的原则，深入开展调研活动。比如，我们高度关注“三农”问题，并进行了科技为三农服务的课题调研，起草了

《关于科技为三农服务的调研报告》。对此，张庆黎书记作出了“报告很好，有问题、有分析、有建议”的重要批示。

精心组织科教文卫体的委员围绕“防治非典”工作进行委员视察。我们考虑到贡嘎机场是我区外来人员流入西藏的重要通道，也是切断“非典”疫情传播路径的重要关口。抗击“非典”牵动着政协委员的心。政协委员视察后，写出了有情况、有分析、有对策与建议的视察报告，向自治区政府提交了工作建议，得到政府主要领导和分管领导的批示、表扬，建议有关部门给予采纳。

2003 年底拉萨实行的医疗保险试点工作，存在着门槛高、报销比例低、高原常见病未能列入医保范围等热点问题。我们组织部分卫生部门的委员进行调研，写出调研报告，提出了改进意见，呈报给党委、政府的办公会。

充分发挥体育界委员的作用，对拉萨几个退休点全民健身与体育设施有关情况进行调研。我们注重把实地调研与体育部门负责解决问题责任制结合起来，努力做到参与支持，在支持中实现服务，为宗角禄康公园里的龙王潭晨练点搭建了帐篷、提供了音响设备以及总价值 6 万元的健身器材。

当今社会越来越多地关注人口问题，不仅关注人口的数量，而且关注人口的素质、人口的分布、人口的构成、人口的迁移、就业与健康、贫困人口、妇女维权等问题，坚持以人为本，实现人与自然和谐相处，促进人的全面发展。2004 年初，我们选择了山南桑日县人口与计划生育这个主题，做了专题调研，写出了人口与经济、社会、资源、环境之间辩证关系的分析报告，并提出了工作建议。同时对桑日县的医疗制度改革进展情况及农村医保中存在的主要问题及对策做了调研，向当地政府提出了改进建议。

2005 年 7 月 7 日至 25 日，我们组织了我区部分政协委员视察了三大文物保护维修工程，重点是布达拉宫和萨迦寺，听取汇报，实地考察，与维修办公室交换意见。我们本着求实、规范、安全、协作的原则，通过视察使政协委员充分认识到党中央、国务院对我区文物保护工作的亲切关怀和自治区党委、政府对文物保护工作的高度重视，了解到当地群众约有 4 万多人次参与萨迦寺维修施工而创收 800 余万元，带动了一方群众劳动致富。

政协委员们视察后，对萨迦寺新建文物库房管理权归属、萨迦寺东侧遗留民居使用权归属，以及有关僧舍维护项目、经书墙搬迁等问题提出意见和建议，与有关部门交换了意见，形成了政协委员视察报告，呈报政府。同年，还组织部分科教文卫委员会委员对日喀则江孜县农村文化站和文化遗产保护工作进行了调研，调研报告所反映的问题，得到自治区领导的高度重视，指示有关部门抓紧予以解决。

教育是现代文明的基础，提高国民素质的关键，自治区党委、政府十分重视我区农牧区“两基”攻坚工作以及农牧区“普六”、“普九”工作。我和曲加副主席率科教文卫体专委会的同志一行8人，于2005年6月27日至7月上旬赴那曲比如县，对该县实施“普六”教育情况进行了实地调研。还特地翻越高山峡谷对该县最远的羊秀乡小学实地了解，该县委、县政府在半农半牧居住分散、交通不便、教育基础较差、群众观念陈旧等诸多困难条件下做了大量工作，完成“普六”验收任务，为“普九”打下了基础。我们对急待解决的问题和困难同县、地区及自治区教育部门交换了意见，有些问题得到各级教育部门的高度重视，有些问题迅速得到了解决。

积极开展“科技为三农服务”方面的调研，先后到林芝工布江达县、波密县、林芝县及拉萨市的林周县、城关区，就科技为“三农”服务情况进行了调研，形成了调研报告，经主席会审定后报自治区党委、政府，为区党委、政府召开全区科技大会决策提供依据和参考。

牢记“两个务必”，践行全心全意为人民服务的宗旨。自觉修炼古人倡导的“一日三省”的功课，不期反思“历览前贤国与家，成由勤俭败由奢”的历史教训，设身处地体察人民群众的疾苦，把群众的冷暖放在心上，真心做群众知心朋友和贴心人，了解民情反映民意，把党的“全心全意为人民服务”这个根本宗旨化为工作上的自觉行动，坚定不移地走群众路线。

2004年我们陪同北京市政协副主席张和平一行，先后在拉萨市和山南加查县考察。县里提出县机关房屋破旧，要求给予支持，回来后经与自治区有关部门协商，为该县落实了50万元的维修资金。同年，通过北京市政协争取到价值150万元的保健药品，发放给全区干部职工使用，反映良好。

2005年到比如县考察教育工作时，该县政协统战工作任务较重，政协机关做了大量统战工作，但机关工作条件很差，该县政协领导强烈要求解决办公设施的资金，回来后经与自治区有关部门协商，为改善该县政协机关条件落实了15万元。同时，为那曲地区政协购置交通工具落实了10万元。

那曲比如县良曲乡中心小学饮水存在极大困难，该校共有270名住校生，50多名走读生，小学生们喝水、洗脸、洗手，学校食堂洗菜等所用水都要到很远的地方背水，根本谈不上干净卫生了。菜洗不干净对孩子们的健康很不利，县里解决有困难，于是我们与自治区水利厅协商，水利厅很重视，派人实地调查，当年安排资金解决了该校的饮水、用水问题。

位于中印边境不远的山南隆子县三安曲林乡边久林村有76户、346人，村民居住在河北面，而村民的土地在河南面，南北沟通就靠村口唯一的简易桥，俗称“救命桥”，每年汛期到来村民们提心吊胆。2004 年 8 月 26 日，一股流经村落的河水变得高涨浑浊、水流湍急，救命桥经不起冲击，河流把它冲走了。村委会一方面向乡里、县里反映，另一方面组织群众有钱出钱、有力出力，待洪水下去后又修起了一座简易桥，以解决群众的生产和生活之需。他们反映购置钢材的借款与支付修桥的工钱，村里无力偿还，要求自治区帮助解决。我听到基层干部如此为民尽力，非常感动，也很敬佩。于是我找自治区有关部门落实了修桥费 15 万元。这些钱为村民解决了贷款，为村委会减轻了负担，该村干部群众无不感谢党和政府。只有深入基层了解了社情民意，才能在行动上为民排忧解难。

拉萨市当雄县嘎洛寺是一个有 500 多年历史的尼姑庵，在编尼姑 120 人，她们长期生活在海拔 4700 多米的高山上，气候寒冷。我们借助登山大会之机走进该寺，尼姑反映，一是因山高收不到电视信号，看不到中央和西藏的新闻；二是寺庙年久失修，要求帮助；三是羊八井地热电站离寺庙近，要求政府拉电线给寺庙照明。经过三年的努力她们提出的三个问题都解决了：自治区广电厅和电视台领导十分重视，很快给该寺安装了电视转换台；地热电站拉了线路，解决了照明和收看电视的用电问题；我从广州的朋友那里先后争取了 20 多万元，民宗委解决了 5 万元重修了该寺，还为 120 多位尼姑争取了衣服和被子等捐物。这些关心与帮助温暖了她们的心，她们表示一定遵纪守法，热爱党、热爱社会主义，精心

■ 作者在当雄县嘎洛寺，向寺庙捐赠钱物时与寺庙民管会负责人合影

修行，以自己的实际行动报答党和政府的厚爱与关心。

2007 年 8 月，拉萨成功举行了西部农村医疗卫生服务体系建设专题研讨会，参加会议的有全国政协科教文卫体委员会和西部 12 个省政协，会议还邀请到了北京、天津、广州、江苏 4 省市政协负责人。这次会议规格很高，16 个省级、27 个厅级干部参加，并有专家学者到会指导，与会代表近 100 人，研讨并实地考察后形成了会议纪要。针对“农民受惠不多、基层卫生设施建设落后、农村卫生人才匮乏”等问题，大会提出了三条建议，并通过全国政协呈报国家。这次会议按照张庆黎书记的指示精神开成了“高度重视、精心组织、竭诚服务、万无一失”的会议。会后，代表们分三路奔赴日喀则、林芝、山南地区，参观考察了农村卫生设施建设情况，我陪同宁夏、四川两省区政协副主席一行考察了山南地区。代表们高兴而来、满意而归，会议也确保了安全。作为主办方，我自始至终负责此会，圆满地完成了会议的组织工作。

努力完成区党委、政府及政协主席会交办的任务

参加了区党委群众满意度测评工作组。根据中央对先进性教育活动的总体安排部署，为了进一步做好我区整个先进性教育活动的后期工作，区党委安排我率领工作组前往林芝地区的地直机关、米林县的县直机关、林芝县的各乡村开展群众满意度测评工作。接到任务后，我们工作组立即研究工作方案，精心组织、布置测评任务分工，按时圆满完成了任务，得到了自治区和林芝地区的高度评价。

2004 年 3 月，自治区八届政协主席会研究决定，组织政协委员到广东、福建参观考察，叫我担任团长。我接受了任务后，根据主席会议和办公厅的安排，认真研究代表团考察学习的目的和要求，以及组织纪律等事宜。这次考察学习是八届政协委员会组织的第一个考察学习团，为了更好地适应新的形势和工作要求，丰富与更新新一届政协工作、学习、生活的内容和形式；一切本着节约的原则，尽量不给对方增添麻烦。代表团成员中有不少新一届政协委员，他们来自各个方面，具有广泛的代表性和包容性，特别是委员中既有为西藏的革命、建设和发展做出过突出贡献的老领导、老同志，又有与我党长期合作、同舟共济的知名党外爱国人士，还有来自全区各行各业、各族各界的代表人士，这些同志都是我党、我区社会主义现代化建设事业中的宝贵财富和重要力量。有计划地组织他们去兄弟省市考察学习，亲身感受沿海省市在邓小平建设有中国特色社会主义理论和“三个代表”重要思想指引下取得的伟大成就，学习借鉴他们在社会主义现代化建设中积累的先进经验，以及政协工作中的宝贵经验与有效的工作方法。同时，通过考察学习使委员们进一步解放思想、转变观念、开阔视野、增长见识，

从而进一步激发委员们参政议政的热情，充分发挥履行职责的积极性，更好地推进我区各级政协组织的工作，为实现社会主义新西藏的科学发展、社会稳定和谐建功立业，以不辜负全区各族群众和区党委、政府对政协工作及委员们的厚望与支持，并向内地省市主动而广泛地宣传西藏，增进共识，扩大交流，积极寻求与争取相关合作意向和合作项目。

受政协党组的委派，参加了全国政协举办的邓小平诞辰100周年理论研讨会，我在小组会上作了《论邓小平解决西藏民族问题的理论贡献与实践》的发言，得到了与会代表的充分肯定，引起有关专家的关注与兴趣。

当了一回慰问团分团长

2001年2月自治区慰问总团，任命我为林芝地区慰问团分团长。我们一行11人满载着自治区党委、政府、西藏军区、武警西藏总队的热情关怀，于2月12日赶到林芝边境县的驻军、优抚对象、贫困户、低保户等进行慰问。

■ 作者慰问基层群众

我们从拉萨出发直奔波密县，行程200多公里，沿途多崎岖小路，沟深路窄，色基拉山上白雪皑皑，雪越下越大，有时路面看不清，幸亏有一道车印，我们顺着雪痕小心行驶。林芝至波密段是川藏公路最险要的路段，晚上 9 点多才到达波密县，一路颠簸了近 11 个小时。第二天我们欲赶往察隅县，波密县委、政府考虑到我们的安全，就派了警车带路。当我们接近然乌时才知道地母拉山下了大雪，路不好走，本来地母拉山道路弯弯曲曲，高低起伏很大，两边布满悬崖峭壁，我们车队前后挨着行驶，又颠簸了一天，晚上才到察隅县。当晚与县委、政府研究了慰问的有关事宜。我们在察隅县住了 2 天，先后到边防四团、下察隅边防派出所、森林中队、武警中队、县人武部进行慰问。还对下察隅乡、农场的低保户和僜人困难户进行了慰问。我们所到之处转达了区党委、政府的关怀与新年的祝福。察隅慰问结束后，我们先后驱车深入波密、林芝、米林县的驻军、消防、边防、森林武警部队及优抚人员的家庭慰问，还对林芝军分区、青藏部队大站、消防大队以及所在县的优抚、低保、敬老院对象进行慰问。圆满完成了自治区慰问总团交给的任务。

率领自治区政协代表团出访俄、蒙两国。为了配合国家外交工作、办好中俄友好年，应我国驻俄罗斯使馆和蒙古人民共和国教育文化科技部部长的邀请，2007 年 6 月我率西藏自治区政协代表团赴俄罗斯的莫斯科、卡尔梅克共和国艾利斯塔市和圣彼得堡市进行考察交流。在莫斯科分别拜见了俄罗斯国家杜马民族

■ 作者率团出访俄罗斯、蒙古人民共和国时，访问团集体合影（后排右四）

宗教事务委员会主席波波夫(Sergey A popov)和俄罗斯外交部亚洲一局局长吴康宁等，同俄罗斯国家杜马的外交官员进行会谈；在蒙古国，分别拜见了新上任的蒙古议长龙戴姜仑和教育文化科学部部长思和图布欣，访问了达西乔伦寺，与该国的文化部长进行座谈，在酒会上向蒙古国的友好人士介绍了他们关心的中国及西藏的一些情况。这次两国之行主要任务是介绍西藏自治区在党中央的领导下，各项事业取得的辉煌成就，以及社会发展、民族宗教政策、文化保护等情况，并回答了对方所提出的问题；介绍了政治协商制度在爱国统一战线工作中发挥的作用、我国社会主义民主政治建设以及中国共产党领导下的多党合作和政治协商制度的有关情况。

在俄罗斯，卡尔梅克共和国副总统和艾利斯塔市的常务副市长及三位副市长接见了我们西藏代表团，双方进行了坦诚友好的座谈。我们首先表明，“我们这次应邀来卡尔梅克共和国，是为了进一步加深中国西藏自治区人民同卡尔梅克人民的相互了解和友谊，推动双方在文化领域的交流与合作。”我们指出，2003 年 7 月卡尔梅克共和国总统伊柳姆日诺夫应自治区主席向巴平措的邀请访问了中国西藏拉萨，2004 年 6 月向巴平措出访了贵国，两位领导人的互访，加深了彼此之间的理解。后来埃利斯塔市派了友好代表团赴西藏访问，建立了与拉萨市的友好城市关系，这是伊柳姆日诺夫总统和向巴平措主席成功互访的结果。我在讲话时强调说明：“一是我们真诚希望两市进一步加强友好城市的关系，二是继续珍惜友谊，深化交流与合作。”

我们访问卡尔梅克共和国了解到，卡尔梅克共和国是蒙古族后裔，信奉藏传佛教、推崇达赖为宗教领袖。2007 年达赖访卡，并在卡主要寺院举行“时论金刚灌顶”大法会。在卡的佛教寺院内挂有雪山狮子旗，寺内有达赖专门的办公室和住处。达赖以私人身份访卡多次，虽然俄方对达赖进行了严格限制，不允许其从事任何与宗教无关的活动，俄方和卡方多次声明“达赖没有当做政治人物而只当宗教人士，仅此而已”。我们在卡的藏传佛教寺院内还了解到，由印度塔拉木萨拉来的(藏族)喇嘛在此传经。卡尔梅克共和国是我国对俄涉藏外交重点工作地区。我们离开俄前，向我驻俄大使馆负责同志汇报了我们在卡所见所闻及寺院内挂有雪山狮子旗等情况。

这次出访发挥了西藏传统文化的宣传作用，加深了我国及西藏与受访国家相互了解与友谊，促进了西藏自治区与卡尔梅克共和国等地区间的互利合作。

加强同兄弟省市区的联系与交流。我曾先后率团到广东、福建、广西、贵州、云南等地参观学习，通过实地考察与直面交流，加强了我区与这些省区的联系，增进了彼此间的友谊，也开阔了我们的视野，拓展了履行职能的领域，找准了政协工作与贯彻落实党的路线、方针、政策的切入点，学到一些如何围绕党的中心工作来服务大局的工作经验与具体做法。

周到细致地做好全国政协、各省市区来藏的接待工作。每年至少接待几十批客人，每次接待都向他们介绍西藏新变化，中央在西藏实施的各项惠民政策，西藏各族人民艰苦创业的情况，目的就是使客人们了解西藏、理解西藏、支持西藏。我们的热情好客，让每一位客人乘兴而来，满意而去，有的感动得留言纪念，表示愿意事后答谢。比如，台湾知名企业经贸考察团每位客人捐款 30 万元，作为支持希望小学的补助；北京市政协提供价值 150 万的保健药品；深圳创域国际有限公司的客人为那曲聂荣县小学捐资 10 万元现金，等等。

■ 作者与全国政协委员赴藏视察团在拉萨合影留念

严格自律，模范执行党的纪律。我在几十年的工作生涯中自始至终能够严格要求自己，廉洁从政，勤俭办事，不仅自重、自省、自警、自励，而且能管住我的家庭成员和身边的工作人员。我的家庭成员中无一人经商，我从没有利用自己的职务之便或影响为子女、亲属或身边的工作人员谋取私利，从没有用公款大吃大喝，或游山玩水，或高消费娱乐，时刻牢记“两个务必”，永葆劳动人民艰苦朴素的本色。

按照中央和自治区的要求，依照组织程序，功成身退，退职不退色。我退出的是行政岗位，转交的是工作和职责的接力棒，而没有、也不可能卸掉共产党员的义务和责任，相反地，我会在自己的有生之年，静心反思我做管理工作期间自身实际上或者可能存在的缺点、错误，甚至留下的缺憾，以及处在领导岗位上履行党员责任和义务的情况。离开了业务部门，离开了领导位置，我可以一个公民的身份，与其他普通党员一道继续为党工作，积极融入社会生活中，从身边小事做起，尽到一个老党员的义务和责任，革命本色永远不会退色。

我决定，一方面在身体允许的情况下继续做一些社会慈善工作，关注并力所能及为社会上的老幼病残奉献一份爱心，更要利用自己多年的工作经验和影响多做些化解矛盾、增进团结与凝聚人心的工作，为建设团结、文明、和谐的社会主义新西藏发挥余热。另一方面义务做点社会教育工作。藏民族是一个笃信宗教、虔心向佛的民族，在一定意义上说，藏族同胞善良、淳朴的品质，藏区基层安定和睦的社会秩序，源于藏传佛教文化的耳濡目染，藏民因为信仰佛教而敬仰作为佛教文化体现着的达赖和班禅。因叛国而流亡国外的达赖分裂分子正是利用善良藏民的这个文化心理，长期披着宗教的外衣搞分裂活动，打着民族的旗号搞非法暴动，挑拨、煽动不明真相的藏胞闹事，扰乱社会治安，给政府制造麻烦，混淆视听，蛊惑群众……达赖流亡分裂集团的所作所为正是西藏社会不稳定的根本原因所在，也是阻碍西藏科学发展与构建和谐社会的最大隐患。对此，我们必须保持高度警惕，冷静观察，明辨是非，认真执行“划清两个界限，尽到一个责任的政策原则”，旗帜鲜明地制止各种形式的分裂活动，大力倡导科学，破除迷信，对于那些思想不端正、行为乖张、盲目追随的人们晓之以理，明之以法，做耐心细致的说服工作。

(政协提案 1)

关于加快建设文化大区的建议

文化作为人类历史发展成果的积淀，是一个民族生存与发展的根基，其内容和形式状况反映着或标志着一个民族文明程度与发展后劲。先进文化是人类社会发展成果中的精华部分，是一个国家、一个民族综合实力与国际竞争力最有活力的组成部分。

今天，各种类型的民族文化以及各种形式的文化，都立足自身实际而借助现代科技的武装不断进行自我创新，并以不同方式与不同程度吸收外来文化的相应成分，以实现自我更新、自我壮大。因此，当今世界在不同意义上说已经形成不同文化形式相互碰撞、相互竞争的纷争割据的局面。相应地，文化渗透能力空前增强，对社会其他因素的影响力越来越大。世界经济已经发展成为知识经济、文化经济，文化已经深深融入经济之中，成为经济增长的巨大推动力，经济竞争越来越体现于文化竞争。同时文化与政治紧密相连，相互渗透。政治越来越多地通过文化的形式来表现。融入文化的政治内容，其影响范围更广，渗透力更强。所以，如果不能及时地认识文化发展的时代特征、把握文化发展的机遇，就有可能丧失推动经济社会全面发展的主动权，就有可能面临被历史淘汰出局的风险。

加快建设文化大区、建设有中国特色社会主义先进文化，对于提高西藏各民族的思想道德素质和科学文化水平，培育“敢为人先、务实进取、开放兼容、敬业奉献”的西藏人精神；对于发展繁荣文化事业，不断满足人民群众日益增长的精神文化需求；对于应对经济全球化的新形势，巩固与发展社会主义文化阵地，学习借鉴人类优秀文明成果；对于调整与优化产业结构，增强经济发展后劲与提高综合竞争力；对于推动民主政治建设和法制建设，使物质文明、政治文明、精神文明和生态文明相互促进、协调发展，都具有重要的现实意义与深远的历史意义。因此，建议将“文化大区”建设工程列入《自治区国民经济和社会发展第十一个五年规划》，采取有力措施加快我区文化建设步伐。同时建议：

一、准确把握先进文化的发展方向。坚持以马列主义、毛泽东思想、邓小平理论和“三个代表”重要思想为指导，深入学习贯彻党的十六大精神，牢牢把握先进文化的前进方向，遵循社会主义市场经济和文化发展规律，紧紧围绕我区全面建设小康社会的奋斗目标，以弘扬民族精神、培养西藏人精神、提高民族素质和科学文化水平为核心，深化文化体制改革，大力繁荣文化事业，促进经济社会全面协调发展。

二、始终坚持四个基本原则。第一，坚持党管意识形态的原则，用“三个代表”重要思想统领建设文化大区的各项工作，握紧党对文化工作的领导权。第二，坚持以人为本，致力于丰富人的文化内涵，提升人的文化精神，增强人的创新能力，促进人的全面发展。第三，弘扬先进文化、改造落后文化、抵制腐朽文化，始终把社会效益放在首位，鼓励追求经济效益，实现社会效益与经济效益的统一。第四，进一步解放思想，冲破一切束缚文化事业和文化产业发展的旧思想、旧观念，稳步推进文化体制及其机制的改革与创新，进一步解放与发展文化生产力。

三、明确文化建设的主要任务，即全面提高人的素质，积极推动人的全面发展。通过弘扬民族精神，引导人们树立有中国特色社会主义的共同理想，树立正确的世界观、人生观、价值观和祖国观、民族观、宗教观、文化观；通过加强社会主义思想道德教育，帮助人们遵守高尚的职业道德，养成良好的行为规范；通过大力发展各类教育，构建终身教育体系，弘扬科学精神，培育创新精神和实践能力，提高公民的科学文化水平；通过建立卫生服务体系和突发公共卫生事件应急处理机制，确保人民群众身心健康；通过实施人才资源开发计划，用好现有人才，引进优秀人才，培养实用人才，建设好文化人才队伍，等等。

深化文化体制改革，解放与发展文化生产力。推进文化体制改革，建立党委统一领导、政府依法管理、行业自律、企事业单位自主经营有机统一的文化运营体制，实行政事分开、政企分开、管办分开，为文化事业与文化产业发展创造良好的体制环境；深化文化企事业单位劳动人事制度改革，形成优胜劣汰、能上能下、能进能出，既有竞争激励又有责任约束的用人机制；改革对文化的投入方式，由“养人”变为鼓励人“干事”，由“养机构”变为“开发项目”。

加快发展重点文化产业，推动文化产业换代升级，使之成为我区新的经济增长点。调整文化产业布局，形成布局合理、各具特色、相对集中、功能互补的区域文化发展格局。制定优惠政策，鼓励发展民营文化产业。

促进文化与经济相融合。在企业管理、产品开发、市场营销等经济活动中，要注重其文化内涵，提高企业文化品位，树立企业文化形象，提高产品的文化档次，培育经济发展潜力与竞争力。

在加强城市重点文化项目建设的同时，量力增加投入以加强农牧区基础文化设施建设。

加大对文化法制建设与文化市场管理力度。修改与完善文化市场相关的政策法规，建立与社会主义市场经济相适应的文化政策法律体系。进一步加强文化市场的监控与管理，积极防范与抵制不良文化的渗透，维护我区文化安全，保障公民的文化权益。

四、改善对文化大区建设的领导。建立健全督促、检查与考核机制，杜绝各种不正之风。发扬与时俱进、求真务实的作风，倡导真抓实干，力戒形式主义，从西藏实际出发，发展具有西藏特色的文化事业与文化产业，不搞劳民伤财的“政绩工程”或“形象工程”。

五、制定好发展规划与扶持政策。建议自治区人民政府指定有关部门，在搞好调查研究的基础上制定文化发展规划，明确产业政策、资源投入、市场准入、资源开发、市场监管等方面的优惠政策和灵活措施，保证文化建设健康有序进行。大力倡导工青妇以及其他社会各界发挥自身优势，积极参与我区文化事业与文化产业建设，为早日把我区建设成为文化大区做出应有的贡献。

2004年5月10日

（政协提案2）

关于加强卫生健康教育的建议

卫生健康教育是发展公共卫生事业的基础性工程，公共卫生设施都需要通过卫生健康教育来发挥作用。卫生健康教育又是一种投资少、收益大的教育方式。它不是个人的私事，而是全民必须一致面对的公共课题，政府对此承担着主要责任与义务。

众所周知，我区医疗卫生机构在疾病诊疗方面发挥了至关重要的作用，但在疾病预防、康复以及优化生活等卫生保健教育方面作用不明显。我区是地方病、传染病多发地区，严重影响着社会生产、生活和人的全面发展。从某种意义上说，我区之所以成了地方病、传染病的温床，既是因为一部分人长期养成了不良的生产、生活习惯，不自觉地维持了不够卫生甚至有害的生存环境，又是因为公共卫生职能部门社会宣传引导不力。所以要真正实现以人为本、全面落实科学发展观，保障人的全面发展，就必须积极开展以健康为主题、预防为主要内容的卫生健康教育活动。为此建议：

一、建立党委统一领导、政府依法管理、文明委组织协调、各部门分工负责、全社会共同参与的卫生健康教育体制与工作机制，调用必要的社会资源，确保实效、深入持久地开展全民卫生健康教育活动。

二、由自治区党委宣传部牵头，卫生、教育、计划生育、环境保护等部门协调配合，编制《西藏自治区卫生健康教育大纲》，制定相应的实施细则和科学的评估方案，并责成职能部门组织实施，明确职能部门的权限与责任。

三、将卫生健康教育内容列入中小学教学课程，在中小学校日常教学中加以落实、达成，在学校教职员工中倡导健康文明的工作和生活方式，养成良好的个人卫生习惯，营造健康有序的学习与生活公共环境。

四、责成自治区卫生主管部门组织力量编写西藏自治区疾病图谱、防病教材、良好卫生习惯养成手册，分发到户；在县级以上医院设立健康教育科，对患者进行卫生保健宣传，指导患者合理用药，讲究居民小区或村庄卫生、家庭卫生、个人卫生及夫妻性生活卫生，增强预防疾病与自我保健的自觉意识。

五、新闻媒体要精心筹划，收集、使用好必须的相关资料，大造声势，采用生动活泼的形式开展卫生健康教育宣传，推动全社会形成讲究卫生、增进健康的社会风气。

六、建议政府下发文件，明确政策，动员与鼓励有关学会、协会、基金会等社会团体积极参与卫生健康教育活动，分片包干，检查与评比各自的工作效果。

七、适当调整事业编制，在卫生部门设立卫生健康教育中心，安排必要的经费和设备，保证卫生健康教育工作顺利开展下去。

2004年5月15日

深切缅怀周恩来总理逝世30周年

敬爱的周恩来总理离开我们整整30年了。自从他逝世以后每当1月8日这个日子来临的时候，我总是心潮难平，思绪万千，总理生前的音容笑貌依旧清晰地浮现在我的脑海里，使我更加怀念他老人家。

人民的总理爱人民。周总理时刻把人民群众的冷暖疾苦放在心上，挂念着边贫地区百姓求医问药所面临的困难。记得我走上卫生工作岗位不久，曾多次聆听他的亲切教诲。那是1970年8月28日和1971年2月6日，周总理分别接见了全国卫生工作会议代表和首次赴河西走廊北京医疗队全体同志。我作为西藏的代表受到了总理的两次接见。他在接见我们时特别强调，要组织医疗队到边远山区、到少数民族地区去，到西藏的阿里去，到群众最需要的地方去。20世纪70年代初，卫生部按照周总理的要求，从首都各大医院抽调医护人员组成赴阿里医疗队。他一个个询问从边远地区、少数民族地区来的同志：那里的农村医疗器械装备情况怎么样？总理指示医疗队不要带笨重的医疗器械去，因为不适合农牧区情况，那里缺电，用不上，指示有关部门要立即生产小型的、灵巧的、使用周期长的医疗器械，真正做到支援边疆、支援农村。后来专为西藏生产、配备了50毫安的X光机。

周总理人在北京城，心却惦记着西藏人民。1971年2月17日，周总理接见出席全国第一次中西医结合会议的赤脚医生代表时，向来自西藏自治区日喀则地区仲巴县帕样区的赤脚医生格桑同志，详尽地了解西藏的医疗卫生事业发展变化与人民群众医疗保健情况，关切询问“农牧区妇女生孩子还在牛棚里吗？”问格桑：“你什么时候学医的？谁教你的？现在能治什么病？会不会针灸？”还问到高原上有什么特殊的病、西藏有没有草药、西藏民族医学用什么方法治疗疾病等问题。总理十分关心牧区人口的增长情况与生活状况，我和格桑一一作了汇报。总理问我：牧民的人口增长还是很慢的吧，现在一个公社有多少人口，粮食、砖茶够不够吃。我一一回答了。特别使我感动的是，当我汇报“文化大革命”期间商品运输不太正常，农牧民群众缺少砖茶时，周总理说：藏族同胞有每天喝茶的习惯，一天都离不开酥油茶，我们要像尊重宗教信仰一样尊重藏族同胞的生活习惯；要尽快恢复与发展青藏、川藏公路交通运输。总理当场责成总后勤部邱会作部长抓紧向西藏运送一批民族砖茶，解决燃眉之急，要求国务院办公厅通知商业部给西藏调拨民族砖茶等急需商品。总理还作了自我批评，说：西藏的运输一直搞得不好，对不住你们呀，我们政府工作没有做好！

这天下午会议接着开，一直开到晚饭时间，周总理就把我们留下来在中南海一张桌子上吃晚饭，把我和仲巴县的赤脚医生格桑安排在他身边。吃饭时总理说：请大家吃个便饭，没有山珍海味，国家还很困难嘛，这个大烩菜很好吃，大家多吃一点。没吃多久，工作人员就来到总理身旁汇报工作，总理边听边示意我们吃菜，还不时给我夹菜。听完汇报，总理刚吃一口菜，工作人员又叫总理接电话。不一会总理回到座位上，对大家说：“没有办法呀！总理嘛，事情总是要理理嘛！”晚饭后又继续跟我们座谈。总理的医生几次提醒他“该休息了”，总理还是笑哈哈地向我们询问着西藏和全国其他地方农村基层卫生情况，旮旯角落里的问题都涉及了，一问一答，谈笑风生，不觉到晚上 11 时 40 分，一共谈了 8 个多小时。临别时总理叮嘱我：“西藏妇女生孩子条件很差，你是西藏卫生厅副厅长，是我们培养的民族专业干部，一定要把老百姓的卫生保健工作抓好……”我表示谨遵教导。我们回到宿舍后，每个人都激动不已，久久不能入睡。周总理在日理万机的繁忙工作中，还这样关注着西藏人民的医疗卫生事业和群众的日常生活，关心着藏区人口增长情况与藏民身心健康、家庭幸福。

为了更快地发展西藏人民的医疗卫生事业，在周总理等老一辈无产阶级革命家的关怀下，党中央、国务院决定从 1974 年开始，从内地 8 省市派医疗队来西藏帮助工作。周总理还对医疗队提出具体要求，希望他们教会当地的医疗卫生人员，制药技术人员要“留下一支不走的医疗队”。在兄弟省市的帮助下，我区医疗卫生工作得到很大发展，农村牧区基层初级卫生人员快速成长，进一步改变了我区缺医少药的状况。

国家对西藏各族人民实行免费医疗政策，确保人人享有医疗卫生保健的权利。这就极大地促进了藏民族的人口发展，到1996年底全区人口增长到240多万，全区各类卫生机构发展到1300多个，卫生机构拥有床位6133张，医院床位5463张，专业卫生工作人员达10935人，其中卫生技术人员8682人，藏族和其他少数民族卫生技术人员占98%以上。另外，全区还有不脱产的乡村医生2680人，乡村卫生员1722人，他们分布在广大农村牧区卫生工作第一线。一支以本民族为主体的民族医疗卫生队伍和城乡医疗保健网已初步形成，相应地，人民群众的健康水平有了显著提高。

人民的总理人民爱。今天，当我们看到西藏医疗卫生事业随着社会经济迅速发展而不断进步、壮大，各族人民的物质文化生活与医疗卫生条件都得到很大改善的时候，怎能不更加怀念与藏族人民心连心的周总理呢！周总理虽然离开我们这么久了，但是他那亲切、慈祥的面容，依然清晰地浮现在我的头脑里，问长问短的夜话温暖地萦绕在我的耳畔。进而遥想到周总理生前忠实地执行党中央、毛主席关于西藏工作的路线、方针和政策，从西藏和平解放、平息叛乱到民主改革，再到西藏社会主义建设的各个历史阶段，他都能运筹帷幄，高瞻远瞩，着眼祖国统一，领土的完整，民族团结，社会稳定，为西藏的社会制度变革与经济文化发展做出了许许多多的重要指示，同西藏的民族上层人士推心置腹、促膝相谈，传达着民族大义、爱国热忱、同胞情谊，让听着心折、江山动容。1956年周总理两次去印度再三劝说达赖回国，有力粉碎了帝国主义阴谋，维护了祖国统一和民族团结。周总理为西藏社会的安宁，为西藏人民尽快摆脱生活困境，为祖国边境的安全，为西藏各项事业的繁荣昌盛而呕心沥血，他博大的襟怀和不朽的业绩将与西藏人民美好记忆永远连在一起！

我们知道，建设好、发展好西藏，让西藏各族人民和睦相处、安居乐业，是西藏人民对敬爱的周总理最好的纪念与告慰。为此，我们就要认真贯彻、执行党中央在新时期为西藏制定的工作思路与指导方针，紧密团结在以胡锦涛同志为总书记的党中央周围，在邓小平建设有中国特色社会主义理论和党的基本路线指引下，在自治区党委、政府的坚强领导下，坚持走中国特色、西藏特点的发展道路，牢牢把握发展和稳定两件大事，落实好中央和兄弟省市提供的援藏项目，为加快推进西藏社会主义新农村建设与经济社会跨越式发展而加倍努力地工作。

2006年1月8日

于西藏自治区政协机关

充分发挥人民政协优势 努力构建社会主义和谐西藏

构建社会主义和谐社会，是党的十六届四中全会提出的一个重大命题，是我们党为了巩固党的执政基础、完成党的执政战略任务、推进中国特色社会主义事业、实现广大人民群众的根本利益而作出的战略举措。我区人民政协要充分发挥自己的特点和优势，为构建社会主义和谐西藏贡献力量。

深刻认识构建社会主义和谐社会的科学内涵

构建社会主义和谐社会，是中国共产党与时俱进、开拓创新的又一理论成果，反映了新世纪、新阶段我国经济社会进一步发展的客观要求，是我们党对自身的执政规律、社会主义建设规律和人类社会发展规律的深刻理解与自觉运用，是对马克思主义理论以及建设有中国特色社会主义理论的丰富与发展。

中国文化历来崇尚“与人为善”、“以和为贵”、“亲盼亲好”、“邻盼邻安”、“天人合一”、“大同社会”等社会发展的理想状态。我们党在新的历史条件下对此予以批判地继承发扬，主张把社会的一切积极因素调动起来、一切可以团结的力量团结起来，社会各方面的利益关系得到协调，各种矛盾得到正确处理，社会公平和正义得到维护，社会成员彼此之间互相帮助、平等友爱、相处融洽，人们对社会的贡献得到应有的尊重与支持，社会的各种组织健全、管理完善、秩序良好，人民群众安居乐业，经济发展，生活富裕，文化发达，社会成员的精神面貌良好，生态环境友好的社会局面。这就是所谓的社会主义和谐社会。只有建成这样的社会，才能体现我国人民的根本利益与共同愿望。

党中央在建设有中国特色社会主义伟大事业的总体布局下明确提出，社会主义和谐社会内含物质文明、政治文明、精神文明和生态文明，需要进行社会主义的经济建设、政治建设、文化建设和生态建设。这充分体现了我们党的政治智慧、历史眼光与理论创新的勇气。

人民政协履行职能与构建和谐社会本质上是统一的

全国政协主席贾庆林同志在全国政协十届三次会议上指出：“要组织各界委员就为构建社会主义和谐社会服务的途径和方法，把人民政协的独特功能和作用切实有效地发挥出来，为建设民主法治、公平正义、诚信友爱、充满活力、安定有序、人与自然和谐相处的社会主义和谐社会做出贡献。”政协作为爱国统一战线的组织，作为中国共产党领导的多党合作和政治协商的重要机构，作为我国政治生活中发扬社会主义民主的重要形式，无论从肩负的根本任务，还是被赋予的工作主题，都与构建和谐社会有着密切的关系。胡锦涛总书记要求人民政协：“要大力弘扬求真务实精神，大兴求真务实之风，牢记人民利益高于一切，切实把实现好、维护好、发展好最广大人民的根本利益作为人民政协履行职能的根本出发点和落脚点。”在服务于构建和谐社会这个工作大局上，政协有着协调社会各个阶层关系的独特优势。因此，把为人民服务的思想贯穿于履行职能的始终，时刻关注民生、体察民情、了解民意，把实现好、维护好、发展好人民群众的根本利益作为政协工作的出发点，把富民兴业作为政协委员建言献策的重点，把沟通与联系作为政协工作的重要内容，在遵守四项基本原则的基础上进行民主监督、积极参政议政、广开言路、广纳群智、建言献策，使政协的各项工作，真正反映人民群众的要求，符合群众的利益，体现群众的意愿。所以构建社会主义和谐社会的内在要求与政协履行职能的本质都是促进改革开放与社会主义现代化建设，推动社会形成政通人和、百业兴旺的局面。

构建和谐社会是改变西藏落后面貌的现实需要

西藏是一个边疆少数民族地区，封建农奴制度一直延续到1959年，经济社会发展基础十分薄弱。1959年民主改革时全区生产总值为1.74亿元，人均GDP仅为142元，而且这一点社会财富几乎全部为占人口总数不足5%的农奴主所占有，劳动人民没有或者很少拥有自己的生产资料，常年不得不忍饥挨饿，被迫服各种劳役与苦工，同时遭打挨骂，敢怒而不敢言，根本谈不上社会和谐。在中国共产党的英明领导下，西藏经过了和平解放、平息叛乱、民主改革以及社会主义革命与建设等重大社会实践，人民事业在祖国大家庭中得到了长足发展，社会面貌发生了翻天覆地的变化。自中央第三、四次西藏工作座谈会以来，在党中央、国务院的关心支持及全国各地的无私支援下，西藏各项改革不断深入，经济社会实现了又好又快的发展，人民生活水平稳步提高，民族团结进一步增强。2004年我区实现生产总值212.7亿元，是和平解放时期的163倍，是1959年民主改革时期的121倍。2004年农牧民人均收入为1861元，城镇居民人均可支配收入达到8200元。随着经济的不断发展，西藏社会逐步从黑暗走向光明，从落后走向进步，从贫穷走向富裕，从封闭走向开放，为构建和谐西藏奠定了坚实的基础。但是，西藏没有经历过封建经济的高度发展阶段，更没有经历过近代化过程，就是说西藏社会经过民主改革跳过了两个社会发展阶段，是从农奴制社会直接跨进社会主义现代化建设轨道的。由于底子薄、起点低，加上经济社会发展的自然条件限制，西藏目前仍是全国最落后的地区，与祖国内地各兄弟省市区的差距很大。我区 2004 年人均 GDP 为 7779 元，与全国人均 GDP 10533 元相差 2754 元；2004 年农牧民人均纯收入为 1861 元，仅相当于全国平均水平 2936 元的 63.5%；我区城镇居民人均可支配收入为 8200 元，比全国的 9422 元低 1222 元；基础设施比较落后，全区还有 40 个县没有黑色油路，人均电力装机仅为 189 瓦；社会事业发展滞后，2004 年西藏公民受教育年限仅为 4.5 年，比西部地区平均少 2.2 年，比全国平均少 3.5 年；“两级攻坚”人口覆盖仅为 46.2%，比全国低 47.4 个百分点；农牧区医疗卫生条件差，孕产妇死亡率高出全国的平均水平近 8 倍。以上数据说明：西藏与全国、与西部省市区之间的差距很大，这种差距是阶段性和层次上的差距，而且这种差距还将越来越大。这说明落后与贫穷是造成社会不和谐的主要原因，要实现社会和谐就必须改变这种落后与贫穷的局面，而要改变这种落后与贫穷的局面就必须加快发展。胡锦涛总书记指出：“‘发展是硬道理’，是解决中国所有问题的关键，也是解决西藏所有问题的关键。”所以我们只有紧紧抓住经济建设这个中心不放松，同心同德搞建设，群策群力谋发展，才能保持我区经济社会较快的发展速度。经济实力是构建社会主义和谐社会的物质基础，社会文明是构建社会主义和谐社会的基本要素。因此我们在任何时候都必须紧紧抓住发展这个执政兴国的第一要务。现在全国的发展变化很快，对于西藏来说这既是动力又是压力，因为西藏的近代化与现代化要两步并作一步走，发展目标要与全国同步现实，发展任务十分艰巨。我们没有选择，必须加快发展步伐。我们要从实际出发，扬长避短，高度重视自身造血功能的培育，按照区域经济特色化、经济产业化、产业发展规模化的要求，大力发展我区的特色经济，把资源优势转化为产品优势。而且这种发展必须是跨越式的，只有跨越式发展才能跟上全国的发展步伐。西藏作为一个商品经济欠发达地区，特殊的自然地理和生态环境条件，西藏产业已经形成的长期依靠中央和全国提供资金、技术的注入式发展模式，社会成员文化素质较差与创新能力较弱等区情，使西藏经济呈现出投资拉动型经济特点。从 20 世纪 90 代以来，长达 14 年的投资拉动高速增长。但是今后若干年，西藏经济除了依靠投资拉动增效方式支撑之外，还应当依托资源优势，引进人才和先进设备，加快产业建设步伐，增强自我发展能力，使输血型经济转变为造血型经济，培育新的经济增长点，比如拉萨河、年楚河、泥洋河、雅鲁藏布江、还有“三江(怒江、澜沧江、金沙江)”的开发利用与保护；“西电东送”跨区域经营电业；将分散的藏药生产加以整合，形成集团，打出特色品牌，走出区门与国门；充分发挥我区文化资源的优势，使文化产业在未来西藏经济建设中成为重要的增长点；西藏旅游资源丰富，应整合“六大”要素，形成规模，打造中国大香格里拉旅游品牌，等等。总之，我们的确需要积极探索跨越式发展的新思路、新途径和新方法。当然，西藏经济社会的发展除了靠自身艰苦创业、增强自我发展的能力以外，仍然需要中央政府的持续支持与全国人民的长期支援，这不仅因为西藏发展水平相对落后，同时也因为西藏承担着特殊的国家公共安全的任务，西藏需要在祖国大家庭里谋求自身发展的机会和条件。只有在中央支持和全国支援的基础上，西藏自我发展的能力才能增强。为此，西藏人民政协必须自觉坚持“围绕中心、服务大局”的工作方针，以人为本，认真贯彻科学发展观，把促进经济社会科学发展作为履行职能的第一要务，为实现西藏经济社会持续、快速、协调、健康发展而多动脑筋，出谋划策。

构建社会主义和谐西藏既符合西藏人民的愿望又符合国家整体利益

构建一个惠及人民群众的社会主义和谐社会，是西藏各族人民的强烈愿望。旧西藏95%的劳动人民没有人身权利，没有受教育的权利，根本谈不上社会的公平与正义，公民谈不上和睦相处，彼此之间不可能团结协作、互帮互助。中国特色社会主义和谐社会是全体中华儿女梦寐以求的理想，更是长期饱受了苦难的西藏各族人民不懈的追求。我们这一代人是伴随着西藏的革命与建设长大的，耳闻目睹了西藏社会在中国共产党的正确领导下发生巨大变化的事实。改革开放以来，邓小平同志提出了衡量西藏工作的标准“关键是看怎么样对西藏人民有利，怎样才能使西藏很快发展起来，在中国四个现代化建设中走进前列”。江泽民同志指出：“西藏的稳定，涉及国家的稳定；西藏的发展，涉及国家的发展；西藏的安全，涉及国家的安全。”他强调：“绝不能让西藏从祖国分裂出去，也绝不能让西藏长期落后下去。”这不仅提升了西藏工作的战略地位，还明确了西藏发展与稳定的重要性。胡锦涛总书记亲自领导了西藏的改革、发展与稳定的工作，在他主持西藏工作期间，按照中央的总体部署果断有力地平息了达赖分裂集团制造的骚乱，实现了西藏工作由乱到治的转折，扭转了西藏不稳定、不和谐的局面；提出了“以经济建设为中心，紧紧抓住稳定局势与发展经济两件大事，确保我区社会的长治久安，确保经济持续、稳定、协调发展，确保人民群众生活水平有明显提高”的工作思路(即一个中心、两件大事、三个确保)。这一工作思路被

1994 年中央召开的第三次西藏工作座谈会确定为新时期西藏工作的指导方针。在这次会议上中央从战略全局的高度制定了一系列加快西藏发展、社会稳定的政策措施，还确定了 62 项工程，做出了 15 个省市和中央各部委对口支援、帮助西藏加快发展的战略决策。2001 年中央召开了第四次西藏工作座谈会，再次明确了新世纪初西藏工作的指导思想和主要任务，制定了 50 条优惠政策及措施，确定了西藏跨越式发展的目标，进一步加大了对口援藏的力度，扩大了对口援藏的范围，为从根本上实现西藏经济从加快发展到跨越式发展、社会局势从基本稳定到长治久安提供了组织、思想、政策和财力上的保证，这是西藏工作进入新世纪的又一个重要里程碑。50 多年来，西藏在党中央的亲切关怀下、全国人民无私的支援下，在历届区党委、政府的直接领导下，经过全区各族人民齐心协力、艰苦创业，西藏的各项社会事业全面发展，实现了西藏社会制度的跨越、西藏民主政治的跨越以及经济社会发展的跨越。随着国家项目的全面实施，西藏城乡基础设施得到进一步改善，安居工程进展顺利，社会主义新农村建设稳步推进，人民群众的衣食住行更显宽裕，各族人民和睦相处，共享经济社会发展的成果。今天的西藏社会和谐有序，充满生机。政协西藏自治区委员会在此过程中做出了历史性贡献。

发挥人民政协优势，争取人心、凝聚力量，维护社会稳定

稳定是西藏工作的大局，对西藏社会的进步及各项事业的发展具有特殊的意义，没有稳定的社会环境与安定的生产生活秩序，就不可能有西藏社会的和谐。然而，西藏社会自从和平解放以来就没有平静过，影响社会稳定的最大隐患是达赖分裂主义集团的干扰与破坏。达赖分裂集团始终披着民族、宗教、文化的外衣，一方面对我党的民族、宗教、文化等政策进行攻击，另一个方面采取“哀兵策略”，有意混淆是非、扰乱视听，企图争取国际舆论的支持，骗取境内外群众的同情，恶意挑拨藏汉关系，大肆炒作历史问题，煽动民族情绪，以达到他们分裂之目的。达赖分裂集团惯用的伎俩是：当局势对他们有利时，就中断与我们的接触，公然与中央政府对抗；当局势不利时，就要求与中央政府接触，举行谈判，其真实的目的就是搞“西藏独立”。独立不成，就搞“西藏高度自治”，“西藏高度自治”不成，就提出“西藏一国两制”，“西藏一国两制”不成，就搞所谓的“全民公决”，妄图推翻共产党的领导、推翻社会主义制度、推翻民族区域自治法和人民政权。因为宗教在西藏的影响深远，藏传佛教已有上千年的历史，达赖体系的形成也有 400 年的时间，可以说藏传佛教对西藏社会的影响根深蒂固。

近10年来，在自治区党委的正确领导下，全区各大寺庙开展了以“爱国、爱教、守法”为主要内容的寺教工作，在僧尼中彻底揭露了十四世达赖政治上的反动性、宗教上的虚伪性以及手法上的欺骗性，激发了僧尼的爱国热情。同时，寺庙民管会班子及其寺庙的管理工作得到加强，寺庙和僧尼的行为也得到依法规范，绝大多数僧尼能够树立正确的祖国观、民族观、政府观、法制观和公民观，做到遵纪守法、爱国爱教，宗教秩序与政治秩序正常了，总的形势向着良性方面发展。但是，以美国为首的西方敌对势力“西化”、“分化”我国的战略图谋始终没有改变，从上个世纪50年代他们就密谋策划、极力唆使达赖叛逃出境。现在又极力鼓噪怂恿达赖回国，其目的就是利用达赖这张王牌牵制中国。因此我们必须对达赖分裂活动的新动向保持清醒的头脑、高度的警惕，绝对不能麻痹大意、掉以轻心，更不能丧失警觉。我区仍有少数僧尼和一些信教群众对达赖的阴谋手段认识不清，依然尊奉、迷信达赖，甚至私下为他祝寿祈福，有的以旅游为名出境参加达赖的佛事活动，西藏非法出入境现象至今比较突出。因此，人民政协就要发挥自身工作的群众性作用，协助党委、政府做好党的宗教和民族工作。这不仅是维护我区改革、发展与稳定的需要，而且是充分认识宗教工作存在的长期性、宗教问题的群众性和特殊性，尊重宗教存在与发展的客观规律，全面贯彻党的宗教信仰自由政策，依法管理宗教事务，积极引导宗教与社会主义社会相适应的需要。所以在西藏这样的边疆民族地区，除了要做好宗教工作，还要做好党的民族工作，只有加强民族团结，各族人民才能和睦相处，社会才能和谐。各族干部只有牢固树立了马克思主义的祖国观、民族观，切实认识了“汉族离不开少数民族、少数民族离不开汉族、少数民族之间也相互离不开”的道理，才能自觉地维护“平等、团结、互助”的社会主义民族关系。我们应该积极发挥政协的职能作用，努力消除社会不稳定的因素，筑牢西藏区内抵御达赖分裂集团思想渗透的群众基础，对干部群众，尤其是对广大的农牧民进行深入持久的思想教育，使大家懂得祖国统一、民族团结、社会稳定是各族人民之福，国家混乱、民族分裂、社会动乱是各族人民之祸，要把民族团结建立在深厚的祖国之情、民族之情、同志之情的基础上，要像爱护自己的眼睛一样爱护民族团结，努力培育各族人民荣辱与共的手足之情。协助党委、政府做好化解矛盾、理顺情绪的工作，用50年来在党的领导下，西藏发展的“一个转折点、两个里程碑、三个确保”的辉煌成就鼓舞人心，用“一加强、两促进”的历史任务与全面建设小康社会宏伟目标凝聚人心，让信教群众明白没有稳定的政治局面，建设社会主义新西藏的目标就不可能实现；让更多的人知道，我们与达赖集团的斗争不是信教与不信教的问题，而是维护祖国统一与反对分裂的政治问题。我们要按照区党委提出的“维护西藏稳定，干部是关键，发展是基础，宗教是重点，政治是保障”的工作思路，认真做好相关工作，把各族干部群众的思想统一到中央精神上来，统一到区党委的各项工作的部署上来。

依照政协章程赋予的权利，有序进行政治参与，不断推进民主决策与科学决策。构建社会主义和谐社会是全社会的共同责任，社会是一个有机整体，它的发展、进步有赖于每一个社会细胞富有活力，有赖于凝聚社会的各个阶层人们的智慧和力量。政协不仅要围绕党和政府的中心工作，而且要融入中心工作，在各级党组织的领导下，注重履行职能的规范化、制度化和程序化，首先发挥好政协的政治优势，联合国内外一切社会进步力量，广开言路，广集群智，就政治、经济、文化与社会发展中的重大问题进行广泛协商，稳健推进民主政治建设的进程；其次发挥好政协的人才和智力优势，深入调研，集中民智，增强建言立论的针对性、可行性与前瞻性，做到建言建在点子上，立论立在关键处，协助党委、政府科学决策，保证科学施政；再次发挥好政协社会联系面广的优势，及时收集与反映社情民意，及时沟通信息，疏通关系；还要发挥好政协亦官亦民、位置超脱等优势，为构建社会主义和谐社会提供尽可能多的优质服务。

着眼国家安全战略 强化全民国防意识

在党的十七大开幕之际，组织上安排我到全国最高军事学府——国防大学学习深造，我既感到无上的荣耀，也感到学习机会十分难得。在两个半月学习时间里，教官们精彩而又系统的理论授课，军地同学们之间深刻而又坦诚的思想交流，使我对党的十七大精神和胡锦涛主席关于国防和军队建设一系列重要指示有了深刻的理解，特别是对国家安全战略、国防动员、国防教育以及国家安全面临的形势等一系列重大理论和现实问题，有了更加全面的认识，对抓紧做好国防动员与对台军事斗争的紧迫性也有了认同感。应对国家安全面临的威胁，除加强武装力量建设外，还必须大力加强国防教育，增强全民的国防意识，为国防动员和军事斗争准备提供坚实的思想基础。下面，我就着眼国家安全战略，强化全民国防意识，谈几点认识。

一、从更高层次上认识国防教育战略地位，强化全民国防意识

我感到，随着相对和平时期的延长，经济发展，社会稳定，老百姓安居乐业，丰衣足食，国民的忧患意识正在淡化。有的人受物质利益驱动，目光短浅，一味追逐个人眼前利益，漠视乃至损害国家的长远利益，重经济而轻国防的思想有一定的市场；有些大学生，享受国家助学金，不能珍惜优雅舒适的学习环境，不刻苦学习，心里却仰慕着西方社会生活方式，崇洋媚外，潜移默化地接受“西化”的渗透；在经济全球化的背景下，有的人，尤其是学界一些学者，其国家观念和民族感情在逐步淡薄，盲目追求与崇拜所谓国际学术自由，在洋学者面前缺少应有的民族尊严和国家情怀，忽略一个浅显的道理，假如中国是一个弱国，洋学者不可能把我们视为他们的平等同伴来进行学术交流，或者他们不可能谦逊地来到我们国家，也不可能真诚地邀请我们去他们那里开展所谓平等的学术对话，中国近代史上科技发展的事实就是这样，祖国的强弱与荣辱决定着我们学者在洋学者面前的地位与尊严的有无……再者，从国防教育工作本身来看，矛盾和问题也不少，形势确实不容乐观。比如，国防教育普及得不够，虽然每年在纪念日搞一些宣传活动，但经常性的宣传不够；国防教育在不少地方还没有真正摆上位、抓到位，没有真正纳入国民教育体系与经济社会发展规划之中；国防教育的教材缺乏系统性，还没有很好地统一与规范起来；一些地方不同程度存在着国防教育领导体系不顺畅、工作机构不健全、人员编制不到位等问题，影响了国防教育工作的落实。

当前，全党全军认真贯彻落实党的十七大精神，进一步落实科学发展观，解放思想，与时俱进，努力促进社会和谐，在和平与发展的机遇期里有效地拓展国家利益，把发展国民经济与建立强大国防的战略任务有机结合起来。在党的十七大精神指引下，我们坚定不移地走和平发展道路，坚持实现和平的发展，开发的发展，合作的发展，和谐的发展。但是，天下并不太平，我国面临的安全形势仍然十分严峻。一是美国作为一个霸权主义和强权政治的国家，始终把中国当作“一个潜在的战略对手”，全方位地对我国进行战略遏制。一方面加紧对我国实施“西化”、“分化”的政治攻势，不惜一切代价向我国推行西方的意识形态和价值观念，推销西方的“民主、自由、人权”等所谓世界文化；另一方面拉拢周边国家对我国进行战略合围，既扶持日本强化军事力量，又给印度盟友待遇，在核问题上对印度网开一面，默认印度成为世界俱乐部成员，对我国边境安全和领海安全构成威胁。在阻止其他任何国家对我国出口先进武器装备同时，自己却向台湾出售先进武器装备，帮助台军改造升级作战指挥系统，为介入台湾冲突，进行全

面的军事准备。二是台湾局势日趋严峻复杂。台湾当局通过“修宪”和“公投入联”等动作，加快“台独”步伐，“台独”势力及其分裂活动已成为我国安全面临的最大危险，台湾问题已处于高危期。三是民族分裂主义、宗教极端主义有所抬头。美国利用“民运分子、台独、疆独、藏独分子”在国内外进行分裂破坏活动，从 1987 年起，美国中央情报局恢复对达赖集团的资助，同年 10 月至 1989 年 3 月拉萨连续发生大规模暴乱，拉萨被迫实行戒严。这些事件直接或间接地都同美国有关系。美国利用达赖并加大对达赖集团的支持力度，拼命榨取达赖身上已经不多的“剩余价值”，不遗余力地为达赖集团输血、打气，利用“西藏问题”牵制我国。四是我国海洋权益和领土争端日趋复杂。有的国家表面看与中国保持友好，但友好的背后并不太平，由于历史、地缘和战略利益冲突的原因，我国周边的多个国家都与我国存在着领土和海洋权益争端，多个方向都隐藏着不稳定因素或安全隐患，这些对我国安全构成了潜在的威胁。如西藏边境线长达 4000 多公里，印度占领的东段“麦克马洪线”以南的 9 万平方公里和阿克塞钦 3 万平方公里的国土。印度利用我军受西藏边境的“瓶颈”制约这一不利形势，长期处于“优势防御”状态，对我边境蚕食入侵；而我边境由于历史、地理、自然的原因，仍然有连片的无人区，我边防驻军兵少，势单力薄，因此，依靠当地军民共同联防至关重要。建议在我边境连片的无人区内，在那些既属于战略中的、又有着较好生存条件的地方，组织当地或内地人员进行民屯军屯，开发建设边疆，形成事实以后别国也无法说什么，这样既可解决就业问题，又能履行守土之责。总之，无军不安。五是我国在信息、金融、贸易、能源等多方面都存在安全隐患。

面对纷纭复杂的周边形势和国际风云，我们必须站在时代的高度，站在战略全局的高度权衡利弊，做出正确的战略判断和抉择，从国家和民族的根本利益出发，辩证认识发展利益与安全利益、全局利益与局部利益、长远利益与当前利益的关系。对于一个国家和民族来说，发展是大局，安全也是大局。不安全，国将不国，国格和国权没有了，何谈发展？如果我们缺乏应有的忧患意识和国防观念，甚至抱有“刀枪入库，马放南山”的麻痹思想，那就可能吞食“忘战必危”的苦果。所以，我们要从更高的层次上，进一步深化对国防教育重大意义的认识，切实把国防教育作为维护中华民族长治久安的一件大事来抓，把培养与增强全民国防观念作为国防建设的一项基础工程来抓紧、抓实、抓好。这方面我认为要突出以下三个重点。

一是要有浓重的忧患意识。“生于忧患、死于安乐”，这对个人、对国家都是客观规律。中华民族的发展，始终是与各种忧患相伴随，特别是近代以来的一百多年间，中国人民饱尝帝国主义不断凌辱与侵略。这种历史的屈辱，一个多世纪以来始终是中国人民远未抚平的心灵创伤，《国歌》中唱道："中华民族到了最危险的时候"，这句歌词之所以至今只字未改，目的就是要警示人们永远保持应有的警惕。开展国防教育，我们既要讲清我国遭受外来侵略的屈辱历史，更要引导人们认清"忘战必亡"、"忘危必败"的历史教训；既要讲清中华民族奋斗抗争、救亡图存的史实，又要引导人们认清"畏危则安"、"畏亡则存"的历史经验，把忧患意识建立在强烈的历史认同感和民族认同感之上，激发全社会居安思危、爱国图强的历史责任感。同时要强化忧患意识的现实性，关注国家安全形势严峻的一面，使忧患意识建立在具有说服力的客观基础之上。

二是要有饱满的爱国之情。爱国主义是"千百年来巩固起来的对自己祖国的一种深厚的感情"（列宁语），是一种深深植根于历史土壤中的属于固有传统的精神因素、一种传统美德和一种赤子精神，包括民族自尊心、民族自豪感、民族意志、民族气节、民族心理和民族性格等要素。我国是一个多民族国家，更应重视民族意志的锤炼与国防意识的培养，用全民国防意识来统一中华民族的意志，培养亿万人民的纪律性和责任感，以捍卫与发展国家和民族的共同利益。

三是要大力弘扬尚武精神。尚武精神是建立在立志以身报国思想基础之上，一种奋发向上、居安思危的民族意识，是国防意识的衍生和升华。一般说来，倡导勇、武精神的国家，大都生气勃勃，国力强盛；而沉溺于安乐享受之中的国家，由于民无戒心，军无斗志，武备废弛，兵不能战，国力自然衰弱。在全面建设小康社会的伟大实践中，我们建设祖国既包括投身经济建设，也包括投身国防和军队的现代化建设。军队建设具有广阔的发展前景，是最需要各类人才特别是高层次人才的领域，是一个大有用武之地的领域。这方面我们国防教育部门要大力宣传国防和军队现代化建设的意义，吸引更多的拔尖人才奔赴军营，立志强军报国。

二、贯彻全民办国防的要求，实现富国与强军的统一

富国强军，这是中华民族的百年梦想。胡锦涛总书记在十七大报告中郑重指出"必须站在国家安全的发展战略全局的高度，统筹经济建设和国防建设，在全面建设小康社会过程中实现富国和强军的统一"。我们要清醒地认识到，在我国面临的安全形势日趋复杂、多变的今天，要想维护国家的长治久安，争取有利的国际位置，就必须牢牢抓住经济和科技这个社会发展的核心，努力把综合国力提高到一个新的水平；同时加快我国国防和军队的现代化建设，确立其"全民办国防"的大国防观。大国防建设必须加大国防教育的力度，使"全民办国防"的思想深植于每个公民的心中。大国防建设涉及国家建设的方方面面，关系到全国人民的根本利益。因此，要深入持久地开展国防教育，摒弃国防姓"军"不姓

“民”的狭隘国防观，营造人人关心、支持国防建设的良好氛围，促进经济建设与国防建设的协调发展。这方面需要理解和处理好以下两对关系。

一是要妥善处理和平发展与建设强大国防的关系。国家民族要生存，必须有强大的国防力量作御敌的利剑；国家民族要发展，也必须有强大的国防力量作保卫的盾牌。现代国防不单纯是国防部门和军队的大事，而应该是整个国家最高领导层、政府各部门乃至全国人民的大事。这就要求自上而下树立明确的大国防意识，把国防建设纳入国家现代化建设的大系统之中。经济建设为国防建设提供雄厚的物质保障、技术支撑，只有经济发达、科技进步，国防现代化才是一个可操作的物质过程；而现代化的国防为经济建设、科研攻关提供一个和平、安定的工作环境。退一步讲，现代化的国防不仅是威慑的盾牌，御敌的利剑，也是促进经济、科技发展的助推器，因为在我国国防的基本使命中，既有保障国家安全的一面，又有维护经济秩序的一面，现实中我们的军队、国防工业和国防科技为经济建设做出了特殊贡献即是明证。因此，和平时期经济发展和国防建设应该是辩证统一的，二者之间互相依存、互相促进、不可偏废。

二是准确把握综合国力的概念，充分理解“国富”与“兵强”的关系。综合国力靠各方面的共同努力才能实现，如果一个国家仅是经济发达，财力丰裕，还不能说它国力强盛。有人认为国富民强，国防也就自然强大起来了，也有人认为国家目前尚不够富裕，强“兵”的事不如放到国富后再去做。国防现代化有自身发展的规律，需要一个历史过程，不是一件在急需之时一蹴而就的事情，国防现代化中的人才和武器装备，需要我们长期努力来获取；我们的竞争对手抑或我们的敌手是不可能轻易给予我们充裕的发展时间和发展机会的。如果国富之后再抓强“兵”，一有战事突起当如何应付？世界从未太平过，今后的情形大抵也如此。况且科技发展速度将愈来愈快，机遇稍纵即逝，一旦被延误，今后需要数倍时间方能补偿，历史不会重复，“补课”在将来变得不可能。我们要清醒看到，我国的国防建设还处在一个较低水平，防卫能力相对有限，远不适应打赢未来高科技条件下局部战争的要求，国防建设显得很急迫，拖不得、缓不得。当然，“国富”与“兵强”的关系中存在着矛盾的一面，国防建设需要投入，有时候需要大规模的投入，它是一个高消费而非盈利的行业，国防支出挤占经济建设开支，国防建设需要国家和每个国民付出艰辛的努力，甚至是巨大的牺牲。但是，有了这种付出我们才会拥有一个国泰民安的生存环境，才能安心地过今天的生活，从容地筹划我们的未来，并且为我们的后代建造起与他人和平相处的历史舞台。只顾眼前的安逸与舒适，而将任人欺凌的命运留给后人，不是当代中国人的选择，屈辱的中国近代史一再警告着我们当代的中国人。宁愿过紧迫的日子也要支持国防现代化，维护国家长治久安，同时妥善处理与协调经济建设与国防建设的相互关系。

三、要坚持与时俱进，不断推进国防动员和国防教育的创新发展

胡锦涛总书记在十七大报告中指出“增强全民国防意识，完善国防动员体系”。这一指示为国防动员和国防教育指明了方向。国防动员和国防教育必须紧跟时代发展，从战略上思考，从全局上把握，从宏观上筹划，利用其规律来运作。通过学习思考，我有以下几个建议和设想。

第一，要在全国开展全民性的国防专题教育。建议从中央到地方由各级党委宣传部门牵头，国动委、教育、工青妇等相关部门参加，在全国范围内掀起一个大讲国防、“我为国防做贡献”的教育活动。其形式要像“三讲”教育那样，在全国范围内以省市区为单位，从军地抽调专业人员组织国防教育巡回讲师团，采取先党内后党外，先机关、城市街道后农村、牧区，有领导、有组织、有步骤地开展教育活动，使全体国民进一步了解国防形势，懂得国防理论、国防知识和国防法规，明确国防的基本任务等，做到人人皆知、深入人心，激发国民的使命感与责任感。

第二，要设立全民国防教育基金，大力倡导“我为国防做贡献”这一时代新主题。动员 13 亿国民每人每年捐出一元钱，就有 13 亿元人民币，每一个是共产党员和共青团员的公务员捐出个人一个月的工薪 1%，同时由群众组织出面向社会募捐，几项加起来，约有上千亿元，作为国防教育基金，以此来强化国防意识、忧患意识。这样做，并不是说国家穷，也不是说国家不重视投入国防和军队建设。国家花钱的地方很多，作为国民应当为国家分忧。国防教育的关键需要组织动员。

第三，要进一步规范全民国防教育教材体系。结合时代特点和我军国防建设的实际，依据《国防法》、《国防教育法》编写全国国防教育材料。一是由中组部、总政治部负责牵头组织，依托国防大学师资力量编写出版《国防教育大纲》，内容要规范，需要严格把关。要以国防基础知识、国防理论知识、国防法规知识、国防形势教育和当前的目标任务等为主要内容，紧贴时代要求和国民素质特点以及存在的问题，编写教材的着力点放在增强全民的国防意识上，要具有针对性、实效性和主动性。二是区分领导干部、机关、城市、农村、学校等不同层次的教育对象。第一种党政机关领导干部国防教育的教材，把国防教育纳入干部理论教育计划，各级党校进行分批分期进行轮训，使其认清国家安全形势，增强忧患意识，提高国防理论素养和履行国防职责的能力。着力点放在解决国防和军队建设中的实际问题上。第二种面向社会普及性国防教育的教材，尤其适用大中学校的国防教育教材，使学生增强国家安全意识，居安思危，养成热爱祖国，艰苦奋斗，无私奉献，勇于攀登的精神。通过这套教育为部队输送后备干部和具有综合素质的士兵人才。第三种国防知识及国防技能强一些的专业教材，适用于培养提高作战后备梯队的民兵。注重国防动员、民兵预备役和储备区的建设内容，了解战时动员的形式和内容，熟悉各种道桥防护及维修技能，加强实战科目训练。第四种对群众进行教育的教材，并把国防教育纳入村规民约，同时结合征兵、双拥、国防教育日等多种形式进行国防教育，增进对国家和人民军队的感情，理解与支持军队现代化建设。

第四，明确国防和军队建设长远发展的思路。依据党和国家关于21世纪前50年分三个阶段实现我国现代化的战略部署，中央军委根据国家经济社会的战略目标提出了新世纪国防和军队现代化建设的“三步走”的战略构想，其战略目标即在本世纪前50年逐步实现国防和军队信息化。实现这一目标，前20年是基础，头10年是关键，再过30年的发展，完成建设信息化军队的战略任务。这是符合国情、军情和时代要求的。因此，国家要在加快国民经济和社会发展的同时加快国防和军队建设，按照胡锦涛总书记提出的“要以科学发展观为指导，统筹中国特色军事变革与军事斗争准备，统筹机械化与信息化建设，统筹当前建设与长远发展，统筹各军兵种统一作战能力建设，统筹主要战略方向与其他战略方向建设”的指示精神，紧紧围绕历史使命，按照集中力量、高端做起、复合推进、紧贴需求和重点突破的思路，实施我军跨越式发展。特别是抓住信息化，瞄准高新技术前沿，坚持自主创新，在关键领域求突破，发展独创性技术，从而形成局部领先优势，坚持针对性，突出不对称，注重协调性，在充分考虑我们国家、社会承受能力的前提下，走出一条适合中国特色的强军之路。要想实现国防和军队现代化建设目标就必须以雄厚的经济实力作后盾，通过增加投入而不断增强军事力量，提高遏制战争与打赢战争的能力。国防和军队“三化”建设不仅是军队的任务，也是执政党的一项重要的战略任务，需要加大国家的高投入。但是，我国目前由于投入有限，无法制造或更新武器装备。因此，国家要集中军地力量联合攻关，搞好信息化条件下联合作战的情报预警系统和指挥系统及火力系统的建设。强军是当前的紧迫任务，各级地方党委、政府积极支持国防和军队建设，确保我军永远立于不败之地。

第五，要进一步建立和完善国防动员指挥体系。打赢现实和未来战争，争取大国防战略的全面胜利，既要求国家拥有应付局部战争的强大综合国力，抵御“人祸”和“天灾”双重威胁的综合防卫能力，又要求国防动员敏捷迅速，一旦有变，能够马上从和平期转入战时状态，最大限度地把已有的国防潜力转化为战争实力。因此，建立一套完善的国防动员体制至为重要。其中，要进一步完善国防动员运行机制，建立健全军地联合指挥机制。要建立军民结合、力量多元的应急处置联合指挥体系。在组织上，成立和完善防卫作战、动员支前、人民防空、陆海空三军、地方政府、公安武警等单位人员共同参加的联合指挥系统。在指挥协同方面既有分工又有协作，通过军地联席会议对重大行动统一协调。按照军地兼容，依托军队指挥网和地方政府网络建立数据采集、信息传输等功能于一体化的指挥平台，把军队指挥员系统与国防动员指挥系统有机衔接起来，提高联合指挥能力，确保军地领导快捷、高效的指挥控制机制运转顺畅。与此同时，按照军民一体的要求，构建高效的保障体系。充分发挥地方政府和社会经济资源的优势，采取平时储备与应急战备储备相结合，加强战略物资储备区的建设。我们坚信有党中央的坚强领导，有集中力量办大事的社会主义制度的优越性，有 13 亿多中国人民的同仇敌忾，我们的政府有能力统一调动与协调各方面的力量支持国防和军队建设，从而实现我军跨越式发展。

中国在和平与发展成为时代主题的世界格局里广交朋友，在改革开放政策指引下全面建设小康社会的同时，却不忘自己的国防现代化建设，目的无非是：拱手笑迎天下客，哨卡鸣枪惊盗贼。

■ 作者在国防大学学习期间，观看练兵汇报演示

民改砸碎了封建农奴制度 西藏发生着翻天覆地变化

——写在纪念西藏民主改革50周年前夕

我清楚记得，1959年西藏上层反动分子发动了武装叛乱，驻藏的中国人民解放军在广大人民群众和爱国进步人士的配合与支持下，果断迅速地平息了叛乱。1959年3月28日，周恩来总理签署了中华人民共和国国务院令，正式宣布解散原西藏地方政府，即噶厦政府，西藏自治区地方职权由西藏自治区筹备委员会暂时行使。从此，捆绑在农奴身上的人身依附、高利贷和“乌拉”差役三条锁链被解除，西藏社会政教合一的封建农奴制度被废除了。西藏社会经过民主改革，百万农奴获得解放、历史上第一次当家做了主人。弹指一挥，今年迎来了西藏自治区民主改革50周年。

2009年1月19日，西藏自治区九届二次会议表决通过了设立“西藏百万农奴解放纪念日”的决议，法定每年3月28日为“西藏百万农奴解放纪念日”。这充分反映了西藏280万各族人民的共同心愿，是人类文明史上的一个创举，合乎民意，顺乎民心。因为这个特殊的日子可以提醒人们莫忘旧西藏百万农奴的血泪史，自觉珍惜今天的幸福生活，努力创造明天更加美好的生活；同时，通过西藏今昔对比来教育我们的下一代，永远牢记祖辈们的苦日子与屈辱的生活，坚决抵制达赖分裂集团企图分裂祖国与复辟封建农奴制的阴谋活动。

旧西藏政教合一的封建农奴制的野蛮与黑暗

1959年以前西藏社会处在政教合一的封建农奴制统治之下，广大农奴和奴隶不仅没有任何社会地位与政治权利，而且连起码的生存条件与人身权利都没有。农奴和奴隶的父母生下来的孩子天生就是农奴和奴隶，要在头人那里登记交纳人头费。农奴和奴隶可以被头人视为私人财产，随意进行赠送、转让或贸易。农奴和奴隶通常与头人的牲畜混住在一起，但是其生命价值不及头人的牲畜，得不到头人的怜惜与爱护。所以农奴和奴隶因为所谓的“过失”而被折磨致残、致死，是非常平常的事情。那时，西藏的全部耕地、牧场、森林、山河以及绝大部分牲畜，都为官家、贵族、寺庙上层僧侣三大领主及其代理人所占有，并且成为他们剥削与压迫处在社会底层的“差巴”、“堆穷”、农奴及奴隶的社会资本。社会底层各成员辛辛苦苦创造出来的社会财富却转化为社会上层分子奴役他们的工具，自己的创造物竟然成了自身敌对的力量。劳动人民的创造力量越大这种自身的敌对力量就越大。这正是马克思所讲的欧洲社会历史上所存在的“异化”现象。劳动人民没有生产积极性，甚至通过消极怠工、逃亡来逃避生产劳动。因此，西藏社会生产力在封建农奴制度下处于停滞状态。仅有的那么一点社会物质财富集中在三大领主手里，除了供他们挥霍享用之外，就是遍地修建庄园和寺庙，建立封建农奴主的私人武装及精神世界，不仅直接对农奴、奴隶等社会下层进行人身摧残，而且通过控制其精神来控制其肉体，通过所谓死后进入天堂、获得来时的幸福来麻痹目不识丁、头脑简单的劳动人民，消除他们本能的反抗与不满的意识，使得这种政教合一的封建农奴制度在西藏社会长期存在，根深蒂固，并形成极大的对外排斥力，防止外来先进思想的影响。所以旧西藏政教合一的封建农奴制度是产生社会异化现象、造成社会封闭落后的根源。

我可以算作这种异化现象的一个活的标本。我家属于西藏农奴制度下的“堆穷”阶层，家境饥寒交迫，幼小瘦弱的哥哥姐姐，为生活所迫而过早地承担起成年人的重活，沦为头人的农奴、奴婢。父亲生病而无钱就医，常年抱病呻吟在床。我 1943 年出生在这样一个社会阶层的家庭里。母亲刚生下我因产后大出血离开了人世。在父亲的艰辛呵护与姨姨的帮助下，我才活了下来。我到七岁时也给头人当佣人，背水、带孩子、洗尿布，旧西藏有无数像我这样的小农奴，世世代代遭受农奴主的残酷剥削和压迫，过着牛马不如的生活。我目睹过大寺庙和领主家里私设公堂，自备刑具，也亲眼见过惨无人道的人身折磨。社会上流传的所谓农奴身上“三把刀”，指的就是乌拉差役、赋税和高利贷，搞得穷人被迫为奴或者沿街乞讨。农奴和奴隶能带走的只有自己的身影，能留下的只有自己的脚印，无数像我一样的小农奴哪儿敢想有上学识字的权利呢。作为旧西藏的一个农奴，旧西藏的悲惨经历让我终身难忘，旧西藏的人身摧残让我胆战心惊，旧西藏的社会不公让我刻骨铭心，旧西藏的精神统治让我多么的惊叹不已！

民主改革符合西藏各族人民的根本利益

新中国诞生以后，中央人民政府根据西藏的实际情况，决定对西藏采取和平解放的方针，从西南和西北组派中国人民解放军进军西藏，并通过和平谈判方式于 1951 年 5 月 23 日中央人民政府与西藏地方政府签订了关于和平解放西藏办法的“十七条协议”。从此，打破了西藏社会长期封闭、停滞的僵局，为西藏的民主改革和社会主义改造创造了条件。当时推迟六年不改革，中央人民政府对西藏上层统治者做到了仁至义尽。但是西藏上层的反动派为了继续享有农奴主阶级的既得利益和特权，公然撕毁了“十七条协议”，走上了分裂祖国、武装叛乱的绝路。1958 年至 1959 年间，盘踞在山南泽当的叛匪到处寻找跟着共产党走的人及其家属，因我和我二哥都参加了革命，并在内地学习，就扬言残杀我父亲。我父亲只好数日躲藏在草堆中。这些叛匪对当地老百姓进行了长达近一年的奸淫掳掠，完全成为各族群众的公敌，他们叛乱失败是注定的。西藏上层统治集团最终走上了叛国投敌的不归之路，坏事却变成了好事，促使西藏社会民主改革提前进行。1959 年 3 月 28 日，中央政府在西藏推行民主改革，实行“边平叛边改革”的方针，从根本上摧毁了政教合一的封建农奴制度。

这是一场人类历史上最后一场空前规模的“废奴”运动，席卷了西藏这片古老而苦难深重的土地，唤醒与解放了百万农奴。中央政府下令平息叛乱后，立即解散与废除压迫西藏人民数百年的噶厦政权以及所属的军队、法庭和监狱，废止了野蛮的刑罚及乌拉差役制度，有计划、有步骤地分期分批地进行了民主改革，废除了农奴和奴隶对农奴主的人身依附关系、封建制度和封建特权以及乌拉差役和高利贷债务，等等。1959 年 9 月，西藏自治区筹备委员会通过了“关于废除封建农奴主土地所有制、实行农民的土地所有制的决定”，并且一律没收参叛农奴主的土地及其他生产资料，分配给农奴和奴隶，对没有参叛的农奴主的土地和生产资料由国家出巨款进行赎买后也分配给农奴和奴隶。于是，世代为奴的劳动人民奔跑在属于自己的土地上尽情狂欢。通过民主改革，西藏百万农奴和奴隶第一次成为土地等生产资料的主人，焕发出了空前的生产和生活热情，迅速改变着西藏社会的落后面貌，开创了西藏历史的新纪元。

回想起那激动人心的历史一幕，重温那段激情燃烧的岁月，我依然热血沸腾，十分怀念同我一起共事多年的汉族干部，特别是众多进藏部队官兵和进藏干部，他们以苦为荣，甘于奉献，像师长兄长一般手把手地进行“传、帮、带”，培养了一批又一批的少数民族人才。他们对党忠诚、实事求是、淡泊名利、永葆革命本色的人生态度与精神风范，使我增长了见识，提高了涵养。也十分怀念那些与我们党长期合作、荣辱与共、肝胆相照、拥护党的领导、维护祖国统一的上层人士，他们爱国、爱家乡，为当时的民主改革做出了宝贵贡献，我从他们身上学到了不少东西，受益匪浅。

维护国家安全与西藏社会稳定

西藏50年来经济建设与社会发展的实践证明，没有共产党就没有西藏的新生，没有昔日的民主改革就没有西藏今天的成就与进步；只有社会主义才能救西藏，只有社会主义才能发展繁荣西藏。民主改革是中国共产党和新生的人民政权在西藏实行的一项重大的社会变革措施，也是西藏各族人民做出的历史性选择，对西藏社会产生了深远的影响。民主改革以来的50年是西藏社会生产力获得极大解放与发展的50年，是社会财富日益丰富的50年，是历史上各族人民得到实惠最多、生活水平提高最快的50年。

当人类社会已经进入20世纪50年代，废除封建农奴制度、还给百万农奴以人权，是社会文明进步的表现。然而，代表封建农奴主阶级利益的达赖分裂主义集团并不甘心自己的失败，打着民族、宗教的招牌，在区内外、国内外招摇撞骗，制造了多起旨在分裂祖国的政治事端与严重暴力犯罪事件，危害国家安全，丑化党和政府国际形象，挑拨民族关系，破坏西藏安定团结、跨越发展的大好形势。他们无视社会发展的潮流以及民心所向，把旧西藏社会的封建农奴制度美化成“香格里拉”，企图否定西藏民主改革的历史进步意义；他们不顾西藏经济发展、社会进步以及各族群众生活日益改善的事实，否定民主改革以来西藏社会面貌的巨大变化，否定中央先后召开的四次西藏工作座谈会确定的新时期西藏工作的指导方针及一系列加快西藏经济社会发展的特殊优惠政策、措施。达赖集团这种否定一切的目的无非是想把西藏从中国分裂出去，恢复被人民群众摒弃的政教合一的封建农奴制度，收回劳动人民获得的各项权利，把西藏人民群众拥有的财富重新聚敛在他们的手中，让西藏回到昔日的老样子中去。达赖集团的复辟倒退行为虽然不合时宜，但是为国际上某些反华势力随风附和，形成一股牵制中国的逆流。所以我们同达赖集团的斗争，不是民族、宗教和人权的问题，而是捍卫与破坏国家主权和领土完整的原则问题，是反分裂与分裂的斗争，是维护民族团结与反对民族团结的斗争。

当前西藏正处在从加快发展进入跨越发展，从维护稳定走向长治久安的关键时期，西藏的发展机遇极为宝贵。我们坚信在中央治藏方略的正确指引下，有强大祖国做后盾，具有光荣爱国主义传统、勤劳朴实的西藏各族人民一定会在自治区党委、政府的坚强领导下，团结一心，励精图治，扎实工作，开拓创新，彻底挫败可能发生的任何复辟活动与分裂祖国的图谋，把新西藏各项社会主义事业不断推向前进，用新的业绩、新的胜利去迎接伟大祖国的六十华诞。

2009年3月10日

后 记

本书付梓之际，备感欣慰，内心充满感激之情。从策划到成稿历时1年有余，期间得到了自治区有关领导和同事们的亲切关怀，提供了出版基金；区新闻出版局和西藏人民出版社给予了充分重视，及时组织编校人员进行认真细致地审读，责任编辑在加工整理、润色提高等方面付出了辛勤的劳动；家人及亲朋好友给予鼓励与支持，老伴罗桑友杰全力帮助我做这件有意义的工作，提供了便利周到的服务，又非常关心我的健康状况，一再提醒我要“量力而行”，不要透支体力；我的兼职秘书孔德清，在电子文稿录入、照片筛选、书稿校阅方面做了一些工作。在此一并致谢！

由于时间仓促、资料浩繁、头绪繁多，加之我体力、精力所限，书中不足之处敬请读者批评指正。

2009年12月写于西藏拉萨